I libri di Viella

496

Davide Balestra

Servizio, lealtà, onore

I cavalieri «italiani» degli Ordini militari spagnoli (secoli XVI-XVII)

viella

Prima edizione: giugno 2024
ISBN 979-12-5469-679-8

Parte di questo lavoro è frutto delle ricerche condotte nell'ambito del progetto ELITESIT – Le élite italiane e le monarchie europee: circolazioni e reti di potere, XVI-XVIII secolo, diretto da Albane Cogné ed Etienne Bourdeu (École française de Rome, 2017-2021).
Il volume è finanziato con fondi del progetto PON R&I 2014-2020 - "Asse I-Attraction and International Mobility" – AIM 1874450 e del Dipartimento di Scienze Umanistiche, Sociali e della Formazione dell'Università degli Studi del Molise.

BALESTRA, Davide
Servizio, lealtà, onore : i cavalieri "italiani" degli Ordini militari spagnoli (secoli XVI-XVII) / Davide Balestra. - Roma : Viella, 2024. - 227 p. : ill., carte geografiche ; 21 cm. (I libri di Viella ; 496)
Bibliografia: p. [193]-213.
Indici dei nomi: p. [215]-227.
Con appendici al volume e appendice online disponibile sul sito dell'editore.
ISBN 979-12-5469-679-8
1. Ordini cavallereschi - Italia [e] Spagna - Sec. 16.-17.
929.71 (DDC WebDewey) Scheda bibliografica: Biblioteca Fondazione Bruno Kessler

viella
libreria editrice
via delle Alpi, 32
I-00198 ROMA
tel. 06 84 17 758
fax 06 85 35 39 60
www.viella.it

Indice

Appendici

Appendice online*

* L'appendice è disponibile sul sito della casa editrice nella pagina dedicata al libro.

Non bastarebbero gl'erarij a premiare servitij, se non si fosse trovata questa inventione politica delle Corone, le quali date in segno del valore, si stimavano più che l'argento, e l'oro, offerendosi li soldati per meritarle alli travagli, e pericoli. Con il medesimo intento li Rè di Spagna fondarono le Religioni militari li cui habiti non solo contrassegnassero la Nobiltà, ma la Virtude ancora.

D. Saavedra Fajardo, *L'idea di un prencipe politico christiano*

Non si misura l'onore di alcuno per la sesta di quell'abito che può far parere i piccoli eguali a' grandi. La grandezza dell'onore consiste nell'avvantaggiar col proprio merito l'eguaglianza del comun titolo. Ma questo è mondo, il globo del quale non è altro che un viluppo di fallacie. Il mondo fallace non dalla vera essenza piglia il senso, ma dalla apparenza prende il moto. L'ente di molti è nel non essere e nel parer di essere.

De' giornali di Gio. Vincenzo Imperiale dalla partenza dalla patria

Abbreviazioni e sigle

AGS	Archivo General de Simancas
AHN	Archivo Histórico Nacional, Madrid
AHNob	Archivio Histórico de la Nobleza, Toledo
ASNa	Archivio di Stato di Napoli
ASPN	Archivio Storico per le Province Napoletane
BCCo	Biblioteca Comunale di Como
BNE	Biblioteca Nacional de España, Madrid
BNN	Biblioteca Nazionale di Napoli
DBI	Dizionario Biografico degli Italiani, Treccani
DBe	Diccionario Biográfico Español, Real Academia de la Historia, Madrid

Estado	*Papeles de Estado*
Exteriores	*Ministerio de Asuntos Exteriores*
OM	*Órdenes Militares*
Leg.	Legajo
Lib.	Libro
c. / cc.	Carta / carte
c. n.n.	Carte non numerate
Exp.	Expediente
ms.	Manoscritto

ANGELANTONIO SPAGNOLETTI

Prefazione

Che viceré e governatori, militari, diplomatici, ecclesiastici, funzionari provenienti dalla Spagna venissero nei territori italiani degli Austrias portando con sé il proprio patrimonio di titoli e di onori che esibivano in tutte le circostanze, pubbliche e private, in cui si ostentavano le gerarchie politiche e quelle sociali, è cosa nota che non ha bisogno di particolari sottolineature storiografiche. Scarse sono invece, e relegate in pagine di saggi spesso di non elevata qualità scientifica, le informazioni relative a sudditi italiani della Monarchia cattolica che furono gratificati delle croci degli ordini cavallereschi di Calatrava, Santiago e Alcántara in patria o all'estero ove si trovavano soprattutto per espletare servizi di natura militare o diplomatica.

Il presente lavoro di Davide Balestra vuole colmare un vuoto storiografico, è agile ma fondato sull'utilizzo di un imponente corpus documentario conservato in archivi spagnoli e italiani, ci offre il quadro di una situazione che vide – per il secolo e mezzo che intercorse tra il regno di Filippo II e quello di Carlo II – un migliaio circa di italiani (circa 710 sudditi dei domini diretti del re, 118 provenienti da Milano, 198 dalla Sicilia, 396 da Napoli) ottenere le croci degli ordini militari spagnoli dei quali, conviene ricordarlo, il sovrano era gran maestro.

Balestra ha al suo attivo saggi e ricerche sull'argomento oltre che su alcune casate della feudalità meridionale, è inserito in un gruppo di ricerca internazionale che studia le élite italiane in Età moderna nei loro collegamenti con le potenze europee allora dominanti, ma – al di là del lodevole impegno personale profuso – lo aiutano molto i numerosi studi sui centri di potere ispanici in patria e all'estero, sulle identità nazionali dei sudditi della Monarchia cattolica, sullo strutturarsi di eserciti, burocrazie e diplomazie, sui cerimoniali di corte (sia quella principale sia quelle periferiche) che hanno connotato tanta parte degli studi sull'Italia e sulla Spagna in Età moderna a partire dagli ultimi anni del XX secolo e che hanno prodotto numerose monografie, saggi, atti di convegno la cui rilevanza non può essere messa in discussione.

In estrema sintesi, possiamo affermare che il lavoro che qui si presenta si inserisce nel filone sugli italiani al servizio della Spagna, molto interessante per lumeggiare aspetti della vita politica e sociale negli stati della penisola che possono essere visti nel segno dell'integrazione dei ceti dominanti locali nel sistema di potere iberico, a condizione che si esaminino e si considerino le valenze interne di un rapporto che, a volte, appare più complicato di quello che gli stessi protagonisti credevano.

In realtà, un simile tema si presta a diverse letture: nei memoriali presentati dai candidati vi è la ricostruzione della propria biografia unita ai meriti degli ascendenti, la richiesta del riconoscimento – tramite la croce e la grazia regia – di una posizione sociale e di una reputazione che dovevano apparire incontestabili, ma vi era anche il lato meno pubblico del dossier. Era per tutti naturale il ricorso a mediatori laici (in cima i sovrani italiani, a cominciare dai granduchi di Toscana) o ecclesiastici (i cardinali), a facilitatori, a persone e istituzioni che potessero raccomandare il candidato a corte e nei *consejos*, ma concorreva all'esito positivo del procedimento l'atteggiamento del sovrano, al quale spettava l'ultima parola in termini di accettazione o meno della richiesta e che poteva respingere la domanda (il che avveniva raramente), ritardarne la conclusione (più spesso) o, infine, dare ad essa sollecita e positiva risposta.

Ha ragione Balestra quando sostiene che il memoriale e la croce segnavano un punto di arrivo, più che di partenza, nel percorso di una famiglia nella gerarchia degli onori, però anche in questo caso egli legge bene i memoriali dei candidati, appartenenti a élite cittadine o feudali, incardinati negli apparati burocratici o amministrativi, inseriti in complesse reti di relazioni, ricchi di esperienze militari o dotati di ricchezze che consentivano loro – sebbene appartenenti a ordini militari o aspiranti ad esserlo – di arruolare sostituti in quello che avrebbe dovuto essere il compito principale di un cavaliere, combattere per il re e per la vera fede.

Dai memoriali traspare la consapevolezza dei candidati di appartenere ad una realtà sovraterritoriale e di percorrere carriere transnazionali (significativamente, il lemma transnazionale ricorre frequentemente nel testo, nelle note, nei titoli dei lavori citati) che portavano anche a compattare in un unico modello le numerose nobiltà italiane, almeno quelle che davano esplicita prova di lealismo nei confronti del sovrano ispanico.

Era necessario, rileva Balestra, adeguare l'ideale di *nobleza* castigliana alle peculiarità di quelle italiane, di origine e legittimazione diverse, anche se, forse questo andava sottolineato, c'era l'esempio delle prove per accedere all'Ordine di Malta (come si legge in alcune considerazioni dell'autore suffragate da documenti pubblicati in Appendice) a fornire modelli omogeneizzanti che andavano bene per tutte le nobiltà di area cattolica e a mobilitare testimoni che garantissero dello status del pretendente e della sua famiglia.

In ogni caso, l'accesso agli ordini castigliani era un fatto che riguardava il candidato e il re, era una prova di lealismo dinastico, di pieno e palese inserimento nella compagine della monarchia e di adesione ai valori che questa propugnava e difendeva. Per tale motivo, ricerca di distinzioni sociali, forme di comunicazione politica, acquisizione di premi per esibire consenso, ostentare capitale sociale e relazionale concorrevano ad accrescere il numero di coloro che richiedevano una croce cavalleresca. Il numero dei memoriali prodotto testimonia, altresì, che la presenza ispanica in Italia si basava in gran parte sul consenso delle élite che vedevano nella monarchia asburgica la regolatrice delle gerarchie sociali attraverso i premi e le *mercedes* che, in maniera copiosa, era in grado di offrire.

I cavalieri italiani, come già detto, erano circa un migliaio e il loro numero era inferiore solo a quello degli spagnoli anche se gli ordini iberici dovevano confrontarsi con quelli dinastici e nazionali italiani (Santo Stefano, San Maurizio e Lazzaro, del Redentore, quelli pontifici) oltre che con l'Ordine di Malta, ma a parte quest'ultimo, gli altri avevano un carattere troppo particolare e locale per poter garantire posizioni che potessero essere riconosciute pressoché dappertutto, senza considerare, che il re di Spagna avrebbe avuto qualche difficoltà ad approvare il proliferare di nuovi ordini cavallereschi italiani, anche se sotto il suo controllo. Per tale motivo non ebbe esito positivo la richiesta dell'alessandrino Francesco Guasco che nel 1612 prospettò al re i vantaggi dell'istituzione di un ordine cavalleresco fatto di italiani, ma nell'orbita ispanica, che avrebbe assicurato la sicurezza sui mari disponendo di risorse militari costituite dalla flotta del regno di Sicilia e di risorse economiche provenienti da commende che il re avrebbe provveduto a fondare.

Sarebbero state interessanti, all'interno dei casi di studio presentati e alla luce delle tabelle inserite in appendice, puntuali riflessioni sulla patria di origine dichiarata dagli aspiranti cavalieri, la capitale o le località della periferia, basti pensare al fatto che i meridionali dichiarassero quasi tutti di essere naturali napoletani; però quello che Balestra offre è un materiale polisemico che va letto assieme alle risposte dei testimoni che aprono la strada all'iter volto ad ottenere la croce cavalleresca e che ci offrono la storia, o meglio la percezione della propria storia, di coloro che ambivano a fregiarsi di onorificenze così importanti.

Quei documenti ci parlano di numerosi matrimoni misti, di un forte senso di appartenenza familiare, del ruolo del denaro e delle attività ad esso legate nel favorire le ascese, della considerazione dell'abito come premio non solo per il singolo e quindi della possibilità prevista che esso transitasse da un componente all'altro della famiglia, della sottolineatura di tutte le occasioni in cui si fosse data prova di lealtà nel servizio e, quindi, del possesso di un onore che giustificava la pretesa. Il premio – pertanto – doveva essere conferito ai sudditi più fedeli, testimoniare del consenso di cui godeva nei territori l'autorità del re, inquadrare la mobilità sociale entro un paradigma da tutti riconosciuto e ostentare il possesso di ulteriori capacità accanto alla nobiltà. Il tutto sulla base di quanto scritto nelle biografie presentate e della pubblica fama.

Quest'ultima era un'arma a doppio taglio e il candidato ben sapeva, e lo ribadisce Balestra, che si sottoponeva a un giudizio che conosceva anche maldicenze, calunnie circa la discendenza da Mori o da ebrei, sabotaggi della documentazione, omertà dei testimoni, mobilitazione delle inimicizie personali e attacco alla propria reputazione, insomma «rara cosa seria que [...] uviese cavallero que no tuviese enemigos». Certo, non tutti erano innocenti o asserivano il vero rispetto ai quesiti che le prove e gli *informantes* raccoglievano, basti pensare ai frequenti innesti in famiglie che nulla avevano a che fare con la propria per sopperire alla mancanza di qualche requisito.

Vi era un prezzo da pagare all'opinione pubblica e, al di là della pubblica fama, non poteva che essere l'attestazione dell'impegno pubblico profuso dal candidato o dai componenti passati o presenti della propria famiglia (specie quello militare) e con le forme di patronato, a tutti i livelli, che la società di Antico Regime ben conosceva. Ma, soprattutto, l'abito cavalleresco definiva e premiava le lealtà degli strati intermedi della società (per i livelli superiori vi erano il grandato e il collare del Toson d'oro), amalgamava – come già detto – le storia individuali e familiari inquadrandole entro modelli prestabiliti, legava maggiormente governatori e viceré al territorio e alle sue élites. Erano essi a presiedere nei *reinos* le cerimonie di investitura negli ordini, a godere di un potere discrezionale nell'individuare i meritevoli delle croci, a porsi come rappresentanti del sovrano e come attori di un patronato di alto livello chc poteva essere focalizzato sulla vicinanza che, loro tramite, portava al centro madrileno del potere.

La forte valenza simbolica delle cerimonie di investitura, a Madrid, a Napoli e nelle altre capitali italiane, a Bruxelles faceva emergere una nobiltà imperiale che, al di là delle differenze nazionali, si riconosceva nella lealtà nei confronti di un potere monarchico che, pur avendo il suo centro direzionale nella Castiglia e pur mantenendo i castigliani forme di arrogante superiorità nei confronti di sudditi di altre nazioni, era in grado di accomunare in valori, egemonie, forme di espressione del potere le élites dei mondi su cui si estendeva la propria sovranità e di dotarle di un senso di appartenenza imperiale, anche attraverso gli abiti degli ordini militari.

Pur se tecnicamente, a partire da Filippo II, per l'insieme della monarchia ispanica non si può parlare di impero, la sensazione è – scrive Balestra riecheggiando Henry Kamen – che la Monarchia cattolica fosse percepita come tale, con tutto quello che significava in termini di considerazione e reputazione, a livello internazionale e a livello interno.

Concludendo queste smilze righe, sono tanti altri gli stimoli che provengono dalla lettura del libro di Balestra (come non ricordare l'accenno alla diversa vocazione militare delle nobiltà napoletana, siciliana, milanese derivante in larga misura dalla diversa collocazione di quei paesi negli scenari bellici spagnoli o a una socialità nobiliare che si costruiva o si rafforzava nei cerimoniali di investitura?) e dalla larga messe di casi di studio che egli propone; il lettore attento e curioso troverà modo di immergersi in uno spaccato di storia italiana e spagnola del XVI e XVII secolo e di confrontarsi con una serie di tematiche che aiutano a comprendere le ragioni della lunga durata di una presenza il cui merito fu anche quello di aver trasformato élite locali o regionali in un'élite imperiale.

Introduzione. Élite italiane e abiti militari spagnoli

> È l'honore uno delli principali instromenti di regnare. [...] È fermezza degl'Imperi; niuno si può sostentare senza di lui.
>
> D. Saavedra Fajardo, *L'idea di un prencipe politico christiano*

Nel cuore della Sicilia, al centro del sistema montuoso degli Erei, abbarbicato sul pendio di una collina, sorge il paese di Leonforte, centro di circa dodicimila abitanti, distante una ventina di chilometri da Enna. Percorrendo le sue strette vie, fiancheggiate da case di pietra gialla baciate dal caldo sole siciliano, si giunge alla piazza del paese, là dove si erge, sontuoso, Palazzo Branciforti e, poco distante, una scuderia altrettanto imponente. Sulla facciata, che porta oggi evidenti i segni del fluire dei secoli, al di sopra del portale bugnato, un'edicola ospita il busto di Niccolò Placido Branciforti, primo principe di Leonforte e fondatore della cittadina nel 1610. Il suo sguardo fiero, scolpito nella pietra, sembra sospeso nel tempo. In questa effigie, imperturbabile e altera, il principe volle immortalare l'onore della propria stirpe e la dedizione ai sovrani cattolici, valori incarnati dall'abito col quale scelse di essere raffigurato, impreziosito dall'emblema dell'Ordine militare spagnolo di Santiago.

Risalendo la Penisola, a poco meno di quattrocento chilometri a Nord in linea d'aria, lungo l'antico decumano superiore del centro antico della città di Napoli, nel transetto sinistro della chiesa dei santi Apostoli, si trova il magnifico altare Filomarino progettato da Francesco Borromini negli anni Trenta del Seicento su commissione del cardinale Ascanio Filomarino.[1] Nei due clipei che costeggiano l'opera barocca, realizzata interamente in marmo di Carrara, sono raffigurati il cardinale, a sinistra, e suo fratello

1. L. Lorizzo, *Il cardinale Ascanio Filomarino. Collezionismo e committenza tra Roma e Napoli nel Seicento*, Napoli, Electa, 2007. Sull'altare Filomarino cfr. anche A. Antinori, *Bernini, Borromini, il cantiere di San Pietro e l'altare Filomarino di Napoli: una fonte ignorata e un riesame della questione della rottura tra i due artisti*, in «Quaderni dell'Istituto di Storia dell'Architettura», 71 (2019), pp. 51-66.

Scipione, a destra, quest'ultimo in abiti militari sui quali campeggia la croce cavalleresca di Santiago.

Le due immagini descritte sono accomunate da un simbolismo che racchiude in sé un significante e un significato ben definito: entrambe ostentano l'appartenenza a una *koiné* di uomini i cui elementi di distinzione sono il trittico di valori scelti come titolo del presente volume – *servizio*, *lealtà*, *onore* – racchiusi nell'abito dell'Ordine militare castigliano nel quale erano stati ammessi e col quale vollero essere ritratti:[2] l'onore, che connota lo *status* sociale di un individuo e la sua posizione nella società e che deriva dal proprio sangue, dal proprio lignaggio, da una parte; la dedizione al proprio sovrano, dall'altra. Ognuna di queste effigi, strumenti di comunicazione politica e sociale,[3] testimoni di un tempo in cui la realtà e la sua rappresentazione combaciavano,[4] è esaltazione di un privilegio che deriva non da meriti individuali, ma dall'appartenenza.

Le croci cavalleresche che decorano il busto del principe di Leonforte e il ritratto di Scipione Filomarino ben sintetizzano e racchiudono il cuore concettuale di queste pagine: l'analisi della presenza italiana negli Ordini militari castigliani come chiave per esaminare il rapporto nobiltà/società e, soprattutto, il legame tra élite italiane e Monarchia ispanica quando le prime, all'alba dell'Età moderna, divennero suddite del re cattolico.

La conclusione delle «guerre horrende de Italia»,[5] sancita dalla pace di Cateau-Cambrésis nel 1559, pose fine alle ambizioni francesi nella penisola e inaugurò il periodo noto come *pax hispánica*. L'inserimento nei domini della Corona del Regno di Napoli, avvenuto già dal maggio 1503, del Regno di Sicilia, nel 1516, e del Ducato di Milano, nel 1535, poi forma-

2. Cfr. F. Rigotti, *L'onore degli onesti*, Milano, Feltrinelli, 1998; A. Merlotti, *Gli ordini monarchici nell'Europa delle dinastie (secoli XIV-XVIII)*, in *Cavalieri. Dai Templari a Napoleone*, a cura di A. Barbero, A. Merlotti, Milano, Electa, 2009, pp. 175-194; P. Cozzo, *Il valore dell'onore. Accezioni del concetto di valore negli ordini cavallereschi di età moderna*, in *Valeurs et systèmes de valeurs (Moyen Âge et Temps modernes). Le pouvoir symbolique en Occident (1300-1640)*, Paris, Éditions de la Sorbonne, 2016, pp. 253-263.

3. P. Burke, *Testimoni oculari. Il significato storico delle immagini*, Roma, Carocci, 2002.

4. F. Benigno, *Identità*, in Id., *Parole nel tempo. Un lessico per pensare la storia*, Roma, Viella, 2013, pp. 31-56.

5. L'espressione riprende il titolo del poema *Guerre horrende de Italia. Tutte le guerre de Italia. Comenzando dala venuta di Re Carlo del mille quatrocento novantaquatro fin al giorno presente. Novamente in ottava rima stampate*, Venezia, s.e., 1534.

lizzato con l'ascesa al trono di Filippo II nel 1556, diede avvio a un lungo predominio spagnolo destinato a terminare solo all'alba del XVIII secolo.

Sui motivi che permisero agli Asburgo di mantenere questo controllo sostanziale sulla penisola italiana si interrogarono già tra Cinque e Seicento scrittori e osservatori contemporanei, individuandoli, in particolare, nella capacità dei monarchi cattolici di concentrare attorno a sé un ampio consenso da parte delle aristocrazie italiane che nemmeno le difficoltà finanziarie e militari della prima metà del Seicento riuscirono a compromettere.[6] La natura del rapporto tra Monarchia ispanica e nobiltà italiana, concepita da Carlo V, messa a punto da Filippo II e proseguita poi con i loro successori, si basava su una definita strategia mirata a tenere strettamente vincolate le élite dei *reinos* direttamente governati dagli *Austrias* attraverso un delicato equilibrio tra dominio e consenso che permise, *de facto*, il perdurare della presenza spagnola per tutto il XVII secolo.[7] L'alta considerazione in cui era tenuta la *Monarquía* in Italia scaturiva dal ruolo da questa assunto e comunemente accordatole di fautrice e protettrice della pace e della tranquillità godute dalla penisola dopo i sessant'anni di «innumerabili e orribili calamità»,[8] iniziati con la discesa di Carlo VIII nel 1494, durante i quali Asburgo e Valois si contesero il territorio italiano utilizzandolo come campo di battaglia.

La potenza spagnola contenne le ambizioni francesi fino alla metà del XVII secolo e stabilizzò l'arena politica italiana grazie alla sua capacità di consolidare la fedeltà delle aristocrazie milanesi, napoletane, siciliane e degli altri stati della penisola. Vi riuscì coinvolgendole non solo nei suoi progetti politici e militari europei o offrendo opportunità di carriera negli organi di governo e negli eserciti, ma anche utilizzando strategicamente il patronato regio che risultò essere un mezzo assai efficace per connettere

6. A. Spagnoletti, *Principi italiani e Spagna nell'età barocca*, Milano, Bruno Mondadori, 1996, pp. 10-19.

7. A. Musi, *L'Italia dei viceré. Integrazione e resistenza nel sistema imperiale spagnolo*, Cava de' Tirreni, Avagliano Editore, 2000, in particolare pp. 23-35. Tra la vasta bibliografia che ha indagato i rapporti tra Italia e Monarchia ispanica in Età moderna, mi limito a rinviare qui, oltre alla bibliografia già citata, a *L'Italia degli Austrias. Monarchia cattolica e domini italiani nei secoli XVI e XVII*, a cura di G. Signorotto, in «Cheiron», 17-18 (1992) e al recente *L'Italia spagnola, la Spagna italiana. Reciprocità, conflitti e relazioni diplomatiche*, a cura di M. Tosti, F.M. Troiani, numero monografico di «Mo.do. Rivista di Storia, Scienze umane e Cultural Heritage», 5-6 (2022).

8. F. Guicciardini, *Storia d'Italia*, a cura di S. Seidel Menchi, 3 voll., Torino, Einaudi, 1971, I, p. 50.

le leadership locali al governo centrale garantendo, da un lato, la conservazione e il rafforzamento delle strutture tradizionali di potere locale e, dall'altro, il loro inserimento in un contesto imperiale che offriva ricompense, anche simboliche, dalla valenza extraitaliana.[9] La concessione via via più numerosa di titoli nobiliari, dignità di Grandi di Spagna, collari del Toson d'oro, pensioni e abiti cavallereschi rientrò dunque in un preciso disegno politico dei re cattolici che mirava a rafforzare non solo la lealtà delle élite dei *reinos* italiani, ma anche dei principi e dei ceti nobiliari disseminati negli Stati della penisola fuori dalla diretta orbita di Madrid, autonomi, ma nei fatti dipendenti da essa.[10] Un rapporto che potremmo definire sinallagmatico: la Spagna necessitava del sostegno dei principi italiani, ottenuto attraverso generose concessioni di titoli, onori e pensioni; i principi italiani, a loro volta, sfruttarono la Corona spagnola per costruire e consolidare le proprie alleanze, rafforzando così il proprio prestigio e la propria legittimità dinastica.

Titoli onorifici, abiti militari e altre gratifiche simboliche costituivano, peraltro, un mezzo privo di spese per premiare le aristocrazie dei propri territori.[11] Non è un caso se la Corona fece più ampio ricorso al patronato regio – producendo un'inevitabile inflazione di titoli e onori – nelle congiunture di maggiore difficoltà economica, durante i regni di Filippo III e Filippo IV, corrispondenti, vale la pena ricordarlo, agli anni in cui si affermò il ruolo dei *validos*, più generosi nel concedere grazie e onori rispetto al passato.[12] Alla pari di altre tipologie di *mercedes*, l'abito militare fu dunque uno degli strumenti nelle mani dei sovrani cattolici per fidelizzare le élite loro sottoposte, per esercitare il controllo su un vasto complesso territoriale e per creare consenso.

Essi erano, allo stesso tempo, un capitale simbolico bramato dalla nobiltà che consentiva di elevare il premiato e il suo casato da una dimensio-

9. Spagnoletti, *Principi italiani e Spagna*, pp. 32-33.

10. M. Rivero Rodríguez, *Felipe II y los potentados de Italia*, in «Bulletin de l'Institut Historique Belge de Rome», LXIII (1993), pp. 337-370; F. Angiolini, *Diplomazia e politica dell'Italia non spagnola nell'età di Filippo II*, in «Rivista Storica Italiana», XCII (1980), pp. 432-469.

11. Spagnoletti, *Principi italiani e Spagna*. Cfr. anche L. Scalisi, *Della grandezza di Spagna. L'Italia spagnola alla ricerca di titoli, conferme, potere*, in «Magallánica. Revista de Historia Moderna», 7/14 (2021), pp. 93-114.

12. F. Benigno, *L'ombra del re. Ministri e lotta politica nella Spagna del Seicento*, Venezia, Marsilio, 1992, p. XVI.

ne "nazionale" a una transnazionale. Gli abiti di Santiago, Calatrava e Alcántara furono elementi su cui si giocò la competizione interna alla nobiltà o, per meglio dire, *alle* nobiltà;[13] segni di classificazione che permettevano la distinzione ulteriore tra sé e gli altri, magari giunti a una nobilitazione recente. Erano, ancora,

> il tratto caratteristico più appariscente di una società fondata sulla monarchia [...] il cui scopo è quello di definire e perpetuare i vari gradi e livelli della società, per agire da freno contro la fluidità sociale e imporre – nel medesimo tempo – il sigillo del riconoscimento ufficiale a questo stesso fluire della realtà.[14]

Tra la seconda metà del Cinquecento e la fine del Seicento, le croci cavalleresche divennero dunque uno strumento per meglio esprimere il corporativismo nobiliare, legittimare la nobiltà di coloro che vi erano ammessi, definire i ruoli nella società e distinguere i titolari di un abito da coloro che, privi dei requisiti necessari, non potevano ottenerlo.[15]

Elemento essenziale alla base di questi Ordini cavallereschi era quello dell'onore, un valore legato al prestigio della propria ascendenza.[16] Essere nobile era infatti una delle condizioni essenziali per entrarvi, così come possedere – per Santiago, Calatrava e Alcántara – la *limpieza de sangre*, requisito che rendeva l'accesso ai tre Ordini castigliani tra i più rigidi in Europa. La croce cavalleresca, pertanto, era una consacrazione del proprio *status* e del valore del proprio lignaggio, sigillo del prestigio ereditato e della propria posizione sociale acquisita in virtù della nobiltà del proprio sangue e di quella del proprio casato.[17]

13. Cfr. Id., *Favoriti e ribelli. Stili della politica barocca*, Roma, Bulzoni, 2011, pp. 101-119; C. Donati, *L'idea di nobiltà in Italia. Secoli XIV-XVII*, Roma-Bari, Laterza, 1988.

14. L. Stone, *La crisi dell'aristocrazia. L'Inghilterra da Elisabetta a Cromwell*, Torino, Einaudi, 1972, p. 71.

15. A. Spagnoletti, *Elementi per una storia dell'Ordine di Malta nell'Italia moderna*, in «Mélanges de l'École française de Rome. Moyen Age-Temps Modernes», 2 (1984), pp. 1021-1049: 1024-27.

16. Cozzo, *Il valore dell'onore*. Cfr. anche E. Schalk, *From Valor to Pedigree. Ideas of Nobility in France in the Sixteenth and Seventeenth Centuries*, Princeton, Princeton University Press, 2014.

17. Sul finire del XVII secolo, e solo in determinati paesi, il concetto di onore subì un'evoluzione, passando dall'essere strettamente legato al lignaggio familiare a includere il merito, valore che comprendeva tanto la lealtà al sovrano quanto la dimostrazione di virtù personali come il coraggio e il talento. L'Ordine di San Luigi, ad esempio, fu istituito in Francia da Luigi XIV nel 1693 allo scopo di ricompensare i meriti militari; negli stessi anni

Non è superfluo richiamare brevemente qui le categorie interpretative di *champs*, *habitus* e *capitale simbolico* elaborate da Pierre Bourdieu, utili, a mio avviso, per meglio osservare, da un lato, la dialettica interna al gruppo nobiliare, desideroso di distinzioni esclusive e, dall'altro, le relazioni in essere tra sovrano cattolico e nobiltà italiana in antico regime.[18] Per il sociologo francese, nella realtà sociale esistono molteplici *champs*, che organizzano le appartenenze collettive e regolano la vita pratica, e in cui gli individui agiscono in base a un *habitus*, vale a dire l'interiorizzazione inconscia delle regole che governano le strutture sociali. Questi spazi, all'interno dei quali gli individui o i gruppi competono per potere e legittimità, sono caratterizzati da risorse e relazioni specifiche che influenzano e determinano il successo e la posizione degli attori al loro interno. La capacità di competere nel *campo* è determinata dal capitale, sociale, simbolico, culturale ed economico di cui un individuo dispone. Al di sopra di questi campi, lo Stato, ossia la Monarchia nel caso specifico, può essere considerata un *méta-champ*:[19] essa controllava e dispensava risorse materiali e simboliche, organizzava principi di classificazione ed estendeva e rafforzava la gerarchizzazione dei gruppi aristocratici.[20]

il re cristianissimo riformò l'antico Ordine di San Michele riservando l'accesso a tale onorificenza in particolare a scrittori, artisti e magistrati e aprendo così la strada a una nuova concezione dell'onore basata sul merito individuale anziché esclusivamente sull'appartenenza familiare. Tale evoluzione, al contrario, fu molto lenta nei paesi latini, dove il concetto tradizionale di discendenza e famiglia continuò ancora nel XVIII secolo a dominare l'accesso al sistema degli onori. Basti pensare ai nuovi Ordini sorti nel Settecento in Italia e nella penisola iberica, come l'ordine di San Gennaro, a Napoli, o quello di Carlo III, in Spagna, entrambi istituiti da Carlo di Borbone, i cui requisiti d'accesso si fondavano ancora sul sangue e sull'antichità del proprio lignaggio. Cfr. Cozzo, *Il valore dell'onore*.

18. Per le categorie di *campo*, *habitus* e *capitale* rinvio a *Bourdieu dopo Bourdieu*, a cura di G. Paolucci, Torino, UTET, 2010, in particolare a G. Sapiro, *Una libertà vincolata. La formazione della teoria dell'*habitus (pp. 84-108); A. Boschetti, *La nozione di campo. Genesi, funzioni, usi, abusi, prospettive* (pp. 108-144); M. Santoro, *«Con Marx, senza Marx». Sul capitale di Bourdieu* (pp. 144-172).

19. F. Benigno, *Nobleza en conflicto en el siglo diecisiete: algunas reflexiones de método*, in *Las resistencias nobiliarias al poder real en el siglo XVII ¿noblezas rebeldes?*, a cura di E. Martí Fraga, Valencia, Albatros, 2023, pp. 17-28.

20. P. Bourdieu, *Sullo Stato. Corso al Collège de France. Volume II (1990-1992)*, Milano, Feltrinelli, 2021, p. 169. Cfr. anche Id., *Capitale simbolico e classi sociali*, in «Polis», 3 (2012), pp. 401-415. Sul concetto di capitale simbolico e *habitus*, cfr. anche V. Mele, *Capitale simbolico e stile della vita in Pierre Bourdieu*, in «Sociologia e ricerca sociale», 84 (2007), pp. 133-155.

La Corona cattolica, che potremmo definire una grande «banca centrale del capitale simbolico»,[21] per usare un'espressione dello stesso Bourdieu, agiva come attore chiave nel consolidamento del proprio potere e nell'affermazione del proprio controllo all'interno del campo nobiliare concedendo privilegi e titoli, mentre la nobiltà bramava questi onori perché capaci di influenzare la posizione e il successo degli individui all'interno di quello stesso campo. In altre parole, la concessione di abiti militari, come di altre *mercedes*, non solo poneva la nobiltà nelle condizioni di competere internamente per il consolidamento e l'aumento del proprio capitale simbolico e sociale ma, poiché costituiva uno degli attributi propri della sovranità, garantiva anche la legittimazione del potere regio. Tale prerogativa, dunque, non rafforzava solo il ruolo della Monarchia, ma anche le sue relazioni con le élite aristocratiche, consolidando e mantenendo, allo stesso tempo, sia la propria posizione dominante sia l'ordine sociale e politico del tempo.

Gli abiti militari, alla pari di altre onorificenze regie, si configuravano come uno degli elementi portanti del rapporto tra nobiltà e potere: esaminare gli italiani titolari di una croce cavalleresca consente dunque di guardare dall'interno e meglio comprendere i rapporti intercorsi in Età moderna tra Monarchia ispanica ed élite italiane.

Negli ultimi anni, gli studi sugli Ordini cavallereschi stanno vivendo una sorta di rinascita in tutta Europa.[22] La storiografia ha dedicato loro maggiore attenzione sottolineandone in modo più incisivo le potenzialità ed esplorandone, in particolare, le implicazioni e il ruolo avuto nella costruzione ed evoluzione delle strutture statali dell'Europa moderna. I nuovi Ordini sorti in antico regime, così come quelli più antichi nati durante le crociate con l'intento di combattere gli infedeli e proteggere i pellegrini diretti verso i luoghi santi, furono attraversati da significativi cambiamenti a partire dalla metà del XV secolo, coincidenti con il consolidarsi delle monarchie nazionali. Queste istituzioni rivestirono infatti un ruolo cruciale per i sovrani nell'istituire un sistema di disciplinamento e organizzazione dei ceti dirigenti.[23]

21. Bourdieu, *Sullo Stato*, p. 167.

22. Sul recente dinamismo degli studi sugli Ordini militari in ambito europeo rinvio a A. Brogini, *Ordres Militaires, frontières et territoires en Méditerranée*, in «Cahiers de la Méditerranée», 103 (2021), pp. 69-82 e ai contributi raccolti in *Noblesses et Ordres militaires. Réseaux, familles, pouvoirs*, a cura di A. Brogini, G. Butaud, numero monografico di «Cahiers de la Méditerranée», 104 (2022).

23. Merlotti, *Gli ordini monarchici nell'Europa delle dinastie*, p. 175.

In Italia, gli Ordini religioso-cavallereschi sono stati oggetto di maggiore attenzione storiografica solo negli ultimi decenni del secolo scorso, quando i lavori, in particolare, di Angelantonio Spagnoletti, Claudio Donati e Franco Angiolini sull'Ordine di Malta[24] e su quello di Santo Stefano,[25] fecero emergere la loro importanza per lo studio della nobiltà e dell'Italia moderna. Fonte cardine di tutti questi studi sono i processi di nobiltà, le procedure per accertare il possesso, da parte dei pretendenti un abito cavalleresco, dei requisiti necessari per accedervi, che si sono rivelati di grande utilità per leggere tensioni ed evoluzioni della società in quei contesti di privilegio che le politiche regie rendevano sempre più affollati.[26] La svolta impressa da queste ricerche – alimentata da importanti lavori in tempi recenti che hanno allargato lo sguardo a tematiche quali la gestione dei patrimoni degli Ordini religioso-cavallereschi,[27] la loro componente religiosa[28] o anche a prospettive di genere[29] – ha ormai chiuso quella stagione italiana

24. A. Spagnoletti, *Stato, aristocrazie e Ordine di Malta nell'Italia moderna*, Roma, École française de Rome, 1988; Donati, *L'idea di nobiltà in Italia*.

25. F. Angiolini, *I cavalieri e il principe. L'Ordine di Santo Stefano e la società toscana in età moderna*, Firenze, Edifir, 1996.

26. Spagnoletti, *Elementi per una storia dell'Ordine di Malta*, p. 1027. Cfr. anche F. Angiolini, *Nobiltà, Ordini cavallereschi e mobilità sociale nell'Italia moderna*, in «Storica», 12 (1998), pp. 37-56.

27. E. Novi Chavarria, *Potere trasversale. Ecclesiastici a corte e nei feudi (secoli XVI-XVIII)*, Palermo, Associazione Mediterranea, 2023; A. Giuffrida, *La Sicilia e l'Ordine di Malta (1529-1550). La centralità della periferia mediterranea*, Palermo, Associazione Mediterranea, 2006.

28. P. Cozzo, *La Chiesa e gli ordini cavallereschi. Dimensione religiosa e risvolti istituzionali fra età moderna e contemporanea*, in *Cavalieri. Dai Templari a Napoleone*, pp. 163-173; Id., *«Quest'abito è di onore e di religione». La dimensione religiosa degli Ordini Cavallereschi Sabaudi nella prima Età Moderna*, in *Il principe, la spada e l'altare*, a cura di G. Greco, Pisa, ETS, 2014, pp. 195-213; A. Spagnoletti, *Milizia e carità nella storia dei Cavalieri di Malta*, in «Studi Melitensi», XXVI (2018), pp. 45-68; Id., *La componente religiosa ed ecclesiastica negli uomini e nei beni della Sacra Religione Gerosolimitana*, in *Il principe, la spada e l'altare*, pp. 161-180; F. D'Avenia, *«Tiene per altro il cappellano nella sua galera sempre dinanzi un campo grande di messe». L'assistenza religiosa nell'Ordine di Malta in un'istruzione di fine Seicento*, in «Dimensioni e problemi della ricerca storica», 1 (2018), pp. 141-167; Id., *La Religion triomphante, militante et martyre. Piété et valeurs guerrières dans les représentations de l'ordre de Malte*, in *Nobles et chevaliers en Europe et en Méditerranée*, a cura di A. Brogini, G. Butaud, M. Ghazali, J.-P. Pantalacci, numero monografico di «Cahiers de la Méditerranée», 97/2 (2018), pp. 313-325.

29. *Nobildonne, monache e cavaliere dell'Ordine di Santo Stefano. Modelli e strategie femminili nella vita pubblica della Toscana granducale*, a cura di M. Aglietti, Firenze, ETS, 2010.

di lunga "latitanza storiografica", com'è stata definita, le cui ragioni andrebbero ricercate nei preconcetti anti-curiali e anti-spagnoli che caratterizzarono la letteratura del XIX secolo, così come da una certa avversione nei confronti delle élite da parte della storiografia di indirizzo marxista, negli anni centrali del secolo scorso.[30] Ciononostante, questa proficua messe di ricerche nel nostro paese continua a riguardare perlopiù l'Ordine di Malta o quello toscano di Santo Stefano, mentre gli Ordini militari castigliani di Santiago, Calatrava e Alcántara seguitano a godere di minore fortuna storiografica, a differenza di quanto accade in area iberica dove una ricca messe di studi e iniziative testimoniano il costante interesse che là continuano a suscitare, come si potrà dedurre anche dai riferimenti bibliografici presenti all'interno di questo volume.[31] Le ricerche sugli Ordini militari castigliani, tuttavia, anche in Spagna, sono andate al di là del campo degli studi medievali solo dagli ultimi decenni del Novecento, tant'è vero che ancora negli ultimi anni del secolo scorso si lamentava la poca attenzione loro riservata da parte degli storici di Età moderna.[32] Ancora molto resta da indagare, tra cui il ruolo avuto da questi Ordini all'avvento dei Borbone sul trono spagnolo, nel XVIII secolo, solo di recente oggetto di indagine,[33] o lo spazio d'azione femminile al loro interno, ossia in contesti a forte connotazione maschile.[34]

30. F. D'Avenia, *Gli ordini militari nella Monarchia spagnola: una lunga latitanza storiografica*, in *Il Seicento allo specchio. Le forme del potere nell'Italia spagnola: uomini, libri, strutture*, a cura di C. Cremonini, E. Riva, Roma, Bulzoni, 2011, pp. 79-93; cfr. anche Id., *Nobiltà allo specchio. Ordine di Malta e mobilità sociale nella Sicilia moderna*, Palermo, Associazione Mediterranea, 2009, pp. 5-20.

31. Una recente rassegna sulla storiografia spagnola relativa agli Ordini militari in C. de Ayala Martínez, *La investigación en órdenes militares en España (1989-2019)*, in *Ordens militares, identidade e mudança*, a cura di I.C. Ferreira Fernandes, 2 voll., Palmela, Câmara Municipal de Palmela-GEsOS, 2021, I, pp. 85-99. Per quanto riguarda la storiografia inglese, cfr. G. O'Malley, *The Historiography of the Military Orders in Britain, 1989-2019*, in *Ordens militares, identidade e mudança*, pp. 117-131.

32. E. Postigo Castellanos, *Caballeros del Rey Católico: diseño de una nobleza confesional*, in «Hispania. Revista española de historia», 55 (1995), pp. 169-204.

33. D.M. Giménez Carrillo, *Los caballeros de las órdenes militares castellanas. Entre Austrias y Borbones*, Almería, Editorial Universidad de Almería, 2016; A. Domínguez Ortiz, *Valoración social de los hábitos de las Órdenes Militares*, in *Las órdenes militares en la Península Ibérica. II. Edad moderna*, a cura di J. López-Salazar Pérez, Cuenca, Ediciones de la Universidad de Castilla-La Mancha, 2000, pp. 1157-1175: 1175.

34. Mi limito a citare qui, rimandando alla bibliografia lì presente, H. Linares González, *Female Spaces in the Military Orders: Women's Agency and 'Encomiendas' in*

Questo libro vuole colmare, almeno in parte, un vuoto storiografico: manca ad oggi in Italia uno studio monografico dedicato agli Ordini militari castigliani e, in particolare, ai non pochi cavalieri originari della penisola che vi furono ammessi, fatta eccezione per i riferimenti presenti in lavori che hanno ricostruito il sistema degli onori della Monarchia ispanica,[35] per studi comparativi sui requisiti d'ingresso dei vari Ordini cavallereschi di Età moderna[36] e sui cerimoniali che li caratterizzarono[37] o per indagini limitate a un singolo ambito territoriale e a un singolo Ordine.[38] Queste pagine si prefiggono, al contrario, di esaminare i titolari italiani degli abiti di Santiago, Calatrava e Alcántara, sia da un punto di vista quantitativo, guardando all'evoluzione cronologica delle concessioni tra il 1556 e il 1700 e all'importanza di congiunture storico-politiche che le accelerarono o diminuirono, sia da un punto di vista "qualitativo", esaminando, ad esempio, le eventuali differenze presenti nei servizi ricompensati con una croce cavalleresca nei tre *reinos* castigliani della penisola.

Si è scelto di esaminare tutti e tre gli Ordini militari castigliani, spesso studiati singolarmente secondo un approccio più comprensibile per il periodo medievale, ma meno adeguato per l'Età moderna, ossia da quando, pur conservando una parvenza di autonomia nominale e formale, furono posti sotto il controllo diretto della Corona cattolica e persero l'indipendenza che avevano goduto prima del 1492.[39] Questo criterio mi pare risulti

Seventeenth-Century Spain, in *Ordens militares, identidade e mudança*, II, pp. 1177-1196; H. Nicholson, *The Military Orders and their Relations with Women*, in *The Crusades and the Military Orders. Expanding the Frontiers of Medieval Latin Christianity*, a cura di Z. Hunyadi, J. Laszlovsky, Budapest, Central European University Press, 2001, pp. 407-414.

35. Spagnoletti, *Principi italiani e Spagna*.

36. F. D'Avenia, *I processi di nobiltà degli Ordini Militari. Modelli aristocratici e mobilità sociale*, in *Nobleza hispana, nobleza cristiana. La Orden de San Juan*, a cura di M. Rivero Rodríguez, 2 voll., Madrid, Polifemo, 2009, II, pp. 1087-1126.

37. A. Spagnoletti, *Cerimoniali napoletani di investitura dei cavalieri degli ordini militari-cavallereschi*, in *Fiesta y ceremonia en la corte virreinal de Nápoles (siglos XVI y XVII)*, a cura di G. Galasso, J.V. Quirante, J.L. Colomer, Madrid, Centro de Estudios de Europa Hispánica, 2013, pp. 263-286.

38. D. Maffi, *Blandire e premiare. Cavalieri milanesi di Santiago (1560-1700)*, in «Società e Storia», 127 (2010), p. 1-27.

39. «Limitarse a una sola Orden oculta muchas de las relaciones en los términos del actual análisis de redes, cuando en una misma familia se iban recibiendo los hábitos de forma alternativa en varias de ellas, en función de que "cupiesen" las mercedes en una u otra orden». F. Fernández Izquierdo, *Poderosos, ricos y cruzados: los caballeros de las órdenes militares españolas en la monarquía de los Austrias (ss. XVI-XVII)*, in *Honra e sociedade*

ancor meno efficace studiando i cavalieri originari di territori lontani dalla penisola iberica, come appunto l'Italia, dove la differenziazione tra i tre Ordini si fa meno rilevante e dove l'assenza di *encomiendas*, presenti in abbondanza in Spagna, attenua anche il vantaggio economico associato al possesso di un abito militare, trasformandolo in un titolo prettamente onorifico.[40] Difatti, venuto meno il fondamento religioso che ne aveva contraddistinto i primi secoli di vita e che li aveva resi protagonisti durante la *Reconquista* della penisola iberica, all'indomani della caduta degli ultimi regni moreschi musulmani, i tre Ordini militari castigliani si andarono trasformando in una fucina di onori da cui i sovrani spagnoli attinsero per premiare la fedeltà e il servizio delle élite del sistema imperiale.[41]

A tal proposito occorre fare una doverosa puntualizzazione in merito alla scelta di virgolettare il termine «italiani» nel sottotitolo del volume. La prima ragione è collegata alla delimitazione territoriale che si è scelto di adottare, ossia quella di analizzare le concessioni di abiti militari nell'*Italia spagnola*,[42] o meglio nei tre *reinos* italiani della Corona di Castiglia (Regno di Napoli, Regno di Sicilia, Ducato di Milano), limitandosi solo ad alcuni

no mundo ibérico e ultramarino. Inquisição e Ordens Militares (séculos XVI-XIX), a cura di A.I. López-Salazar, F. Olival, J. Figueirôa-Rêgo, Casal de Cambra, Caleidoscópio, 2013, pp. 247-272: 271-272.

40. Tale approccio è maturato già alcuni anni fa nel contesto dei lavori condotti con il gruppo di ricerca ELITESIT (*Le élite italiane e le monarchie europee: circolazioni e reti di potere, XVI-XVIII secolo*) diretto da Albane Cogné ed Etienne Bourdeu, quando peraltro prese forma l'idea di questo volume. Nella fase iniziale, infatti, il lavoro riguardò esclusivamente i cavalieri napoletani di Santiago, ma questo vincolo territoriale ristretto a un singolo Ordine militare risultò ben presto troppo limitante: l'indagine mostrava come membri di uno stesso casato potessero ricevere abiti di Ordini differenti e come il loro conseguimento potesse coinvolgere anche cavalieri appartenenti a famiglie di altri territori della penisola italiana, svelando una trama relazionale e clientelare per la cui comprensione, peraltro, si rendeva necessaria un'analisi che includesse perlomeno gli altri *reinos* castigliani di Milano e di Sicilia.

41. Su questa graduale trasformazione degli Ordini militari castigliani cfr. F. Fernández Izquierdo, *La Orden Militar de Calatrava en el siglo XVI*, Madrid, Consejo Superior de Investigaciones Cientificas, 1992; E. Postigo Castellanos, *Honor y privilegio en la corona de Castilla. El Consejo de las Ordenes y los Caballeros de Hábito en el siglo XVII*, Almazan, Junta de Castilla y León, 1988.

42. Cfr. G. Muto, *Pouvoirs et territoire dans l'Italie espagnole*, in «Revue d'histoire moderne et contemporaine», 45/1 (1998), pp. 42-65; A. Spagnoletti, *Italiani in Spagna, spagnoli in Italia: movimenti di popolazione e influenze socio-culturali e politiche*, in *Spagna e Italia in età moderna: storiografie a confronto*, a cura di F. Chacón, M.A. Visceglia, G. Murgia, G. Tore, Roma, Viella, 2009, pp. 17-35.

riferimenti, perlopiù quantitativi, relativi al Regno di Sardegna – amministrato dal Consiglio di Aragona e non da quello d'Italia – e ai territori dell'*Italia non spagnola*, quali i ducati padani, lo Stato pontificio o la Repubblica di Genova. È opportuno rilevare, infatti, che gli abiti militari premiarono anche esponenti delle aristocrazie di stati italiani non direttamente dipendenti dalla Corona cattolica, seppur in misura minore, ma non per questo meno significativa, come si è già avuto modo di osservare altrove.[43] In secondo luogo, le virgolette sono apparse necessarie per l'anacronismo che, con riferimento all'Età moderna, connota lo stesso termine. Nel contesto della Monarchia ispanica e nella documentazione del tempo, il concetto di "italiano" può incontrarsi connesso a quello di *nazione*, termine polisemico in antico regime, soggetto a molteplici interpretazioni ad esclusione proprio di quella politica che, a partire dal XIX secolo, siamo soliti darle.[44]

43. Si permetta il rinvio a D. Balestra, *Servizi al sovrano e abiti militari dentro e fuori l'Italia spagnola. Un censimento dei cavalieri italiani di Santiago, Calatrava e Alcántara (1556-1700)*, in *Le élites italiane e la monarchia ispanica (secoli XVI-XVII): servizio, mobilità e poteri*, a cura di A. Cogné, B. Maréchaux, Roma, École française de Rome, di prossima pubblicazione; Id., A. Cogné, *Les Italiens dans les ordres militaires espagnols à l'époque des Habsbourg: une forme de «noblesse impériale»?*, in «Cahiers de la Méditerranée», 104 (2022), pp. 177-191.

44. E. Novi Chavarria, *I limiti della nazione. I confini della appartenenza identitaria spagnola nelle istituzioni della Monarquía (secc. XVI-XVII)*, in *Fra le mura della modernità. Le rappresentazioni del limite dal Cinquecento ad oggi*, a cura di L. Scalisi, C.J. Hernando Sánchez, Roma, Viella, 2019, pp. 31-47; Ead., *Nazione,* nationes, *transnazionalità. Temi e fonti per la storia della Monarchia ispanica (secc. XVI-XVII)*, in *La storia. Una conversazione infinita. Studi in onore di Giovanni Brancaccio*, Milano, Biblion, 2022, pp. 53-66; Ead., *Accogliere e curare. Ospedali e culture delle nazioni nella Monarchia ispanica (secc. XVI-XVII)*, Roma, Viella, 2020; Benigno, *Identità*; A. Spagnoletti, *El concepto de naturaleza, nación y patria en Italia y en el Reino de Nápoles con respecto a la Monarquía de los Austrias*, in *La Monarquía de las naciones. Patria, nación y naturaleza en la Monarquía de España,* a cura di A. Álvarez-Ossorio Alvariño, B.J. García García, Madrid, Fundación Carlos De Amberes, 2004, pp. 483-504; C.J. Hernando Sánchez, *Españoles e Italianos. Nación y lealtad en el Reino de Nápoles durante las Guerras de Italia*, in *La Monarquía de las naciones*, pp. 423-482; G. Muto, *Napoli capitale e corte. Linguaggi e pratiche dei poteri nell'Italia spagnola*, Roma, Viella, 2023, pp. 31-60; G. Signorotto, *Interessi, "identità" e sentimento nazionale nell'Italia di antico regime*, in *Studi in onore di Cesare Mozzarelli*, 2 voll., Milano, Vita e Pensiero, 2008, I, pp. 399-420; R.L. Kagan, *Nación y patria en la historiografía de la época austriaca*, in *Le sentiment national dans l'Europe méridionale aux XVIe et XVIIe siècles*, a cura di A. Tallon, Madrid, Casa de Velázquez, 2007, pp. 205-225. Per il passaggio al concetto di "nazione" nella sua accezione contemporanea cfr. J. Donézar, *De las naciones-patrias a la "nación-patria". Del Antiguo al Nuevo Régimen*, in *La Mo-*

Se esisteva una percezione di "italianità", per così dire, condivisa da un milanese, un napoletano o un siciliano, essa assumeva più una connotazione geografico-territoriale, piuttosto che fare riferimento a un sentimento di appartenenza "identitaria".[45] È in tal senso che va letta anche l'inedita proposta – tra le altre di cui parleremo – dell'alessandrino Francesco Guasco per l'istituzione di un nuovo Ordine cavalleresco riservato alle élite della penisola italiana, qui per la prima volta oggetto di analisi e che riporto integralmente in appendice.

Ben più significativo, a mio avviso, è porre in risalto una consapevolezza presente negli attori coinvolti e che fa da sfondo alle pagine di questo libro: da qualunque territorio provenissero, sia gli aspiranti a indossare un abito militare sia, soprattutto, i titolari di una croce cavalleresca, avevano la chiara cognizione di far parte di un'entità sovra-territoriale. Sebbene a partire da Filippo II non si possa parlare di impero, la sensazione è che il regno spagnolo fosse percepito simbolicamente come tale.[46] Gli abiti militari contribuirono pertanto alla costruzione di un senso di appartenenza imperiale che accomunava i cavalieri originari della penisola iberica, con quelli italiani, fiamminghi o del continente americano, in un unico contesto simbolico facilmente riconoscibile all'interno del quale, parafrasando un'espressione ancora di Pierre Bourdieu, esistere ed essere significava essere percepiti.[47] Peraltro, fu proprio questa stretta connessione tra Ordini castigliani e moderno sistema imperiale spagnolo a far sì che tali istituzioni sopravvivessero anche dopo essersi allontanate dalla loro vocazione inizia-

narquía de las naciones, pp. 93-120. Interessanti riflessioni sul tema anche in J.-F. Schaub, *Le sentiment national est-il une catégorie pertinente pour comprendre les adhésions et les conflits sous l'Ancien Regime?*, in *Le sentiment national dans l'Europe méridionale*, pp. 155-167; T. Herzog, *Defining Nations. Immigrants and Citizens in Early Modern Spain and Spanish America*, New Haven-London, Yale University Press, 2003.

45. G. Galasso, *L'Italia come problema storiografico*, Torino, UTET, 1981.

46. H. Kamen, *Imperio. La forja de España como potencia mundial*, Madrid, Aguilar, 2003. Sulla natura politica della Monarchia cattolica in Età moderna e sul dibattito storiografico intorno a tale tematica rinvio, anche per quanto riguarda la bibliografia lì presente, al recente volume di Y.R. Ben Yessef Garfia, *La Monarchia spagnola in una prospettiva policentrica: reti, conflitti, negoziazioni tra scala locale e spazi imperiali (secoli XVI-XVII)*, Napoli, FedOA, 2023. Cfr. anche i contributi in *Comprendere le monarchie iberiche. Risorse materiali e rappresentazioni del potere*, a cura di G. Sabatini, Roma, Viella, 2010; A. Musi, *Sistema imperiale spagnolo e sottosistemi: alcune verifiche da studi recenti*, in «L'Acropoli», 4 (2005), pp. 406-422.

47. Bourdieu, *Sullo Stato*, p. 134.

le, legata a un determinato territorio, la penisola iberica, e a un determinato contesto politico-militare, la *Reconquista* della Spagna soggetta ai Mori.

Monarchia ispanica ed élite italiane sono dunque le protagoniste di questo libro. Per coloro che vestirono l'abito militare, esso fu soprattutto un punto di arrivo, il riconoscimento di uno *status* già acquisito, la ricompensa per un servizio personale svolto per il monarca o per quello offerto dai membri del proprio casato, in quella stessa generazione o nelle precedenti. L'analisi dei memoriali di richiesta di una croce cavalleresca dà la possibilità di guardare alle carriere di questi aspiranti cavalieri; carriere globali,[48] come emerge dalla puntigliosa rassegna dei servizi vagliati dai *Consejos* a Madrid, che svelano la marcata mobilità di queste élite della Monarchia, dislocate in ogni angolo del sistema imperiale, in particolare sui molteplici campi di battaglia, non solo europei – Fiandre, Germania, Portogallo, Brasile. Tali servizi confermano non solo l'ampio coinvolgimento italiano nelle guerre degli *Austrias*, ma anche come «l'intera storia degli eserciti del Cinque e Seicento, e almeno in parte quella del secolo XVIII, [possa] essere letta come un capitolo della storia delle migrazioni».[49] I memoriali,

48. Sul tema, oggetto di particolare interesse nell'ultimo decennio, rinvio a V. Favarò, *Biografie politiche e carriere transnazionali. Mobilità e stanzialità nella Monarchia Spagnola nella prospettiva della storiografia italiana*, in «Prohistoria», 39 (2023), pp. 1-18; i contributi in *Le élites italiane e la monarchia ispanica (secoli XVI-XVII)*; *Élites euroatlantiche: reti, interessi, funzioni, strategie*, a cura di G. Cirillo, C. Cremonini, M.A. Noto, sezione monografica di «Tiempos Modernos», 44 (2022), in particolare: M.A. Noto, *Élites della Spagna imperiale: famiglie e networks transnazionali tra Napoli, Praga e Madrid* (pp. 324-335) e L. Scalisi, *Tutti gli uomini del re. Lignaggi e reti di potere transnazionali tra Sicilia, Napoli e Madrid* (pp. 336-346); G. Cirillo, *La integración de las «élites periféricas» en el «sistema habsbúrgico» del siglo XVII: estado de la cuestión y perspectivas de análisis en torno al reino de Nápoles*, in *Las noblezas de la monarquía de España (1556-1725)*, a cura di A. Álvarez-Ossorio Alvariño, R. Quirós Rosado, C. Bravo Lozano, Madrid, Marcial Pons, 2024, pp. 655-684; *Mobilità sociale e circolazione delle élites fra Italia e Stati dell'Europa (secoli XVI-XVIII)*, a cura di P. Volpini, sezione monografica di «Mélanges de l'École française de Rome. Italie et Méditerranée modernes et contemporaines», 133/1 (2021); *Familias, élites y redes de poder cosmopolitas de la Monarquía Hispánica en la edad moderna (siglos XVI-XVIII)*, a cura di F. Sánchez-Montes González, J.J. Lozano Navarro, A. Jiménez Estrella, Granada, Comares, 2017; *Élites e reti di potere: strategie d'integrazione nell'Europa di età moderna*, a cura di M. Aglietti, A. Franganillo Álvarez, J.A. López Anguita, Pisa, Pisa University Press, 2016; *Estrategias culturales y circulación de la nueva nobleza en Europa (1570-1707)*, a cura di G. Muto, A. Terrasa Lozano, Madrid, Doce Calles, 2015.

49. G. Brunelli, *Circolazione geografica e mobilità sociale. Ripensare la partecipazione degli italiani alle guerre d'Ungheria*, in *Mobilità sociale e circolazione delle élites*, pp. 77-86: 77.

peraltro, specie quelli provenienti dal *Milanesado* e dal Napoletano, dimostrano come ci fosse un asse Napoli-Milano nell'Italia Spagnola,[50] o meglio nel sottosistema Italia, secondo una fortunata espressione di Aurelio Musi, che comprendeva più territori interconnessi da una serie di funzioni, specialmente di natura strategico-militare.[51]

Le tematiche fin qui illustrate sono affrontate nel libro seguendo l'*iter* di concessione di una croce cavalleresca di Santiago, Calatrava o Alcántara, dalla richiesta inoltrata a Madrid alla solenne cerimonia di investitura e professione del neo cavaliere. Dopo aver presentato brevemente origini, funzioni e trasformazioni dei tre Ordini all'indomani della presa di Granada del 1492, nel primo capitolo si conduce un'analisi quantitativa dei titolari italiani di un abito castigliano nel periodo compreso tra il regno di Filippo II e quello di Carlo II sulla base dei dati ricavati principalmente dagli *expedientes de pruebas*, i processi di nobiltà condotti dal Consiglio degli Ordini e da alcuni manoscritti della Biblioteca Nacional de España. Si passa poi ad analizzare le tre richieste rinvenute, tutte disattese, per l'istituzione di Ordini militari a carattere "italiano" levatesi dalla penisola tra la fine del Cinquecento e l'inizio del Seicento.

Nel secondo e terzo capitolo, ricorrendo a una larga messe di esempi, percorreremo le varie tappe che caratterizzavano l'*iter* di concessione di un abito militare. Entrambi sono un diretto riflesso della documentazione utilizzata. Le consulte del Consiglio d'Italia, nel quale fu esaminata la maggior parte dei memoriali di richiesta che giunsero a Madrid dalla penisola, costituiscono il nerbo del secondo capitolo nel quale, attraverso un'ampia casistica, si analizzano le differenti tipologie di richieste, le intercessioni, le raccomandazioni e i servizi maggiormente premiati con una croce cavalleresca, con particolare attenzione alle carriere militari. Tale documentazione consente di gettare uno sguardo sulle reti di relazioni messe in moto per conseguire l'agognata onorificenza, ma anche su rifiuti, dilazioni o dubbi avanzati dal sovrano in merito a determinate richieste o a determinati soggetti. Non va dimenticata, infatti, la schiera di coloro che giunsero ai piedi del re chiedendo, anche in più occasioni, la concessione

50. G. Galasso, *Alla periferia dell'impero. Il regno di Napoli nel periodo spagnolo (secoli XVI-XVII)*, Torino, Einaudi, 1994, pp. 306.

51. A. Musi, *L'impero dei viceré*, Bologna, il Mulino, 2013; Cfr. anche Id., *La catena di comando. Re e viceré nel sistema imperiale spagnolo*, Roma, Società editrice Dante Alighieri, 2017.

di un abito militare senza mai ottenerlo. Questa, infatti, è anche la storia di attese disilluse e di lunghi anni di servizio rimasti privi di una ricompensa regia. Le dilazioni, che potevano assumere il significato di una vera e propria negazione, non avevano sempre un motivo ben preciso e non si possono inquadrare in uno schema fisso potendo essere soggette a molteplici fattori, non ultimo, banalmente, l'umore del sovrano nel giorno in cui giungeva ai suoi occhi una specifica richiesta.

Gli *expedientes de pruebas* del Consiglio degli Ordini sono invece la fonte principale alla base del terzo capitolo. Si tratta della documentazione inerente l'informazione fatta sui pretendenti un abito militare al fine di accertarne *limpieza de sangre* e *status* nobiliare. Concessa la *merced*, infatti, il procedimento passava al Consiglio degli Ordini che avviava la fase inquisitiva, ossia il processo di nobiltà, utile non solo per ripercorrere il lavoro degli *informantes*, ma anche per riflettere sui concetti di virtù, onore e nobiltà nei *reinos* castigliani della penisola italiana. Accanto ai processi che ebbero un esito positivo, inoltre, ci furono anche *pruebas reprobadas*, procedure per il conseguimento di un abito bloccate dall'insorgere di difficoltà durante l'istruttoria condotta dagli *informantes*. Tra gli italiani si contano pochi casi, tuttavia significativi, che mostrano come anche inimicizie personali nel proprio territorio di origine o in seno al Consiglio d'Italia a Madrid, potessero ostacolare e, di fatto, impedire il conseguimento dell'onorificenza.

Se gli *informantes* non trovavano obiezioni all'ammissione del candidato, la fase processuale si concludeva e iniziava quella finale, a carico della *Escribania de Cámara*, deputata ad accertare il percorso che andava dalla concessione dell'abito al rito solenne di investitura.[52] Per l'esame di questi cerimoniali si è fatto ricorso alla documentazione della serie *Datas de hábito y profesiones* del Consiglio degli Ordini, qui per la prima volta studiata in maniera specifica, nella quale sono contenute informazioni riguardanti il rito solenne di investitura. Il neo cavaliere era tenuto, infatti, a inviare a Madrid, entro quattro mesi dalla cerimonia, documenti che dimostrassero l'effettivo svolgimento della stessa. Si tratta di preziose relazioni

52. M.J. Álvarez-Coca González, *La concesiòn de habitos de caballeros de las Ordenes Militares. Procedimiento y reflejo documental (s. XVI-XIX)*, in «Cuadernos de Historia Moderna», 14 (1993), pp. 277-297; Ead., *Los fondos de las ordenes militares del Archivo Historico Nacional. Aportaciones a la historia de los archivos*, in «Boletín ANABAD», 1 (1996), pp. 95-118.

che illustrano i vari passaggi della cerimonia, il luogo in cui si svolse, i nomi dei padrini del neo cavaliere e dei titolari di un abito presenti al rito solenne. Chiude il capitolo un caso studio concreto, quello del milanese Ercole II Sfondrati, cavaliere di Santiago nel 1646, di cui si conserva numerosa documentazione, relativa all'onorificenza ricevuta e agli obblighi a cui dovette attenersi nel corso della sua vita, tra le carte dell'archivio familiare conservato presso la Biblioteca comunale di Como.

Nell'appendice documentaria si riportano, oltre alla già citata e inedita proposta avanzata nel 1612 a Filippo III da Francesco Guasco per l'istituzione di un Ordine religioso-cavalleresco in Italia, anche le istruzioni fornite agli *informantes* incaricati di condurre i processi di nobiltà fuori dalla penisola iberica e la relazione della cerimonia di vestizione dell'abito di Santiago del napoletano Giuseppe Mariconda svoltasi il 30 novembre 1634 a Bruxelles, là dove si trovava con l'incarico di Commissario generale della cavalleria napoletana al servizio del cardinale Infante. Nell'Appendice online, infine, è possibile consultare l'elenco dei cavalieri di Santiago, Calatrava e Alcántara nati nei regni di Sicilia e di Napoli e nel Ducato di Milano tra il 1556 e il 1700.

***

Questo libro raccoglie i risultati di circa sette anni di ricerca. A conclusione di questo percorso, vorrei spendere alcune parole per esprimere la mia profonda e sincera gratitudine a coloro che hanno contribuito alla sua realizzazione. Grazie a Elisa Novi Chavarria, guida e supporto costante. Spero di aver accolto in queste pagine i suoi continui consigli e suggerimenti. Grazie a Elena Papagna, che da anni segue i miei lavori offrendomi sempre preziosi spunti di riflessione, e a Mario Spedicato, per l'affetto e il sostegno che non smette di dimostrarmi. Grazie al gruppo di ricerca ELITESIT, che ha fornito il contesto fertile in cui è nata l'idea di questa ricerca e, in particolare, ad Albane Cogné, che l'ha accompagnata sin dagli inizi. Grazie ad Angelantonio Spagnoletti, il cui entusiasmo e la cui passione per il tema è stata fonte di ispirazione costante. Sono onorato che abbia contribuito con la sua prefazione a questo libro. Grazie al personale degli archivi e delle biblioteche che mi hanno aiutato nel corso delle mie ricerche e, in particolare, ad Ana Amigo López dell'*Archivo General* di Simancas. Desidero inoltre ringraziare Viella per aver accolto questo studio nel suo catalogo.

Dedico questo libro alla mia famiglia, presenza costante, e al mio sostegno insostituibile, «il mio tu più esteso», che ha vissuto al mio fianco le gioie e i momenti più difficili di questo percorso.

1. Gli Ordini militari castigliani e l'Italia

> Estos cavalleros, ya llenos de la gracia del Espiritu Santo, veyendo la Christiandad en gran peligro, e por quebrantar la muchedumbre de los enemigos de la fe, e defender la Madre Santa Iglesia de Dios, ficieron de si muro fiel que parasen ante la crueldad de los moros, *e pusieron en los pechos semejanza de Espada con la señal de la Cruz.*
>
> BNE, ms. 22983, *Colección de varios escritos relativos al Real Consejo de las Ordenes*, 1792

1. *Da Ordini di cavalleria a Ordini di merito: Santiago, Calatrava, Alcántara*

Per gran parte della storiografia del Novecento, il 1492 è la data nella quale gli Ordini militari castigliani di Santiago, Calatrava e Alcántara, sorti in Età medievale e protagonisti della lotta agli infedeli, terminarono la loro missione primigenia. Secondo tale lettura, in Età moderna essi si caratterizzarono per un anacronismo di fondo in quanto rappresentazione di un residuo tipicamente medievale. Con la liberazione della penisola iberica dalla presenza araba e la fine della *Reconquista* segnata dalla presa del regno di Granada, gli Ordini videro infatti compiersi la missione per la quale erano stati fondati più di tre secoli prima, e si poteva ormai dire che «the "history" of the Orders, in the traditional narrative sense was at an end».[1]

Negli anni Novanta del secolo scorso, tuttavia, Elena Postigo Castellanos, alla quale si devono fondamentali studi sugli Ordini militari in Età moderna, mise in evidenza quanto tale lettura fosse eccessivamente riduttiva e invitò a guardare la questione da una prospettiva differente. In fondo, lo scopo per cui erano sorti gli Ordini monastico-militari spagnoli non era, nello specifico, quello di espellere i Mori dalla penisola iberica, ma di lottare contro i nemici della fede cattolica.[2] In tale prospettiva, nella prima Età

1. L.P. Wright, *The Military Orders in sixteenth and seventeenth century spanish society. The institutional embodiment of a historical tradition*, in «Past & Present», 43 (1969), pp. 34-70: 37. Cfr. anche A. Domínguez Ortiz, *La sociedad española en el siglo XVII. I. El estamento nobiliario*, Madrid, Instituto Balmes de Sociologia, 1963.

2. Postigo Castellanos, *Caballeros del Rey Católico.*

moderna essi si sarebbero riconfigurati inquadrando come nuovo "avversario" l'eresia luterana e ogni sua variante apparsa in Europa. A dimostrazione che non si trattasse di un prodotto esclusivamente medievale, l'autrice invitava a guardare alla fondazione di nuovi Ordini proprio nella prima Età moderna, come il celebre Ordre du Saint-Esprit, fondato alla fine degli anni Settanta del XVI secolo dal re di Francia Enrico III nel pieno svolgersi delle guerre di religione,[3] o quello di Santo Stefano, fondato dal granduca di Toscana Cosimo I de' Medici nel 1561, o ancora l'Ordine mantovano del Sangue di Gesù Cristo, anche noto come Ordine del Redentore, fondato dal duca Vincenzo I Gonzaga nel 1608. Secondo lo schema proposto da Elena Postigo, gli Ordini cavallereschi della seconda e della terza generazione, cioè quelli formatisi tra Tre-Quattrocento e durante la prima Età moderna, persero gradualmente il connotato monastico che aveva contraddistinto quelli sorti tra XII e XIV secolo, caratterizzandosi per una maggiore laicità e un più stretto vincolo di fedeltà al sovrano.

È proprio su quest'ultimo aspetto che si vuole portare l'attenzione nelle pagine di questo lavoro e che spiegherebbe, insieme a motivazioni quali la minaccia turca nel Mediterraneo e la rottura dell'unità religiosa in Europa, il perdurare ancora in Età moderna di Ordini militari di questo tipo. Peraltro nel Cinquecento si assistette al loro incorporamento nelle mani del sovrano e ciò, va da sé, trova giustificazione nel consolidamento del potere monarchico che si andò via via configurando in gran parte dei paesi europei. Furono i principi i protagonisti di questa fase, coloro che ne fondarono di nuovi o contribuirono a ristrutturare o a trasformare i vecchi. E furono gli stessi principi i primi a giovarsi della loro presenza.

I primi Ordini militari sorsero in Terra Santa per volere del papato allo scopo di difendere i luoghi santi e combattere gli infedeli.[4] Tali presupposti

3. Ead., *"Flores en el jardín de los reinos": las Órdenes de Caballería de "tercera generación" (1520-1660)*, in *Nobleza hispana, nobleza cristiana*, II, pp. 1275-1320; Ead., *...Y «los maestres se hicieron reyes, y los reyes maestres». Algunas consideraciones sobre las Órdenes de Caballería de tercera generación*, in «Militarium Ordinum Analecta», 2 (1998), pp. 291-320. L'autrice individua la terza generazione degli Ordini cavallereschi nel periodo 1520-1660, elencando ben trenta Ordini militari fondati da principi europei in questo periodo (ivi, pp. 315-316).

4. N. Morton, *Gli ordini religiosi militari*, Bologna, il Mulino, 2014; A. Demurger, *I cavalieri di Cristo. Gli ordini religioso-militari del Medioevo XI-XVI secolo*, Milano, Garzanti, 2007; *The Military Orders. I. Fighting for the Faith and Caring for the Sick*, a cura di M. Barber, Aldershot, Variorum, 1994.

portarono a nuove fondazioni anche in altri luoghi d'Europa, a est, lungo le frontiere della cristianità, e a ovest, nella penisola iberica. Qui presto giunsero le milizie sorte a Oriente per fronteggiare gli arabi che si erano spinti fin dentro il territorio iberico e liberarlo dalla «contagiosa peste de los Moros»,[5] ma ne nacquero anche delle nuove, su spinta del papato e dei poteri locali laici. Furono quelli poi conosciuti come Ordini militari castigliani:[6] Santiago, Calatrava, Alcántara.[7]

Il primo a essere fondato fu quello di Calatrava, dal nome della città di frontiera lasciata dai templari a Sancho III di Castiglia il quale, a sua volta, affidò la signoria e la difesa di Calatrava al religioso Raimondo di Fideiro che istituì, nel 1158, un Ordine monastico-cavalleresco, quello di Calatrava appunto, organizzato secondo la regola cistercense. Qualche anno dopo, nel 1170, fu la volta di quello di Santiago, sorto in seguito alla concessione fatta da Ferdinando II, re di León, della città di Cáceres, appena riconquistata ai Mori, a Pedro Fernandez de Castro e a un gruppo di cavalieri affinché la difendessero dalle mire musulmane. Si chiamarono i *Fratres de Cáceres* o anche *Hermanos de la espada*, nucleo primordiale di quello che nel giro di qualche anno sarebbe stato l'Ordine di Santiago, organizzato secondo la regola agostiniana. Infine, nel 1175, fu la volta dell'Ordine di Alcántara, anch'esso organizzato secondo la regola cistercense, il cui nome deriva da quello dato dagli arabi alla città sul Tago per via della pre-

5. A. Mendo, *De las Ordenes Militares: de sus principios, govierno, privilegios, obligaciones*, Madrid, Iuan Garcia Infançon, 1681, p. 1.

6. Tra gli Ordini spagnoli figura anche quello aragonese di Montesa, che si è scelto di non esaminare in questo lavoro, sia per il minor prestigio "internazionale" di cui godette rispetto agli omologhi castigliani sia perché un numero assai esiguo di «italiani», solo 11, vestì le sue insegne nel periodo qui considerato. L'Ordine di Montesa sorse dalle ceneri di quello dei Templari nel 1317 e divenne dinastico, con il suo incorporamento alla *Monarquía*, nel 1587. Sull'Ordine di Montesa mi limito a rimandare ai contributi in *Santa María de Montesa. La orden militar del Reino de Valencia (ss. XIV-XIX)*, a cura di E. Guinot, F. Andrés, J. Cerdà, J.F. Pardo, Valencia, Universitat de Valencia, 2019.

7. Sugli Ordini militari spagnoli la bibliografia è vastissima. Mi limito a citare qui, rimandando alla bibliografia in essi presente, C. de Ayala Martínez, *Las órdenes militares hispánicas en la Edad Media (siglos XII-XV)*, Madrid, Marcial Pons Historia-La Torre Literaria, 2003; J.M. Rodríguez García, *Las órdenes militares de origen hispánico. La guerra juramentada contra el infiel*, Madrid, Editorial Dilema, 2021; *Órdenes militares y construcción de la sociedad occidental*, a cura di F. Ruiz Gómez, R. Torres Jiménez, Madrid, Silex, 2017; i contributi raccolti in *Las ordenes militares en el Mediterraneo occidental. Siglos XIII-XVIII*, Madrid, Casa De Velásquez, 1989; *Las órdenes militares en la Península Ibérica. II. Edad moderna*.

senza di un monumentale ponte romano costruito in onore dell'imperatore Traiano («Al-Kantara» in arabo significa infatti "ponte"). L'Ordine fu l'ufficializzazione di quello di San Julián del Pereiro sorto una ventina di anni prima che, in seguito all'affidamento della difesa della città di Alcántara, assunse poi il nome con il quale è conosciuto. Tutti adottarono l'emblema cristiano per eccellenza – la croce – ricorrendo al cromatismo per diversificarsi: rossa la croce di Santiago, cremisi quella di Calatrava, verde quella di Alcántara.[8]

Riconosciuti dal papato con bolle pontificie, dotati di regole e statuti, i tre Ordini erano milizie cristiane, espressione di una cultura ecclesiastica secondo la quale la chiesa terrena doveva essere militante, fusione tra elemento guerriero e idea dell'onore. In un assetto sociale fortemente gerarchizzato, questi cavalieri erano la sintesi ideale di *oratores* e *bellatores*, di clero e nobiltà, i vertici dell'ordine sociale prestabilito.[9] Obbedienti al papa e al fianco dei re nella difesa dei regni iberici, questi Ordini, per i servizi prestati nella lotta contro gli infedeli, nel corso degli anni entrarono in possesso di vasti territori, in particolare, nei regni di Castiglia e di Aragona, mantenendone controllo e giurisdizione e incaricandosi del loro ripopolamento.

Nei quasi tre secoli della loro vita i tre Ordini militari castigliani avevano dunque messo radici profonde nella società iberica, sia per il valore sociale e per il ruolo avuto in età medievale durante la *Reconquista*, sia per il potere politico ed economico che avevano acquisito. Tutto ciò li avrebbe esposti, come peraltro era avvenuto anche prima del 1492, a tensioni e conflitti con il potere regio, desideroso di porli sotto il proprio controllo: si sarebbe così passati prima a un'amministrazione temporanea, quindi a quella perpetua con l'incorporamento dei tre Ordini alla Corona di Castiglia. Non è un caso se proprio a ridosso della caduta del sultanato di Granada, Ferdinando il Cattolico ottenne dal papa il diritto di amministrare gli Ordini di Calatrava (1489), Santiago (1493) e Alcántara (1494), a cui seguì, nel 1498, l'istituzione del *Consejo de las Ordenes*, poi formalizzato con la bolla papale *Dum intra nostrae mentis arcana* di Adriano VI del 1523, con la quale Carlo V e i suoi successori assunsero la carica di Gran

8. F. Martínez Llorente, *La emblemática de las órdenes militares hispanas*, in «Boletín del Instituto de Estudios Giennenses», 220 (2019), pp. 293-328.

9. J.I. Ruíz Rodríguez, *Las Órdenes Militares castellanas en la Edad Moderna*, Madrid, Arco Libros, 2001.

Maestri degli Ordini militari spagnoli, che venivano così incorporati alla Corona di Castiglia.[10] L'accordo raggiunto con la Santa Sede stabilì che non fosse smantellata la struttura ereditata dal Medioevo, ma si mantenessero intatti i loro privilegi e i loro patrimoni, mentre il re assunse il ruolo di amministratore perpetuo.[11]

Fu questa una delle profonde trasformazioni che interessò i tre Ordini castigliani nel corso del Cinquecento. Già nel secolo precedente si era dato avvio a un percorso di laicizzazione, con la caduta del voto di povertà e dei vincoli al celibato imposti ai cavalieri di radice cistercense (Alcántara e Calatrava). Nella prima Età moderna, ulteriori cambiamenti sopraggiunsero a trasformare anche i loro legami con la Corona spagnola: non solo, dunque, il conferimento del titolo di Gran maestro al sovrano, ma anche l'accentuazione dell'importanza dei servizi a lui resi come via privilegiata per il conseguimento di un abito militare e la rilevanza data a requisiti quali la purezza del sangue e l'ascendenza nobiliare per potersi fregiare di questa onorificenza.[12]

Tra Cinque e Seicento, gli Ordini castigliani assunsero dunque ruoli differenti rispetto al passato, ma altrettanto importanti: uno di carattere sociale – distinguere i nobili e i *limpios de sangre* – e uno di natura politi-

10. J.M. López de Zuazo y Algar, *El Real Consejo de la Ordenes Militares y sus archivos*, Madrid, Silex, 2023. Per le origini, le funzioni e l'evoluzione del Consiglio degli Ordini in Età moderna rimane fondamentale lo studio di Postigo Castellanos, *Honor y privilegio*.

11. Sull'incorporamento degli Ordini castigliani alla Corona, cfr. E. Postigo Castellanos, "*Dum intra nostrae mentis*". *Carlos I de Castilla, Adriano VI y las Órdenes Militares Castellanos*, in *As Ordens militares e as Ordens de cavalaria entre o Ocidente e o Oriente*, a cura di I.C. Ferreira Fernandes, Palmela, Câmara Municipal de Palmela-GEsOS, 2009, pp. 847-887; J.M. López de Zuazo y Algar, *La incorporación de los maestrazgos de las órdenes militares a la Corona Real, con especial aplicación a la Orden de Alcántara*, in «Revista de las Ordenes Militares», 9 (2017), pp. 77-128; C. de Ayala Martínez, *La corona de Castilla y la incorporación de los maestrazgos*, in «Militarum Ordinum Analecta», 1 (1997), pp. 257-290.

12. Tali trasformazioni caratterizzarono anche gli Ordini militari della corona portoghese. Cfr. F. Olival, *Gli ordini militari e la società iberica (secoli XV-XVIII)*, in *Cavalieri. Dai Templari a Napoleone*, pp. 143-153; Ead., *As Ordens Militares e o Estado Moderno: honra, mercê e venalidade em Portugal (1641-1789)*, Lisboa, Estar, 2001. Per una disamina degli aspetti istituzionali degli Ordini militari in Età moderna, non solo di quelli castigliani, cfr. G. Rocca, *Gli ordini militari in età moderna (secoli XVI-XVIII)*, in «Studi Melitensi», 24 (2016), pp. 7-87.

ca – fornire uomini che servissero il re.[13] Da Ordini di cavalleria divennero, in sostanza, Ordini di merito. Il loro incorporamento alla Corona incrementò il potere regio: nei fatti era il sovrano a detenerne il completo controllo, sebbene i tre Ordini mantenessero una propria autonomia nominale, conservassero le proprie regole, definizioni e istituzioni e dipendessero, per la loro natura religiosa, anche dalla Santa Sede.[14] Il re non ricavò però da loro aiuti militari: nonostante la forte vocazione marziale avuta in passato e la conservazione, almeno sulla carta, di tale carattere anche in Età moderna, a partire dal 1492 gli Ordini castigliani furono interessati da una progressiva demilitarizzazione, nonostante i tentativi profusi per utilizzarli come milizie a difesa dei presidi nord africani, ad esempio, o ancora in quello fatto dal conte duca di Olivares alla metà del Seicento di impiegarli come reggimento armato sul fronte d'Aragona.[15] La loro vera utilità era ormai di natura politico-sociale oltre che economica, per via dello sfruttamento del patrimonio degli Ordini che i sovrani poterono fare dopo il loro incorporamento alla Corona.

E ancora, essi assunsero un ruolo fondamentale dal punto di vista sociale. Compito del *Consejo*, nel quale confluirono i consigli precedentemente indipendenti dei tre Ordini militari, era infatti quello di vagliare l'idoneità degli aspiranti a vestire un abito cavalleresco attraverso un rigido sistema di verifica messo a punto nel corso della prima Età moderna del trittico di requisiti principali richiesti – *nobleza*, *limpieza de sangre*, *limpieza de oficio*. Da quel momento acquisire una croce dei tre Ordini militari significò non solo esibire un alto riconoscimento regio, ma anche e soprattutto trasmettere ai discendenti un patrimonio sociale e simbolico in grado di cancellare ogni eventuale incertezza sul lignaggio e garantirne

13. Domínguez Ortiz, *Valoración social de los hábitos de las Órdenes Militares*, p. 1157.

14. E. Postigo Castellanos, *Las Ordenes Militares de la Monarquía Hispana. Modelos discursivos de los siglos XVI-XVIII*, in *Las órdenes militares en la Península Ibérica. II. Edad moderna*, pp. 1585-1636: 1590-1591.

15. F. Fernández Izquierdo, *Los caballeros "cruzados" en el ejército de la Monarquía Hispánica durante los siglos XVI y XVII¿anhelo o realidad?*, in *Ejércitos en la Edad Moderna*, a cura di M.À. Martínez Rodríguez, E. Giménez López, numero monografico di «Revista de Historia Moderna», 22 (2004), pp. 11-60; A. Jiménez Moreno, *Las Órdenes Militares y el Conde Duque de Olivares. La convocatoria de los caballeros de hábito (1621-1641)*, Madrid, OMM, 2014; M. Lambert-Gorges, *Santiago et la défense de la Méditerraneée (notes sur le XVI siècle)*, in *Las ordenes militares en el Mediterraneo occidental*, pp. 213-248.

perpetua purezza.[16] Tribunale dell'onore e del privilegio,[17] strumento dello stato moderno, il *Consejo* contribuì a rafforzare il potere regio spagnolo e a stringere maglie clientelari e di fedeltà attorno al sovrano, conservando e consacrando, allo stesso tempo, la struttura gerarchica della società di antico regime di cui costituiva un filtro finalizzato a «conservar la nobleza».[18]

2. *La difficile identificazione dei cavalieri «italiani»*

L'espansione asburgica nel corso della prima Età moderna e l'entrata di nuovi territori, compresi quelli italiani, nell'orbita spagnola, permise anche alle élite extra-iberiche di accedere al sistema degli onori del monarca cattolico. Il consolidarsi di questo nuovo scenario, unito all'incorporamento dei tre Ordini religioso-cavallereschi castigliani alla Corona degli *Austrias*, mutò la proiezione fin ad allora "nazionale" degli stessi abiti militari i quali, pur rimanendo tali nella forma, travalicarono di fatto i confini prima circoscritti alla sola penisola iberica.[19] Censire i cavalieri italiani di Santiago, Calatrava e Alcántara è operazione, però, rivelatasi non priva di difficoltà, in primo luogo per le lacune esistenti nella documentazione conservatasi[20] che, sebbene consentano di guardare comunque al fenomeno generale in maniera efficace, non permettono tuttavia di escludere del tutto un pur minimo, ma appunto inevitabile, margine di errore.

Prima di passare a esaminare i dati quantitativi delle concessioni di abiti militari nei *reinos* italiani della Corona di Castiglia, è opportuno, pertanto, illustrare le fonti che si sono utilizzate e i criteri che si è scelto di adottare. Per individuare gli abiti concessi nella penisola italiana negli anni 1556-1700, dal regno di Filippo II a quello di Carlo II, si è fatto ricorso principalmente agli *expedientes de pruebas*, i processi di nobiltà, ossia l'informativa condotta dal Consiglio degli Ordini sui pretendenti l'abito caval-

16. Ruíz Rodríguez, *Las Órdenes Militares castellanas*, p. 43.

17. Postigo Castellanos, *Honor y privilegio*.

18. Ivi, p. 111.

19. Sulla presenza degli Ordini militari castigliani in Italia in età medievale cfr. E. Bellomo, *The Spanish Military Orders in Italy: Initial Remarks on Patronage and Properties (XII-XIV Centuries)*, in *The Military Orders. V. Politics and Power*, a cura di P.W. Edbury, Farnham-Burlington, Ashgate, 2012, pp. 251-262.

20. Cfr. F. Fernández Izquierdo, *¿Qué era ser caballero de una Orden Militar en los siglos XVI y XVII?*, in «Torre de los Lujanes», 49 (2003), pp. 141-164: 151-152.

leresco al fine di accertarne nobiltà e *limpieza de sangre*, fonte utilizzata anche per lo studio di altri Ordini militari di Età moderna.[21] L'uso di tale documentazione è dovuto all'indicazione in essa presente sulla *naturaleza* dei candidati, termine che stava a indicare il luogo di nascita dell'aspirante cavaliere, un dato essenziale per l'avvio del processo perché è proprio lì che si raccoglievano le informazioni relative al possesso o meno dei requisiti d'ingresso richiesti dagli statuti dei tre Ordini.

Il sovrano, infatti, dopo aver concesso la *merced de habito* all'aspirante, inviava il decreto di concessione (*cédula real*) al Consiglio degli Ordini perché iniziasse la procedura *inquisitiva*, l'istruttoria, fase fondamentale del procedimento, che generava le *pruebas*, ossia il resoconto del lavoro degli *informantes* relativo alla verifica dei requisiti d'ingresso richiesti. Una volta conclusa positivamente la fase processuale, il re concedeva l'abito al candidato (*despacho de habito*). Avremo modo di descrivere nei prossimi capitoli l'intero *iter* di conferimento di una croce cavalleresca ricorrendo a numerosi esempi; questi brevi cenni ci sono sembrati, ad ogni modo, necessari per meglio inquadrare le fonti utilizzate per l'elaborazione dei dati quantitativi.

Sui processi di nobiltà sono anche basati gli elenchi dei pretendenti l'abito dei tre Ordini militari pubblicati all'inizio del Novecento da Vicente Vignau e Francisco Uhagón,[22] preziosi per individuare alcuni dei nominativi di quei cavalieri la cui informativa è andata perduta, ma di cui rimane la documentazione prodotta dalla *Cámara*, i cosiddetti *expedientillos*.[23] Un ulteriore confronto è stato effettuato principalmente sui manoscritti 6588,[24]

21. Per l'Ordine toscano di Santo Stefano cfr. M. Aglietti, *Caballería y nobleza entre Toscana y España: Los procesos de admisión en la Orden Militar de Santo Stefano*, in *Nobleza hispana, nobleza cristiana*, II, pp. 1179-1216; Angiolini, *I cavalieri e il principe*; Id., *Norme per i cavalieri di Santo Stefano e norme per i cavalieri di Malta: analogie e differenze*, in *Nobleza hispana, nobleza cristiana*, II, pp. 1159-1178; Id., *La nobiltà «imperfetta». Cavalieri e commende di S. Stefano nella Toscana moderna*, in «Quaderni Storici», 78/3 (1991), pp. 875-899. Per l'Ordine di Malta, Spagnoletti, *Stato, aristocrazie e Ordine di Malta*. Più in generale, in chiave comparativa, cfr. D'Avenia, *I processi di nobiltà*.

22. V. Vignau, F.R. Uhagón, *Indice de pruebas de los caballeros que han vestido el hábito de Santiago desde el año 1501 hasta la fecha*, Madrid, s.e., 1901; *Índice de pruebas de los caballeros que han vestido el hábito de Calatrava, Alcántara y Montesa desde el siglo XVI hasta la fecha*, Madrid, s.e., 1903.

23. AHN, OM, *Expedientes de concesión del título de caballero (expedientillos) del Consejo de Órdenes*.

24. BNE, ms. 6588, *Libro de inventario de los hábitos de la Orden de Santiago que se han despachado desde el año 1551 hasta 1777*.

10311,[25] 10312,[26] 18011[27] e 2447[28] della Biblioteca Nacional de España: il primo, un inventario degli abiti di Santiago *despachados* tra 1551 e 1777, la cui compilazione fu avviata nel 1694 da Diego Fernández de Serrano, segretario del Consiglio degli Ordini; il secondo e il terzo, omologhi inventari relativi rispettivamente all'Ordine di Alcántara e a quello di Calatrava; il quarto, un indice delle informative condotte sui pretendenti l'abito dei tre Ordini militari dal Cinquecento al Settecento; l'ultimo, un preziosissimo ragguaglio dei titolari di un abito di Calatrava tra 1602 e 1700 con le genealogie di ciascuno di essi, la data di concessione delle *merced* e, in alcuni casi, anche quella definitiva dell'abito.

Oltre alle lacune documentarie sopra ricordate, altre problematicità sono emerse nel condurre l'identificazione dei cavalieri d'abito originari della penisola italiana, sia per la consuetudine dei funzionari regi di alterare i loro cognomi, "ispanizzandoli", sia perché, utilizzando il principio che potremmo definire dello *ius soli*, si indicavano come *naturales* di Napoli, Milano, Palermo, ecc. anche i figli di funzionari o di militari spagnoli che si trovavano temporaneamente in Italia e che in alcuni casi venivano indicati nelle genealogie allegate alle istruttorie come nati «de paso»; un segnale, questo, della grande mobilità di uomini che caratterizzò il sistema imperiale. Basti citare, ad esempio, l'*expediente* di Gaspar de Borja, nato a Napoli poiché il padre, Lorenzo, ricopriva allora la carica di governatore di Gaeta;[29] o di Benito Ignacio de Zarauz, nato a Napoli da Gomez Ortiz, «estando sirviendo su padre el oficio que tiene de Presidente de la Camara de aquel Reyno». Anche quest'ultimo era nato a Milano, lontano dal luogo d'origine della famiglia, il centro basco di Guipúzcoa, perché suo padre, Luis, serviva a quel tempo il sovrano cattolico nel Ducato lombardo.

La principale difficoltà incontrata durante il censimento dei cavalieri milanesi, napoletani e siciliani risiede dunque nella definizione, a volte non così immediata, della loro *naturaleza*. È importante sottolineare,

25. BNE, ms. 10311, *Inventario de los hábitos de la Orden de Alcántara, despachados desde el año de 1602 hasta el de 1713.*

26. BNE, ms. 10312, *Inventario de los hábitos de la Orden de Calatrava, despachados desde el año de 1602 hasta el de 1713.*

27. BNE, ms. 18011, *Registro de informaciones sobre órdenes militares.*

28. BNE, ms. 2447, *Genealogías de los que tomaron el hábito de la orden militar de Calatrava, durante los años 1602 a 1700.*

29. Lo stesso Lorenzo, a sua volta, era nato «de paso» a Goa, in India, dove suo padre era stato Uditore Generale. AHN, OM, *Santiago*, Exp. 1163.

tuttavia, che i casi "incerti" rappresentano una percentuale tale da non compromettere né l'analisi generale del fenomeno studiato né i confronti numerici tra i vari territori esaminati. La scelta operata è stata dunque quella di adottare il criterio della nascita, in grado, in ultima analisi, di garantire la maggiore oggettività, considerando tutti i titolari di un abito nati nei tre *reinos* di Napoli, Milano e Sicilia. Tale scelta è apparsa necessaria sia perché non sempre nelle istruttorie sono indicati – o non sempre è stato possibile accertarlo – i nati «de paso», sia per non escludere alcuni dei cavalieri nati da matrimoni misti italo-iberici: non esistendo in Età moderna un concetto di cittadinanza,[30] si è rivelata assai complessa, oltre che poco oggettiva, un'operazione di verifica della presenza della famiglia paterna nella penisola italiana già nella generazione precedente oppure in quelle successive, magari perpetuando strategiche alleanze matrimoniali che poterono dare avvio o consolidare il radicamento del casato. È questo il caso, ad esempio, di Giovanni Filippo del Rio Noriega, cavaliere di Santiago nel 1654, nato a Milano, figlio di Alonso e di Francesca Arese. Il padre, presidente del magistrato ordinario e cittadino milanese dal 1633,[31] rimasto vedovo, sposò in seconde nozze un'altra milanese, Lavinia Vistarini così come il figlio proseguì la predilezione per i matrimoni con donne lombarde sposando dapprima Ludovica Landriani e, alla sua morte, Anna Gallarati,[32] unioni che rafforzarono l'integrazione della famiglia nel *Milanesado*.

Tenendo presente i criteri adottati e nonostante i limiti e le problematiche fin qui illustrate, l'analisi dei processi di nobiltà ha permesso comunque di formulare le conclusioni quantitative che di seguito illustreremo e di poter dimostrare il peso che ebbe la componente «italiana» nel numero

30. Cfr. P. Ventura, *La capitale dei privilegi. Governo spagnolo, burocrazia e cittadinanza a Napoli nel Cinquecento*, Napoli, FedOA, 2018, in particolare pp. 17-66.

31. A. Terreni, *Prime riflessioni su* letrados *e cittadinanza nella Milano degli* Austrias *(secoli XVI-XVII)*, in *La cittadinanza e gli intellettuali (XIV-XV secc.). Con una sessione multidisciplinare (XVI-XX secc.)*, a cura di B. del Bo, Milano, FrancoAngeli, 2017, pp. 169-184: 184.

32. AHN, OM, *Santiago*, Exp. 7002. Sul radicamento dei Noriega nel *Milanesado* cfr. G. Signorotto, *Milano spagnola. Guerra, istituzioni, uomini di governo (1635-1660)*, Milano, Sansoni, 2001, pp. 163-164. Per una disamina delle élite spagnole radicatesi nello Stato di Milano e dei loro rapporti con quelle milanesi cfr. A. Álvarez-Ossorio Alvariño, *La república de las parentelas. El Estado de Milán en la monarquía de Carlos II*, Mantova, Gianluigi Arcari Editore, 2002.

complessivo di individui premiati con un abito dei tre Ordini militari castigliani tra Cinque e Seicento.

3. *Distribuzione e andamento cronologico delle concessioni (1556-1700)*

Il Seicento può a ragione definirsi il secolo d'oro degli abiti militari castigliani. È sufficiente osservare i dati relativi ai processi di nobiltà condotti in questo periodo per constatare la fondatezza di questa affermazione: se nel corso del Cinquecento furono avviati poco meno di 1700 processi di nobiltà, nel Seicento questa cifra salì vertiginosamente raggiungendo le 9000 unità, più di cinque volte gli *expedientes* del secolo precedente.[33] Di questi, circa 5000 furono avviati durante il regno di Filippo IV, meno di un migliaio negli ultimi anni di quello di Filippo III e la restante parte durante il regno dell'ultimo Asburgo di Spagna, Carlo II.[34]

Tale incremento si verificò, in particolare, a partire dagli anni Venti del Seicento: nei primi sei anni del regno del *rey planeta* si concessero più abiti che nei due decenni precedenti. Alla base di questo aumento di concessioni di croci cavalleresche vi furono gli sforzi profusi dal conte-duca di Olivares, *valido* di Filippo IV, per alleviare il peso che gravava sulla *hacienda real*, ricorrendo a onori simbolici per ricompensare i servizi dei sudditi del re cattolico. Il fenomeno si attenuò progressivamente verso la fine degli anni Quaranta del Seicento, non solo per la svalutazione che intaccò inevitabilmente gli abiti militari, ma anche per una riduzione dell'offerta degli stessi che in alcuni periodi si cercò di utilizzare, più o meno efficacemente, solo come ricompensa di meriti acquisiti sui campi di battaglia. Tali periodici interventi da parte di Madrid furono finalizzati a preservarne il prestigio, una volontà che non venne meno neanche nei periodi di maggiori concessioni, come vedremo meglio più avanti, seb-

33. Gli *expedientes* cinquecenteschi sono così ripartiti tra i tre Ordini: circa 220 di Alcántara, 260 di Calatrava e poco più di 1200 di Santiago. Nel Seicento vi furono, invece, circa 1190 processi di nobiltà per l'ingresso nell'Ordine di Alcántara, poco più di 2000 per quello di Calatrava e circa 5800 per l'Ordine di Santiago. Nel Settecento si ritornerà su numeri più vicini a quelli del XVI secolo, sebbene maggiori, con circa 3350 *expedientes de pruebas* complessivi avviati dal Consiglio degli Ordini. I dati sono tratti da AHN, OM, *Expedientes de pruebas del Consejo de Órdenes*.

34. Postigo Castellanos, *Honor y privilegio*, pp. 196-201.

bene tale fine non sempre poté rispondere alle esigenze politico-militari del momento.

La tendenza generale appena delineata trova pieno riscontro anche in Italia: tra il 1556 e il 1700, i premiati con un abito nati nei domini della Corona di Castiglia furono poco più di settecento, metà dei quali originari del Regno di Napoli. Le élite italiane furono le più premiate con questa onorificenza al di fuori del territorio iberico, segnale evidente degli stretti vincoli che le legarono alla *Monarquía* nonché del ruolo che ebbero i *reinos* italiani nel sostenere, insieme alla Castiglia, gran parte del peso della politica spagnola, non solo in termini economici ma anche di risorse umane.

Tab. 1. Ripartizione degli abiti militari concessi nei *reinos* castigliani della penisola italiana (1556-1700)*

	Cavalieri di Santiago	Cavalieri di Calatrava	Cavalieri di Alcántara	Totale
Regno di Napoli	211	130	55	396
Ducato di Milano	97	15	6	118
Regno di Sicilia	118	30	50	198
	426	**175**	**111**	**712**

Il grosso di queste concessioni avvenne nel corso del Seicento, toccando il picco tra la fine del regno di Filippo III e i primi decenni di quello di Filippo IV, non a caso il periodo in cui si fece più significativo l'impegno della nobiltà della penisola, specie milanese e napoletana, nelle guerre europee degli *Austrias*. Proprio l'ampia presenza della nobiltà italiana sui campi di battaglia europei nella prima metà del XVII secolo (Guerra dei Trent'anni, rivolte in Catalogna, a Napoli

* Il totale riportato in tabella (712) fa riferimento al numero degli abiti concessi ai nati nei *reinos* di Milano, Napoli e Sicilia, ma non corrisponde al numero dei cavalieri (711). Questo perché il siciliano Carlos de Ibarra fu premiato con due abiti militari: nel 1610 con quello di Alcántara, nel 1626 con quello di Santiago.

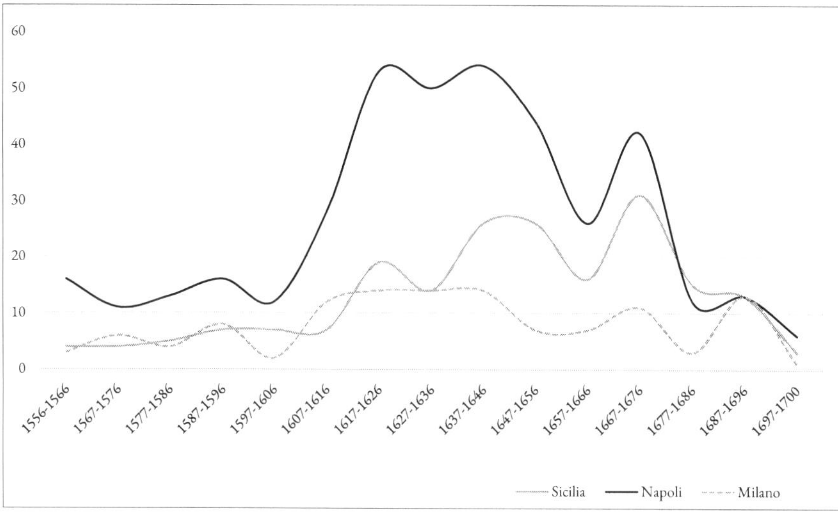

Fig. 1. Andamento delle concessioni di abiti militari nei *reinos* castigliani della penisola italiana (1556-1700).

e a Palermo)[35] spiega il numero di croci cavalleresche, in particolare di Santiago, la più ambita dai militari, durante il regno del *rey planeta*.

L'andamento delle concessioni non seguì, ad ogni modo, una tendenza uniforme, bensì intermittente, con periodi di crescita che si alternarono a brusche flessioni, come tra gli anni Cinquanta e Sessanta del secolo. Un *trend* che rispetta, in sostanza, quello generale rilevato in area iberica e che fu dovuto, come si è detto, al tentativo di controllarne l'offerta per preservare il prestigio degli abiti dei tre Ordini militari.[36]

Una costante, seppur irregolare, flessione si ebbe invece alla fine del secolo. Il declino spagnolo, via via più evidente nella seconda metà del

35. Mi limito a citare qui A. Spagnoletti, *Le dinastie italiane e la guerra nelle Fiandre*, in «Società e Storia», 125 (2009), pp. 423-443; Id., *Onore e spirito nazionale nei soldati italiani al servizio della monarchia spagnola*, in *Militari e società civile nell'Europa dell'età moderna (secoli XVI-XVIII)*, a cura di C. Donati, B.R. Kroener, Bologna, il Mulino, 2007, pp. 211-253; i contributi raccolti in *Italiani al servizio straniero in età moderna*, a cura di P. Bianchi, D. Maffi, E. Stumpo, Milano, FrancoAngeli, 2008.

36. Postigo Castellanos, *Honor y privilegio*, pp. 196-197.

Seicento, ebbe ricadute anche nei processi di integrazione che la Corona cattolica aveva perseguito con successo almeno fino alla metà del XVII secolo. La rivolta di Messina fu lo spartiacque a partire dal quale iniziò un costante e graduale distacco delle élite italiane dalla *Monarquía*,[37] non più in grado di dirigere con l'autorità dei decenni precedenti la penisola. Tuttavia, fu proprio nei momenti più incerti, quando la gestione delle vicende italiane fu più difficoltosa e la Corona ebbe bisogno di rafforzare il sostegno delle élite che si ricorse al patronato regio, lo strumento che meglio di altri, in passato, aveva garantito agli *Austrias* il consenso delle nobiltà del *bel paese*. Ciò spiega, pertanto, il "colpo di coda" di fine Seicento, giacché proprio gli ultimi decenni del secolo costituirono «una delle ultime occasioni in cui a piene mani da Madrid furono distribuiti Tosoni, titoli e abiti [...] per sostenere pericolanti fedeltà».[38] Non a caso, nel 1674, Innocenzo Fuidoro notò acutamente, e non senza ironia, che a Napoli si vedevano «assai croci di diversi ordini militari per magnificenza del re di Spagna, de quali nelli tempi passati non vi era tanta dovizia».[39]

Il primo aspetto che appare evidente guardando ai dati quantitativi sopra riportati è la preponderanza numerica degli abiti di Santiago, rilevata anche in area iberica e lì motivata dalla presenza di un maggior numero di *encomiendas* santiaghiste[40] e, soprattutto, da più flessibili criteri di accesso rispetto agli altri due di Alcántara e Calatrava.[41] «Santiago los ricos, Alcántara los nobles, Calatrava los galantes»,[42] recitava un detto popolare spagnolo per spiegare la differenza tra i tre Ordini e l'espressione non sembra essere del tutto lontana dalla realtà, anche guardando al fenomeno in Italia. Oltre ai «ricos», tuttavia, la croce di Santiago era indubbiamente la prediletta dai militari. La carriera delle armi fu la strada più battuta, quella

37. G. Galasso, *Napoli nel viceregno spagnolo dal 1648 al 1696*, in *Storia di Napoli*, Napoli, Società Editoriale Storia di Napoli, 1976, p. 185; S. Barbagallo, *La guerra di Messina, 1674-1678. «Chi protegge li ribelli d'altri principi, invita i propri a' ribellarsi»*, Napoli, Guida, 2017.

38. Spagnoletti, *Principi italiani e Spagna*, pp. 239-240.

39. I. Fuidoro, *Giornali di Napoli. Volume III: 1672-1675*, a cura di V. Omodeo, Napoli, Società Napoletana di Storia Patria, 1939, p. 180.

40. Domínguez Ortiz, *La sociedad española*, pp. 201-202.

41. Postigo Castellanos, *Honor y privilegio*, pp. 192-193. Basti pensare che per l'ammissione all'Ordine di Alcántara era necessaria l'*hidalguía* dei quattro quarti già a partire dalla metà del Cinquecento, mentre più tardi si arrivò alla richiesta del medesimo requisito sia per Calatrava (1600) sia per Santiago (1653). Cfr. D'Avenia, *I processi di nobiltà*, p. 1125.

42. Postigo Castellanos, *Honor y privilegio*, p. 190.

che più agevolmente consentiva di percorrere carriere prestigiose e di ricevere onori e ricompense regie. Vedremo meglio tali aspetti nel prossimo capitolo. Qui va comunque rilevato che l'abito di Santiago godeva, forse proprio per essere il prediletto dei soldati e dei militari, anche di maggior prestigio e considerazione fuori dalla penisola iberica[43] e di conseguenza furono molto più numerose le richieste esplicite di concessione di una croce di Santiago piuttosto che di Calatrava o di Alcántara,[44] così come più frequenti furono quelle di sostituire la *merced* di un abito dei due Ordini cistercensi con una di un abito santiaghista.

Come vedremo nel prossimo capitolo, inoltre, a differenza di quanto si rileva a Napoli e a Milano, in Sicilia la concessione di croci cavalleresche non fu strettamente legata a servizi militari, specie quelli condotti lontano dall'isola sui teatri bellici europei ed extraeuropei. La tendenza è confermata proprio dalla tipologia di abiti concessi: sebbene l'Ordine di Santiago mantenesse anche qui il maggior numero di ingressi, è ad ogni modo significativo il numero di croci di Alcántara che premiarono gli esponenti delle élite siciliane, di molto superiore a quello di Milano, ad esempio, dove ne troviamo solo cinque nel periodo esaminato rispetto ai cinquanta siciliani. Anche prendendo in considerazione gli abiti di Alcántara nel Regno di Napoli, più esteso territorialmente e con un numero di concessioni complessive, come si è visto, maggiore di quelle rilevate negli altri due *reinos*, il confronto numerico conferma, comunque, la singolarità del dato siciliano. È il segnale della presenza di lignaggi antichi nell'isola, premiati anche per il solo lustro del casato, più che per particolari servizi offerti alla Corona. Ciò, peraltro, conferma quella tendenza riscontrata in Spagna per cui la croce di Alcántara fu appannaggio della nobiltà più antica e di maggior prestigio rispetto agli altri due Ordini castigliani.[45] D'altra parte, la politica di Madrid nella gestione degli abiti militari non poté che essere sostanzialmente uniforme fuori come dentro la penisola iberica. È dunque possibile intravedere tale orientamento guardando ai casati dei cavalieri premiati con la croce di Alcántara: i Branciforti e i Moncada in Sicilia, ad esempio, o i Caracciolo a Napoli.

43. Ivi, pp. 194-195.

44. È quanto chiese, ad esempio, Niccolò Placido Branciforti, principe di Leonforte, perché l'abito concesso al figlio Francesco fosse di Santiago «por particular devocion que tiene». AGS, SSP, *Sicilia*, Leg. 1010, consulta del 16 giugno 1637.

45. Angiolini, *Nobiltà, Ordini cavallereschi e mobilità sociale nell'Italia moderna*, pp. 37-56: 45.

L'abito di Calatrava, al contrario, sembrò essere destinato alla nobiltà "amministrativa", come la definisce Elena Postigo,[46] un riconoscimento per coloro che avevano prestato un servizio in un ufficio governativo, giudiziario o a corte. Lo vestirono, solo per fare alcuni esempi, i napoletani Antonio Mariconda, cavallerizzo della regina, nel 1640, e Francesco Maria Cimino, fiscale del Real Patrimonio, nel 1693, o ancora il siciliano Pietro di Napoli, *menino* della regina, nel 1643. Va, ad ogni modo, sottolineato che non possiamo parlare di una schematicità nella scelta di assegnare un abito rispetto a un altro, quanto più di un orientamento ideale che non sempre trovò corrispondenza nella realtà. Anche il caso, ad esempio, aveva un suo peso non trascurabile se è vero che in particolari momenti si poteva concedere un abito di Calatrava rispetto a quello di Santiago semplicemente perché di quest'ultimo Ordine, in quei giorni, se ne erano assegnati troppi.[47]

Guardando ai titolari di un abito nati nei *reinos* italiani rileviamo inoltre la presenza di gruppi familiari che "monopolizzarono" l'onorificenza, ricevendola per più generazioni. Su tutti spiccano, a Napoli, i ben 30 abiti concessi ai Caracciolo e i 14 ai Carafa – sebbene in tali numeri vada considerata la ramificazione in diverse linee di entrambi i casati; ma anche gli 8 abiti conferiti ai de Gennaro e i 7 ai Brancaccio, ai Capece, ai de Sangro e ai Pignatelli; tra i siciliani, gli 8 abiti che vestirono esponenti della famiglia Branciforti e i 6 degli Aragona e degli Agliata; nonché, a Milano, i 6 abiti concessi alla famiglia Sfondrati, la più ricompensata nel Ducato, per le prestigiose carriere militari percorse da diversi suoi membri al servizio dei re cattolici, tra fine Cinquecento e prima metà del Seicento, senza dimenticare i 5 ai Visconti, agli Stampa e ai Rosales, famiglia, questa, di origini spagnole radicalizzatasi nel *Milanesado* nel corso del XVII secolo.

Un esame genealogico più ampio consente, inoltre, di apprezzare da un lato la presenza di una «rete di cavalieri», con esponenti di un casato che su più generazioni furono premiati con una croce cavalleresca e, dall'altro, il

46. Postigo Castellanos, *Honor y privilegio*, p. 195.

47. Si veda, ad esempio, l'appunto espresso dal sovrano nel 1634 in occasione della *merced* di un abito concessa al giudice Pompeo Battaglino per il futuro genero Francesco Tommasino: Filippo IV ordinò che fosse di Calatrava o di Alcántara «por haver muchos de Santiago». AGS, SSP, *Nápoles*, Leg. 17, consulta del 21 giugno 1634. Tommasino vestì comunque l'abito di Santiago, probabilmente a seguito di una nuova supplica inviata a Madrid, a riprova di come questo, al di là della tipologia di servizio che l'aspirante cavaliere aveva prestato, godesse di maggiore attrattiva in Italia.

ruolo rilevante ricoperto dalle donne, più che mai risorse preziose per stabilire, attraverso strategiche unioni matrimoniali, legami con altre famiglie insignite di un abito di Santiago, Calatrava o Alcántara. Tali legami, come vedremo meglio nel terzo capitolo, poterono risultare particolarmente utili, in alcuni casi anzi fondamentali, per permettere a pretendenti in debito di requisiti il conseguimento di una croce cavalleresca. Si pensi, ad esempio, ai nove abiti militari che vestirono i discendenti di Giovanni Francesco e Fabrizio Capece Galeota, il primo capostipite dei duchi della Regina, il secondo dei principi di Monteleone. E si notino, in particolare, i legami parentali di Lucrezia Capece Galeota, figlia di Giovanni Battista, moglie di un cavaliere di Santiago, il milanese Geronimo Piatti, e madre di Francesco, cavaliere di Calatrava; ma anche della sorella Anna Maria che sposò Luigi Guglielmo del Portogallo[48] e fu madre di Emanuele, cavaliere di Santiago (fig. 2). O, si notino i legami parentali che unirono dodici cavalieri delle famiglie Filangeri, di Gaeta, Boccapianola e Blanch tra gli anni Venti e Cinquanta del Seicento (fig. 3). Altro esempio significativo è quello rappresentato dalla famiglia del Tufo, baroni, poi marchesi, di Lavello, dove ancor più evidente risulta il ruolo delle donne della famiglia nel permettere il rafforzamento o la creazione di legami con altri casati del patriziato cittadino: nelle tre generazioni discendenti da Giovanni, I barone di Lavello, cinque di loro furono madri o mogli di cavalieri di Santiago (fig. 4).

Le considerazioni finora esposte risultano valide anche per il Regno di Sardegna e per i territori dell'*Italia non spagnola*, dove non è superfluo affacciarsi, sebbene solo per alcuni cenni quantitativi, per dare uno sguardo al fenomeno studiato da una prospettiva più ampia.[49] Come si è detto nelle pagine introduttive, gli *Austrias* non preclusero alle élite dei territori italiani indipendenti l'accesso al proprio sistema degli onori, bensì sfruttarono le risorse offerte dal patronato regio per rafforzare la lealtà dei principi e delle nobiltà disseminate negli stati della penisola. Qui, i titolari di un abito militare furono circa 250, numero che porta il totale a poco più di un migliaio. Inutile dire che il confronto con i domini italiani della Corona è assai sbilanciato: Napoli, Mi-

48. Il matrimonio fu poco gradito al governo spagnolo che cercò di impedirlo dando origine a una complessa vicenda familiare e politica. Sull'episodio si permetta il rinvio a D. Balestra, *«Questo desubidiente per me è peggio che morto». L'affaire Capece nella Napoli di inizio Seicento*, in *Famiglie divise. Storie di conflitti e trasgressioni (Italia e Spagna, secc. XVI-XVIII)*, a cura di Id., E. Novi Chavarria, Napoli, FedOA, 2024, pp. 41-62.

49. Per un'analisi più dettagliata del fenomeno nei territori dell'*Italia non spagnola* si permetta il rinvio a Balestra, *Servizi al sovrano e abiti militari dentro e fuori l'Italia spagnola*.

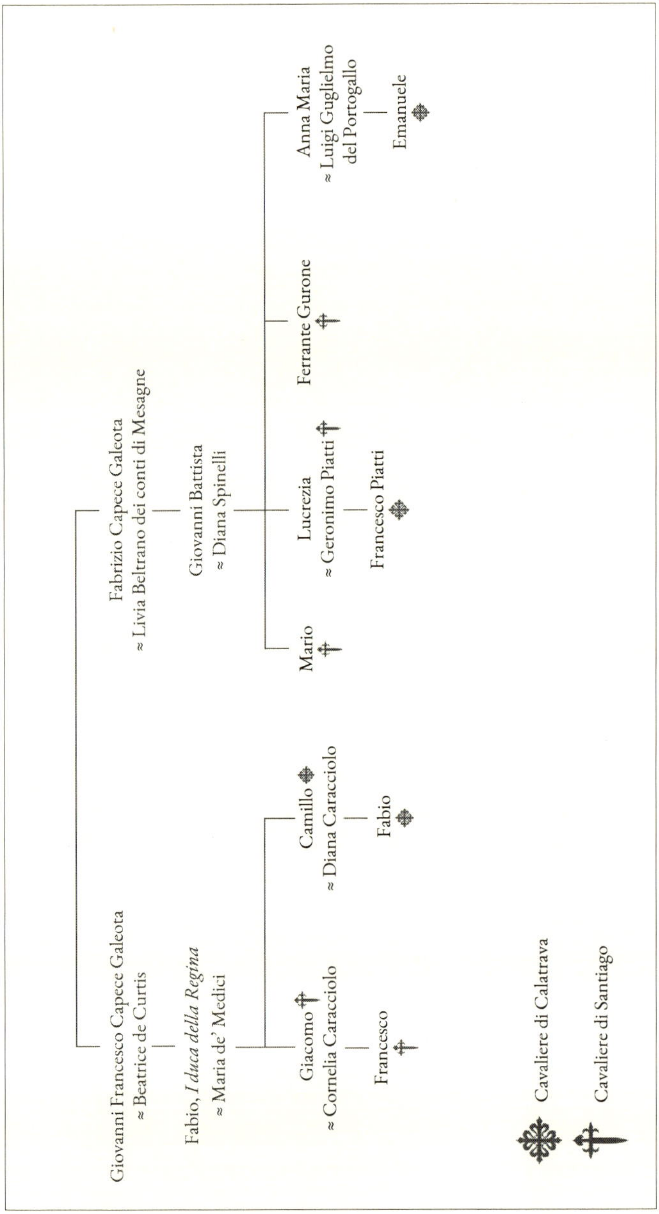

Fig. 2. Genealogia sintetica della famiglia Capece Galeota nelle due linee dei duchi della Regina e dei principi di Monteleone (secc. XVI-XVII).

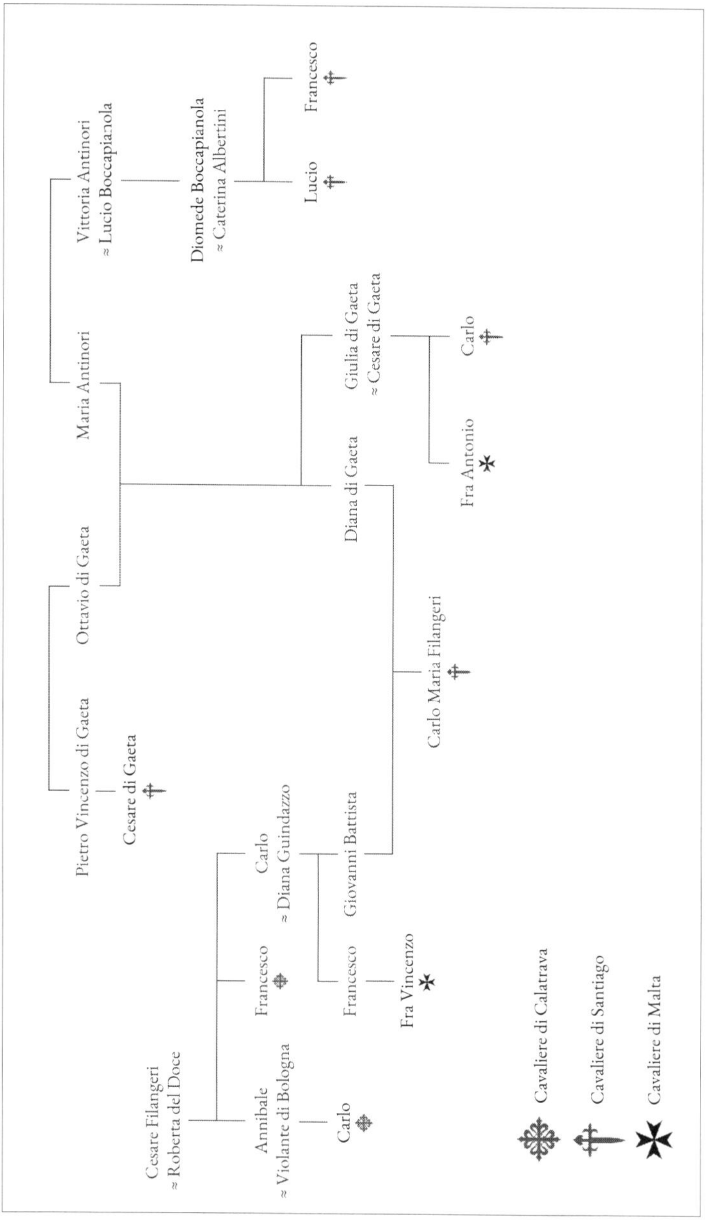

Fig. 3. Prospetto sintetico dei legami parentali tra le famiglie Filangeri, di Gaeta e Boccapianola (secc. XVI-XVII).

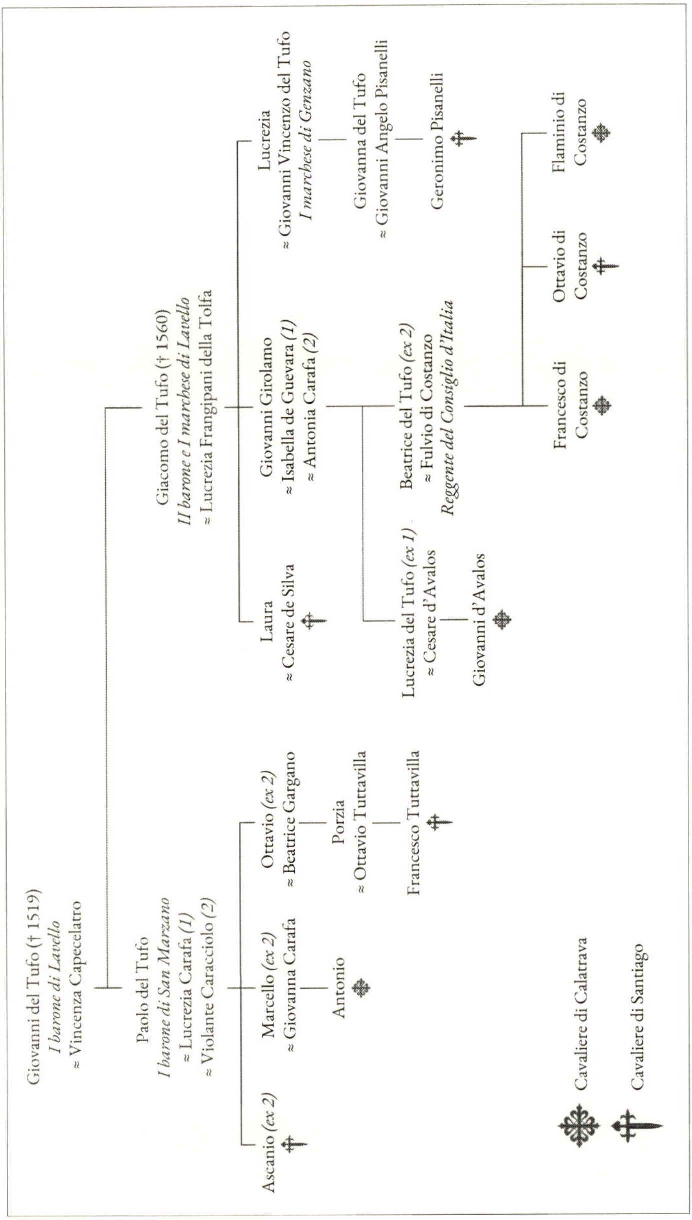

Fig. 4. Genealogia sintetica della famiglia del Tufo, marchesi di Lavello (secc. XVI-XVII).

lano, la Sicilia e la Sardegna[50] assorbirono circa il 76% degli abiti concessi in Italia tra metà Cinquecento e fine Seicento. La restante parte riguardò dunque territori della penisola indipendenti, vale a dire le Repubbliche di Genova, Lucca e Venezia, i ducati padani (Mantova, Modena, Parma), il Ducato di Savoia, il Granducato di Toscana e lo Stato Pontificio.

Di questa porzione, il 75%, circa 180 abiti, riguardò due realtà strettamente vincolate alla Monarchia cattolica come la Repubblica di Genova e lo Stato della Chiesa,[51] dove gli abiti militari puntarono a preservare e a consolidare le lealtà di alcune delle famiglie più antiche del patriziato genovese e romano, nonché di importanti centri del territorio papale come Bologna o Perugia. Le croci cavalleresche ricompensarono i genovesi anche per il sostegno economico fornito a Madrid, sono anzi specchio del ruolo di assoluto protagonismo da questi svolto nel sistema imperiale detenendo il monopolio sul controllo delle finanze della Corona che permise loro di insediarsi con grande facilità nel variegato tramaglio di territori sotto la giurisdizione degli Asburgo.[52]

50. Come si è detto nelle pagine introduttive, si è scelto di analizzare in questo lavoro le croci cavalleresche conferite nei domini italiani della Corona di Castiglia, escludendo dunque il Regno di Sardegna, territorio soggetto alla Corona di Aragona. Riporto qui, ad ogni modo, alcuni dati relativi ai cavalieri nati nell'isola nel periodo preso in esame: dei 62 abiti militari concessi, 34 furono di Santiago, 18 di Calatrava e 10 di Alcántara. La famiglia maggiormente premiata fu quella dei Castelvì con 13 abiti (8 di Santiago, 4 di Calatrava, 1 di Alcántara) ricevuti tra 1556-1700. Per i cavalieri di Santiago originari della Sardegna cfr. C. Tasca, *L'Ordine Militare di Santiago de la Spata e la Sardegna: fonti documentarie e iconografiche*, in «Ammentu», 1 (2011), pp. 159-178. Per un quadro del Regno di Sardegna nel Cinque-Seicento cfr. F. Manconi, *Cerdeña: Un reino de la Corona de Aragón bajo los Austria*, Valencia, Universitat de Valencia, 2010.

51. Tra la ricca bibliografia sui rapporti tra Roma e Monarchia ispanica in Età moderna, mi limito a citare qui M.A. Visceglia, *Roma papale e Spagna. Diplomatici, nobili e religiosi tra due corti*, Roma, Bulzoni, 2010; i saggi raccolti nei due volumi di *Roma y España. Un crisol de la cultura europea en la Edad Moderna*, a cura di C.J. Hernando Sánchez, Madrid, Sociedad estatal para la acción cultural exterior, 2007, in particolare i contributi di G. Galasso, *Roma papale e Monarchia Cattolica nei secoli XVI-XVII* (pp. 45-48) e M.A. Visceglia, *Roma e la Monarchia Cattolica nell'età dell'egemonia spagnola in Italia: un bilancio storiografico* (pp. 49-78); *I rapporti tra Roma e Madrid nei secoli XVI e XVII: arte, diplomazia e politica*, a cura di A. Anselmi, Roma, Gangemi, 2015; per una panoramica generale delle relazioni tra Spagna e papato tra Cinque e Seicento anche M.A. Visceglia, *Convergencias y conflictos. La Monarquía Católica y la Santa Sede (siglos XV-XVIII)*, in «Studia Historica-Historia Moderna», 26 (2004), pp. 155-190.

52. Numerosi sono gli studi che hanno indagato le relazioni tra Genova e Madrid in Età moderna. Mi limito a citare qui, rimandando alla bibliografia lì indicata, i contributi in

Anche a Genova come a Roma, ad ogni modo, gli abiti furono il riconoscimento perlopiù di carriere militari svolte al servizio del re cattolico: basti pensare ad Ambrogio Spinola, comandante dell'esercito spagnolo nelle Fiandre, cavaliere di Santiago nel 1626,[53] o all'ammiraglio Giovanni Andrea Doria, cavaliere di Santiago nel 1567,[54] al comando del corno destro della flotta cristiana a Lepanto, il 7 ottobre 1571; o ai romani Ruggero Caetani[55] e Curzio Caffarelli,[56] ricompensati rispettivamente con un abito di Alcántara, nel 1598, e di Santiago, nel 1616, per il servizio svolto nelle Fiandre tra le fila dell'esercito spagnolo.[57] Tanto nella Repubblica ligure quanto nei territori del papa, inoltre, è possibile riscontrare quel fenomeno di "monopolizzazione" dell'onorificenza rilevato tra i cavalieri milanesi, napoletani e siciliani, come dimostrano gli 11 e 18 abiti concessi, rispettivamente, ai Doria e agli Spinola, a Genova, o i 6 che vestirono esponenti del ramo romano dei Tassis, nello Stato

Génova y la Monarquía Hispánica (1528-1713), a cura di M. Herrero Sánchez, Y.R. Ben Yessef Garfia, C. Bitossi, D. Puncuh, Genova, Società Ligure di Storia Patria, 2011; C. Bitossi, *L'antico regime genovese. 1576-1797*, in *Storia di Genova. Mediterraneo, Europa, Atlantico*, a cura di D. Puncuh, Genova, Società Ligure di Storia Patria, 2003, pp. 391-508; M. Herrero Sánchez, *Génova y el sistema imperial hispánico*, in *La Monarquía de las naciones*, pp. 528-562.

53. AHN, OM, *Santiago*, Exp. 7907.

54. Ivi, *Santiago*, Exp. 2507.

55. Ivi, *Alcántara*, Exp. 566. Ruggero, figlio di Onorato Caetani, combatté nelle Fiandre assieme al fratello maggiore, Pietro, che nel 1600 ottenne da Filippo II il collare del Toson d'Oro. Su Pietro Caetani cfr. G. Brunelli, *"Con insonnij diversi, et visioni stravaganti di guerre": l'esordio di Pietro Caetani nelle Fiandre*, in *Militari italiani dell'esercito di Alessandro Farnese nelle Fiandre*, a cura di G. Bertini, Fidenza, Mattioli, 2013, pp. 75-106. Sui Caetani cfr. M.A. Visceglia, *"Non si ha da equiparare l'utile quando vi fosse l'honore". Scelte economiche e reputazione: intorno alla vendita dello stato feudale dei Caetani (1627)*, in *La nobiltà romana in età moderna. Profili istituzionali e pratiche sociali*, a cura di Ead., Roma, Carocci, 2001, pp. 203-224. Il padre Onorato fu premiato da Filippo II con il Toson d'oro e, nel 1603, ottenne l'abito di Santiago anche per il figlio Filippo, noto per la sua attività di commediografo. AHN, OM, *Santiago*, Exp. 3197.

56. Ivi, *Santiago*, Exp. 1367.

57. Fu soprattutto la nobiltà romana a partecipare alle guerre degli Asburgo, preferendo servire un sovrano straniero per gli onori e i privilegi che vi poteva ricavare piuttosto che intraprendere carriere nell'esercito pontificio che, al contrario, mobilitava maggiormente la nobiltà delle città dello Stato. G. Brunelli, *"Prima maestro, che scolare". Nobiltà romana e carriere militari nel Cinque e Seicento*, in *La nobiltà romana*, pp. 89-132; Id., *Soldati del papa. Politica militare e nobiltà nello Stato della Chiesa (1560-1644)*, Roma, Carocci, 2003.

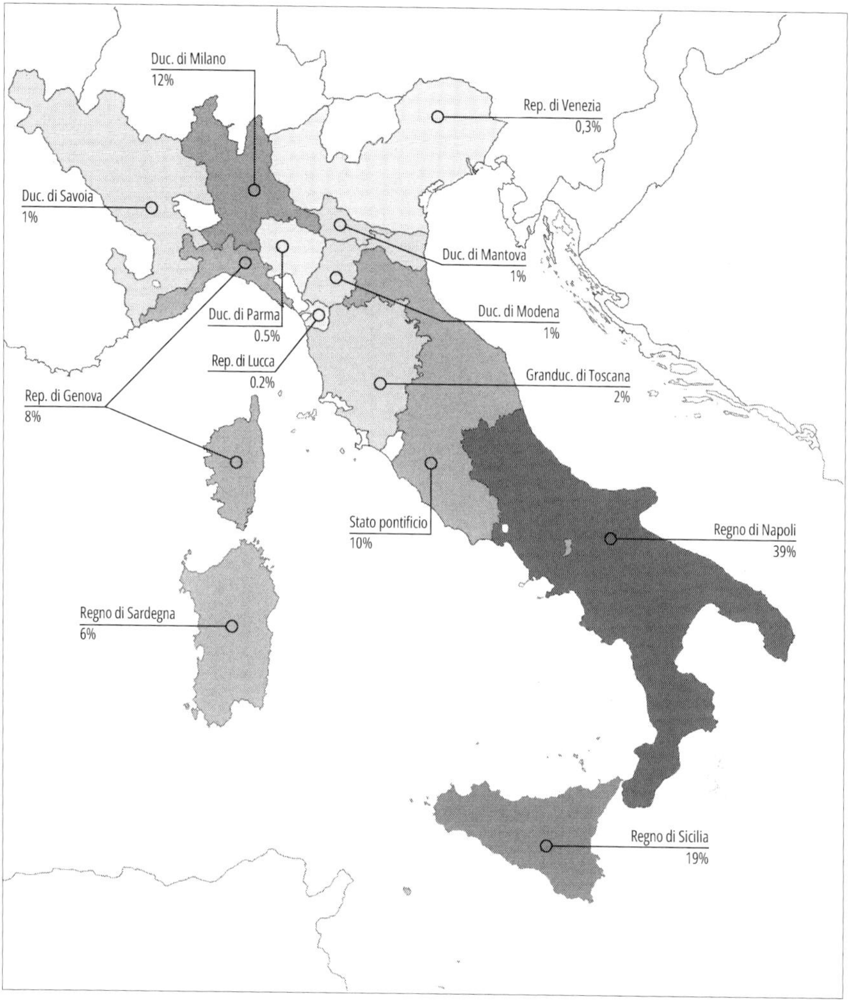

Fig. 5. Distribuzione percentuale dei cavalieri di Santiago, Calatrava e Alcántara originari dei territori italiani (1556-1700).

pontificio, famiglia il cui nome era legato al monopolio a lungo detenuto sulla comunicazione per posta.

La restante e più esigua porzione (6%) degli abiti concessi tra il 1556 e il 1700 nei territori italiani autonomi, vale a dire nelle Repubbliche di Venezia e di Lucca, nel Ducato di Savoia, nel Granducato di Toscana e nei ducati padani, ricompensarono non solo carriere militari, ma anche incarichi diplomatici svolti presso la corte di Madrid, o quella pontificia, per conto del proprio stato di origine. Tali tipologie di servizio – specie quello diplomatico – così come la cronologia di queste concessioni – prevalentemente concentrate nella seconda metà del Cinquecento e nei primi anni del Seicento – riflettono i complessi cambiamenti intercorsi prima e dopo la pace di Cateau-Cambrésis e gli adattamenti resi necessari dal nuovo scenario politico-militare configuratosi dopo il 1559, quando fu chiara, in sostanza, la necessità di mantenere buoni rapporti con la corte cattolica per la complessa tutela della propria "formale" autonomia. Gli abiti concessi nell'*Italia non spagnola* testimoniano anche il noto comportamento delle aristocrazie italiane di Età moderna, abili a muoversi in un quadro politico passibile di continui mutamenti tra molteplici fedeltà in grado di preservarne e arricchirne posizione e prestigio sociale.[58] È da tale prospettiva che possono meglio comprendersi le croci cavalleresche concesse nel Granducato mediceo, nel Ducato di Mantova e in quello sabaudo, dove pure esistevano Ordini militari dinastici (quello di Santo Stefano a Firenze, l'Ordine del Redentore a Mantova, quello di San Maurizio e Lazzaro a Torino), ma la cui dimensione "locale", ad ogni modo, non consentì loro di poter competere con la proiezione imperiale e il prestigio sovranazionale offerti dagli abiti di Santiago, di Calatrava e di Alcántara.

4. *Il desiderio di un Ordine militare «proprio»*

I dati relativi alle concessioni di abiti militari effettuate nel corso del XVII secolo nei *reinos* della Monarchia ispanica mostrano come le élite

58. Spagnoletti, *El concepto de naturaleza, nación y patria*, p. 485. Cfr. anche C.J. Hernando Sánchez, *Dominar y obedecer: la nobleza italiana en el gobierno de la Monarquía de España*, in *Uomini di governo italiani al servizio della monarchia spagnola (secoli XVI e XVII)*, a cura di Id., G. Signorotto, in «Cheiron», 53-54 (2010), pp. 15-70: 23-25.

italiane furono le più premiate con questa onorificenza al di fuori del territorio iberico. Le croci militari castigliane iniziarono a decorare il petto di nobili italiani durante le fasi cruciali delle Guerre d'Italia. Nel Regno di Napoli, ad esempio, si assistette a una prima, seppur moderata, fase di concessioni dopo la spedizione di Lautrec del 1528, a ricompensa di coloro che contrastarono il tentativo francese di riconquistare i territori meridionali della penisola. Come si è detto nelle pagine introduttive, l'inserimento nel circuito della Monarchia favorì l'ingresso delle aristocrazie italiane anche nel sistema delle *mercedes* della Corona, offrendo loro la possibilità di potersi elevare al rango di una nobiltà transnazionale o, meglio, imperiale.[59] Eppure, ancora fino al primo decennio del XVII secolo, esse aspirarono a ottenere un proprio Ordine militare, sempre sotto l'amministrazione dei re spagnoli, ma indipendente da quelli castigliani. L'antica nobiltà dei regni meridionali, d'altra parte, aveva già goduto, in epoca medievale, dell'opportunità di militare in Ordini cavallereschi "nazionali", come quello del Nodo, istituito nel 1352 da Luigi I d'Angiò, o l'Ordine della Nave, fondato dal re di Napoli Carlo III d'Angiò-Durazzo nel 1381.

Le istanze individuate presentate al sovrano tra la fine del Cinquecento e l'inizio del Seicento sono tre, differenti per estrazione geografica, ma simili nella sostanza della richiesta. Vale la pena ricordarle perché sintomatiche del tentativo ancora non del tutto sopito da parte della nobiltà italiana di mantenere una propria "identità" e preservarla nel nuovo sistema di potere nel quale i vari territori della penisola erano ormai invischiati già qualche anno prima che ciò venisse definitivamente sancito dalla pace di Cateau-Cambrésis. La nobiltà italiana, specie quella meridionale, fu riluttante a considerarsi subordinata a quella spagnola e rivendicò sempre il proprio *status*, la propria dignità, la propria collocazione all'interno del sistema asburgico. Prova di ciò sono, ad esempio, le reiterate e frequenti rivendicazioni, levatesi da Napoli tra fine Cinquecento e inizio Seicento, per un equo trattamento tra i soldati del Regno e quelli spagnoli.[60]

La prima richiesta di istituzione di un Ordine cavalleresco "nazionale" giunta dalla penisola è anche la più nota. Nel 1591, a chiusura del parlamen-

59. Balestra, Cogné, *Les Italiens dans les ordres militaires espagnols*.
60. G. Sodano, *Le aristocrazie napoletane*, in *Il Regno di Napoli nell'età di Filippo IV (1621-1665)*, a cura di G. Brancaccio, A. Musi, Milano, Guerini, 2014, pp. 131-176: 143; cfr. anche Id., *Las aristocracias del reino de Nápoles en la edad española*, in *Las noblezas de la monarquía de España*, pp. 267-292.

to generale del Regno di Napoli,[61] la deputazione incaricata di presentare le grazie al sovrano a nome della città in cambio del donativo concesso discusse e approvò la seguente richiesta di grazia da presentare a Filippo II:

> Perché questa Fedelissima Città, Baronaggio, e Regno, son molti anni che ha desiderato eriggere una religione, e ordine di Cavalieri sotto il nome di S. Gennaro Protettor di questa Città, e sotto l'istessa regola de' Cavalieri di San Giacomo; i quali avessero da ricevere da V.M. l'abito, che sarà destinato per detta Religione; il qual Abito s'abbia da conceder solamente a quelle persone, e suoi descendenti, che contribuiranno all'infrascritto sborzo, purché abbiano i quarti nobili verificandi conforme all'Ordine di detta Religione di San Giacomo; e perché abbiano detti Cavalieri alcune Commende, si contenta la nobiltà del Regno di sborzar docati centomila, i quali s'abbiano da applicare in compra di tante annue entrate sopra pagamenti Fiscali; con che V.M. si degni applicare a questa religione erigenda tutti i Benefici semplici, e senza cura, che V.M. tiene nel Regno; acciocché da dette entrate, *ut supra* comprande, unite con li benefici predetti, si possano formare tante Commende quante pareranno a V.M. E la metà di dette Commende si possa distribuire ad arbitrio di V.M. tra que' Cavalieri, che meglio le pareranno; e l'altra metà si dia per regola d'anzianità; rimanendo per sempre V.M., e suoi felicissimi successori Maestri di detta Religione. Per tanto si supplica V.M. si degni commettere all'Illustre Vecerè del Regno, che conceda licenza per potersi congregare per far detto sborzo di detti docati centomila, o maggior summa, e per appuntar tutte le cose, che potranno occorrere nella erezione di detto ordine.[62]

Tale richiesta era stata preceduta, già nel parlamento del 1589, da un'altra istanza nella quale si supplicava il sovrano di concedere ai cavalieri napoletani dei tre Ordini militari le stesse esenzioni, immunità e privilegi goduti dagli omologhi cavalieri in Spagna, nel Regno di Sicilia e nel Ducato di Milano.[63] La grazia richiesta nel 1591 incontrò il parere favorevole

61. Sui parlamenti generali del Regno di Napoli in Età moderna cfr. G. D'Agostino, *Parlamento e società nel Regno di Napoli. Secoli XV-XVII*, Napoli, Guida, 1979; BNN, *ms. Branc.*, V B 4-9. *Parlamenti e gratie della città di Napoli. Fatti storici nella stessa avvenuti. 1554-1642*. Per una riflessione sui parlamenti nei *reinos* italiani della Monarchia ispanica cfr. F. Benigno, *I parlamenti nei regni italiani soggetti alla monarchia spagnola: nuove prospettive di ricerca*, in *Centros de poder italianos en la monarquía hispánica (siglos XV-XVIII)*, a cura di J. Martínez Millán, M. Rivero Rodríguez, 3 voll., Madrid, Polifemo, 2010, I, pp. 57-76.

62. *Privilegj e Capitoli con altre grazie Concedute alla Fedelissima Città e Regno di Napoli*, 2 tomi, Milano, 1719, II, p. 28. Cfr. anche BNN, *ms. Branc.*, III D 3, cc. 294rv.

63. *Privilegj e Capitoli*, II, p. 18.

del Consiglio d'Italia, per il quale concedere a Napoli un proprio Ordine militare sarebbe stato il giusto premio alla fedeltà e ai servizi del Regno, sebbene consigliasse che il viceré seguisse con attenzione la sua formazione e i suoi capitoli coinvolgendo anche il Consiglio Collaterale.[64] Anche Filippo II sembrò uniformarsi al parere dell'organo madrileno, pur consigliando cautela,[65] ma l'Ordine militare di San Gennaro non vide mai la luce durante il viceregno spagnolo. I napoletani dovettero aspettare la nascita del Regno borbonico per avere un Ordine militare «proprio e nazionale», quando Carlo di Borbone, per fidelizzare l'élite regnicola alla sua persona e al nuovo corso da lui inaugurato, istituì, nel 1738, il Real Ordine di San Gennaro.[66]

Già alcuni anni prima una richiesta simile – ma rimasta finora sconosciuta – era giunta a Madrid dai territori italiani. Nel settembre 1575 Juan de Vargas Mexía, ambasciatore spagnolo presso il duca di Savoia,[67] chiamato a Milano dal governatore Antonio Guzmán y Zúñiga, marchese di Ayamonte, scrisse di aver parlato nei giorni precedenti con un religioso romano, Orazio Muti, il quale gli aveva proposto un metodo per la gestione delle acque da sottoporre al re[68] e un progetto da lui messo a punto per l'istituzione di una nuova milizia religiosa. Il canonico lateranense, uno dei principali agenti d'arte, a Roma, del duca di Savoia,[69] si trovava a Torino chiamato da Emanuele Filiberto «para formar regla y constituciones en el orden de San Lazaro».[70]

La fusione dell'Ordine sabaudo di San Maurizio con quello gerosolimitano di San Lazzaro era avvenuta appena un paio di anni prima, sancita da diverse bolle di papa Gregorio XIII. L'ambizioso progetto di Emanuele Filiberto, che mirava a creare un proprio sistema degli onori

64. AGS, SSP, *Nápoles*, Leg. 6, *Sobre las gracias que el Parlamento general de Napoles suplico a su Magestad el año de 1591*, c. n.n.

65. Al parere del Consiglio, Filippo II rispose: «lo que parece, que bien es mirar en esto con atencion, y prevenir que ninguna junta se haga sin intervencion de ministro Real». *Ibidem*.

66. Sull'ordine di San Gennaro cfr. A. Mauro, *I cavalieri del Real Ordine di San Gennaro: da Carlo III a Ferdinando IV. Società, vicende e documenti*, Napoli, Giannini, 2006.

67. Su Juan de Vargas Mexía cfr. V. Vázquez de Prada, *Felipe II y Francia (1559-1598): política, religión y razón de estado*, Pamplona, Eunsa, 2004, pp. 70-76.

68. AGS, *Estado*, Leg. 1243, 137.

69. A. Manno, *I principi di Savoia amatori d'arte*, in «Atti della Società di Archeologia e Belle Arti per la provincia di Torino», II (1878-1879), 1879, pp. 197-225.

70. AGS, *Estado*, Leg. 1243, 136, Juan de Vargas Mexía a Filippo II (Milano, 16 settembre 1575).

non limitato all'area sabauda ma esteso a tutta la penisola, costituiva, di fatto, un'alternativa a quello spagnolo;[71] era dunque inevitabile che la sua fondazione venisse osteggiata da Filippo II che non voleva che altri principi potessero creare cavalieri nei suoi stati.[72] La Corona cattolica non poteva tollerare strutture di *patronage* alternative alle sue che alterassero la natura del rapporto di dipendenza esistente con i principi italiani. La preoccupazione spagnola, che come vedremo sarà la stessa che avrebbe portato ogni proposta di istituzione di un nuovo ordine militare a un nulla di fatto, era legata a questioni giurisdizionali: già nel 1568 il viceré di Napoli aveva scritto al sovrano che «quando se li osservassero li privilegi delle loro esenzioni che pretendono, gran parte del Regno si esimeria dalla giurisdizione della Maestà Vostra».[73] Non è inopportuno ricordare che, proprio allo scopo di non indebolire la giurisdizione regia, ancora nel gennaio del 1619 il Consiglio d'Italia sconsigliò la concessione della giurisdizione dei tre Ordini militari castigliani agli arcivescovi di Napoli, Palermo e Milano perché ciò avrebbe causato inconvenienti e scavalcato il ruolo dei viceré.[74]

Non è da escludere che il progetto che Orazio Muti presentò a Madrid per il tramite dell'ambasciatore spagnolo celasse dunque un tentativo di tranquillizzare Filippo II il quale, sin dalla fondazione dell'Ordine

71. A. Merlotti, *Le ambizioni del duca di Savoia. La dimensione europea degli ordini cavallereschi sabaudi fra Cinque e Seicento*, in *Guerra y Sociedad en la Monarquía Hispánica: política, estrategia y cultura en la Europa moderna (1500-1700)*, 2 voll., a cura di E. García Hernán, D. Maffi, Madrid, Laberinto, 2006, II, pp. 661-690.

72. Sulla fondazione dell'Ordine di San Maurizio e Lazzaro cfr. A. Merlotti, *Un sistema degli onori europeo per Casa Savoia? I primi anni dell'Ordine dei santi Maurizio e Lazzaro (1573-1604)*, in «Rivista storica italiana», 2 (2002), pp. 477-514. Cfr. anche G. Brunelli, *Le commende dell'Ordine dei Santi Lazzaro e Maurizio nello Stato della Chiesa in età moderna*, in «Rivista storica italiana», 3 (2014), pp. 860-912; Id., *Avamposti: i cavalieri mauriziani dello Stato della Chiesa*, in *Casa Savoia e Curia romana dal Cinquecento al Risorgimento*, a cura di J.-F. Chauvard, A. Merlotti, M.A. Visceglia, Roma, École française de Rome, 2015, pp. 93-111.

73. Pedro Afán de Ribera a Filippo II (Napoli, 15 maggio 1568), citato in Merlotti, *Un sistema degli onori europeo*, p. 494.

74. AGS, SSP, *Milán*, Leg. 1801, 178, consulta del 9 gennaio 1619. Alla consulta Filippo III rispose: «he mandado al Consejo de las Ordenes que se reboquen las comisiones que se han dado a estos prelados por los incombenientes que aqui se consideran». Su tale revoca, specie in relazione all'arcivescovo di Palermo, Giannettino Doria, cfr. F. D'Avenia, *Giannettino Doria. Cardinale della Corona spagnola (1573-1642)*, Roma, Viella, 2021, pp. 249-251.

sabaudo, non aveva perso occasione per esprimere il proprio disappunto specie in relazione alla gestione delle commende dell'Ordine lazzarista presenti nei territori italiani del sovrano cattolico.[75] Pochi mesi prima, infatti, Baldassarre Rivoira, ambasciatore piemontese a Madrid, era stato incaricato di ricucire lo strappo con la corte spagnola generato dalla vicenda, sebbene a quest'ultimo fu subito chiara la difficoltà di giungere a qualunque accordo.[76] «Non concederanno cosa alcuna» – scrisse l'inviato in Spagna De La Croix nel gennaio 1574 a Emanuele Filiberto – «pigliandola Sua Maestà in punto d'onore, per aver accettato Vostra Altezza detta religione, non ostante ch'ella l'avesse sì caldamente pregata del contrario».[77]

La proposta di Muti potrebbe dunque celare un tentativo di riconciliazione tra Filippo II ed Emanuele Filiberto di Savoia mediato dall'ecclesiastico romano e in tal senso si potrebbero leggere sia la poco velata adulazione al *rey prudente* – con l'idea di intitolare il nuovo ordine a san Filippo – sia i riferimenti alle questioni economiche, al modo in cui reperire le risorse per finanziare le commende non intaccando beni e proprietà del re cattolico:

> Io ho in animo che se possa fondar et eriger una religion o milicia regular la qual si estenda in tutti i stati di Sua Maestà Cattolica con darli per dote alcune cose ch'io proporrò che daranno di rendita alcune centinaia di migliaia di scudi l'anno che se potranno distribuir in convento et commende ed dal fondar questa militia ne nasceranno assai commodi a Sua Maestà Cattolica perché se si fonda sotto il nome di S. Philippo come io dissegno apporterà sempre appresso a tutti i posteri memoria perpetua di Sua Maestà Cattolica e, o che se impieghi nella militia di terra o di mare, apporterà qualche risparmio alle spese che il re Cattolico fa ogn'anno extraordinariamente in stipendij militari et quel che più rileva e che molti nobili in diversi stati potranno esser honorati et gratificati in patria et resterano obbligati al servitio del Prencipe loro con doppio legame di fedeltà et di religione oltre a molti altri buoni effetti che ne potrano resultar dei quali io non posso trattar finché la cosa tutta non eschi in luce.[78]

75. I. Fernández Terricabras, *Religión y milicia en el siglo XVI. La polémica entre Felipe II y Pío V por la revitalización de la Orden Militar de San Lázaro (1567-1572)*, in *Nobleza hispana, nobleza cristiana*, II, pp. 1243-1274.

76. Merlotti, *Un sistema degli onori europeo*, p. 498.

77. De La Croix a Emanuele Filiberto di Savoia (Madrid, 29 gennaio 1574), citato ivi, p. 499.

78. AGS, *Estado*, Leg. 1243, 138.

Non sappiamo quale fu la risposta del sovrano al memoriale inviato da Muti, ma è certo che anche questo proposito, come quello napoletano del 1591, non vide la luce. Non ebbe esito differente la terza e anch'essa inedita proposta di istituire un Ordine militare "nazionale" che interessasse tutta la penisola, o quantomeno i *reinos* italiani della *Monarquía*, giunta agli inizi del Seicento dal Ducato di Milano. Nel 1612 l'editore Dionisio Motti di Alessandria diede alle stampe la traduzione spagnola, a cura di Pedro Flores, della proposta avanzata al re Filippo III dal nobile alessandrino Francesco Guasco per l'istituzione di una nuova milizia di cavalieri italiani sul modello dell'Ordine di Malta e di quello di Santo Stefano.[79] La vicenda attraversò tutta la prima guerra del Monferrato. La proposta di Guasco venne presa in considerazione a Madrid quattro anni più tardi. Nel 1616, infatti, il nobile Alessandrino scrisse dal campo di Asti, dove si trovava impegnato con gli spagnoli nella guerra contro i Savoia, al segretario del Consiglio di Stato e di Guerra, Antonio de Aróstegui, di aver saputo da Antonio Madea che Filippo III avrebbe presto considerato la sua proposta di istituzione di un nuovo Ordine militare.[80]

Guasco propose la fondazione di una milizia che combattesse gli infedeli e garantisse la sicurezza sui mari,[81] dotata di *encomiendas* finanziate con le risorse destinate al mantenimento delle galere in Sicilia; queste ultime, peraltro, avrebbero potuto essere gestite proprio dai cavalieri di questo nuovo Ordine. La sua proposta approdò in Consiglio di Stato il 4 ottobre 1619 e fu rimessa a quello d'Italia che la discusse poco meno di due settimane dopo giudicando

> muy perjudicial del servicio de Vuestra Magestad que se admita en ninguno de sus Reynos y Estados de Italia la Religion militar que se quiere erigir por las prerrogativas y preeminencias que se havrian de conceder a los que entrasen en ella, todas tan opuestas a la Justicia Realeza, que necessariamente havrian de suceder muchos inconvenientes pues de los excessos y desordenes

79. *Propuesta del Señor Francisco Guasco a la S.C.R.M. del rey Don Phelippe III Nuestro Señor para la Institucion de una nueva Milicia de Nobles Cavalleros en Italia*, Alessandria, Por Dionisio Motti, 1612.

80. AGS, *Estado*, Leg. 1911, 242, Francesco Guasco ad Antonio de Aróstegui (Alessandria, 8 agosto 1616). Guasco allegò nell'occasione anche un discorso di pace indirizzato al sovrano per persuaderlo a cessare le ostilità con il duca di Savoia. La prima guerra del Monferrato si chiuse l'anno successivo, nel 1617. Cfr. i contributi in *El Piamonte en guerra (1613-1659). La frontera olvidada*, a cura di D. Maffi, B.J. García García, Madrid, Fundación Carlos de Amberes, 2020.

81. *Propuesta del Señor Francisco Guasco*, p. 5r.

que cometieren han de ser remitidos a sus Juezes, sin que las Justicias seculares de V.M. los puedan punir, y las gentes por gozar desta libertad mas presto que por la devocion entrarian en esta Religio [...] el Consejo es de parecer que no conviene que se de lugar a esta nueva creacion, ni que por ningun caso se admita en Italia en Reynos y Estados de V.M. sino que pues todos ellos ha dias que pretenden se erijan encomiendas de la orden de S. Jago como se ha dado quenta a V.M. Se sirva V.M. de mandar tenga efeto este proposito tan conviniente para su Real servicio.[82]

Il sovrano accolse le considerazioni del suo Consiglio d'Italia che, anche in questa circostanza, sconsigliò la creazione di un nuovo Ordine militare suggerendo, al contrario, di istituire nella penisola commende di Santiago. Una soluzione di compromesso, in sostanza, che avrebbe accolto una richiesta, proveniente soprattutto dall'aristocrazia napoletana, avanzata già da diversi anni e fino ad allora sostanzialmente ignorata. Il parere del Consiglio d'Italia fu rinviato nuovamente a quello di Stato il quale, in una consulta del marzo 1620, propose di scrivere sulla questione a Francisco Fernández de la Cueva, ambasciatore spagnolo a Roma, perché trattasse con il pontefice la questione relativa all'aumento di *encomiendas* santiaghiste nella penisola.[83] La fondazione di nuove commende rimase tuttavia una richiesta disattesa. Ancora nel parlamento generale del Regno di Napoli del 1636 i deputati tornarono a chiedere a Madrid l'istituzione di commende dei tre Ordini militari riservate a cavalieri napoletani fino alla somma di trentamila ducati da ricavare attraverso benefici regi,[84] ma anche in questo caso non se ne fece nulla. A fronte di richieste per un Ordine "proprio" non più reiterate dopo gli anni Venti del Seicento, le élite dei tre *reinos* italiani della *Monarquía* continuarono invece anche negli anni successivi a chiedere maggiori commende in Italia che, rispetto alla penisola iberica, ne era sostanzialmente sprovvista.[85]

82. AGS, SSP, *Milán*, Leg. 1801, 113, consulta del 17 ottobre 1619.
83. AGS, *Estado*, Leg. 3828, 17, consulta del 10 marzo 1620.
84. *Privilegj e Capitoli*, II, p. 145.
85. Sulle *encomiendas* dei tre Ordini castigliani cfr. H. Linares Gonzáles, *Las encomiendas de las órdenes militares castellanas (ss. XVI-XVII). Santiago, Calatrava y Alcántara: Una aproximación bibliográfica (1975-2017)*, in «Tiempos Modernos», 34 (2017), pp. 1-25; F. Fernández Izquierdo, *Nobleza y Monarquía en el siglo XVII. La concesión de encomiendas de Órdenes Militares*, in *España y Suecia en la época del Barroco (1600-1660)*, a cura di E. Martínez Ruiz, M. de Pazzis Pi Corrales, Madrid, Fundación Berndt Wistedt, 1998, pp. 521-569.

Si è scelto di non analizzare gli aspetti strettamente economico-patrimoniali degli Ordini militari castigliani, ma vale la pena esporre alcune riflessioni utili al discorso che qui stiamo affrontando. Gli Ordini di Santiago, Calatrava e Alcántara furono istituzioni castigliane, non ebbero mai una vera proiezione internazionale e, pertanto, le *encomiendas* erano prettamente dislocate nella Spagna continentale. In Italia ve ne erano solo due, entrambe appartenenti all'Ordine di Santiago: quella di Avellino, nel Regno di Napoli, e quella di san Calogero, o san Coloiro, nel Regno di Sicilia. Non si distinsero mai né per prestigio né per rendita[86] e non furono, quindi, ambite dalla grande nobiltà castigliana che monopolizzò le *encomiendas* tra Cinque e Seicento. I cavalieri italiani potevano comunque ottenere commende nella penisola iberica, come nel caso di Sigismondo Sfondrati, marchese di Montafia, cavaliere di Calatrava nel 1613,[87] che ottenne, nel 1633, quella di Montemolín, in Estremadura;[88] così come non mancarono casi di godimento dei frutti di una commenda in Spagna in concomitanza con quello di una delle due italiane, come per Antonio del Giudice, principe di Cellamare, cavaliere di Santiago[89] che, alla morte del precedente *encomendero* Antonio del Tufo nel 1688, ottenne da Carlo II l'*encomienda* santiaghista di Avellino[90] e, per concessione dello stesso sovrano, qualche anno dopo, anche i frutti di quella castigliana di Guadalajara, appartenente all'ordine di Calatrava,[91] previa dispensa papale che ne rese possibile l'attribuzione pur essendo egli cavaliere di Santiago.[92] Al di là del carattere onorifico della croce cavalleresca, tutta-

86. Nella prima metà del Seicento l'*encomienda* di Avellino rendeva appena 200 ducati annui. È quanto si evince dalla consulta con la quale Ascanio Caracciolo fu nominato, nel 1597, titolare dell'*encomienda* avellinese dopo la morte di Orazio de Gennaro. AGS, SSP, *Nápoles*, Leg. 219, consulta del 5 settembre 1597.

87. BNE, ms. 2447, c. 19v. Sigismondo, militare al servizio degli Asburgo, era figlio di Francesco Sfondrati e Bianca Visconti. Sul personaggio cfr. D. Maffi, *Soldatino dell'impero. Biografia di un aristocratico lombardo del Seicento: Sigismondo Sfondrati marchese di Montafia*, in «Società e Storia», 116 (2007), pp. 255-271. Sulla famiglia Sfondrati cfr. anche *infra*, pp. 150-159.

88. AHN, Exteriores, *Santa Sede*, Leg. 132, c. 300r.

89. Antonio era figlio del duca di Giovinazzo, Domenico del Giudice, e di Costanza Pappacoda. Cfr. AHN, OM, *Santiago*, Exp. 4232.

90. BNE, ms. 10996, f. 46r.

91. AGS, Estado, Leg. 3471, 194. Cfr. anche BNE, ms. 3539, c. 34v.

92. AHN, Exteriores, *Santa Sede*, Leg. 135, c. 263r. L'*encomienda* castigliana fu concessa al padre Domenico del Giudice, con decreto datato 8 ottobre 1692, per sé o per chi avesse

via, i napoletani, così come le élite del Regno di Sicilia, reiterarono spesso al sovrano, pur senza ottenere risultati, la richiesta che fossero istituite nuove commende nei domini della Corona in Italia che aggiungessero anche un vantaggio economico al prestigio conferito dall'indossare l'abito di uno dei tre Ordini militari castigliani.

nominato, in considerazione dei servizi del figlio Giuseppe, morto per un colpo di moschetto nella presa della città francese di Embrun nel 1692, durante la Guerra dei nove anni.

2. Ottenere una *merced de habito*: le richieste a Madrid

1. *I memoriali al Consiglio d'Italia*

In *L'idea di un prencipe político christiano*, Diego de Saavedra Fajardo[1] dedica uno dei capitoli che compongono il suo lavoro – chiamati *empresas* per via delle imprese trattate, ognuna rappresentata con un disegno allegorico accompagnato da un motto latino – al dovere dei sovrani di gratificare il valore e i servizi dei propri sudditi. Secondo lo scrittore e diplomatico spagnolo, premi e castighi erano due dei pilastri che sostenevano le monarchie: «mancando il premio, e la pena», scriveva,

> manca l'ordine della repubblica, poiché sono lo spirito che le mantiene. Senza l'uno, e l'altra non potrebbesi conservare il principato, conciòsia che la speranza del premio obbliga alla riverenza, e il timore della pena all'ubbidienza. [...] Riconoscendo il prencipe il merito riconosce il premio, poiché sono correlativi, se non lo dà è ingiusto.[2]

Non a caso, il riferimento agli abiti militari è esplicito e l'immagine allegorica scelta dall'autore per accompagnare l'*empresa* è proprio la croce dell'Ordine di Santiago (fig. 6).

Punire e premiare, dunque, erano due capisaldi del potere monarchico. Il re non era soltanto la massima autorità giudiziaria, ma aveva anche il compito di perseguire i crimini e le ingiustizie e ricompensare i meriti di coloro che gli erano sottomessi, conferendo loro grazie, onori e *mercedes*. Questa sorta di *do ut des* fu fondamentale per il funzionamento della Mo-

1. Q. Aldea Vaquero, *Diego de Saavedra Fajardo*, in DBe, *ad vocem*.
2. D. Saavedra Fajardo, *L'idea di un prencipe politico christiano*, Venezia, Per Marco Garzoni, 1648, p. 84.

Fig. 6. Saavedra Fajardo, *L'idea di un prencipe politico*, p. 83. *Pretium virtutis*, impresa 23.

narchia spagnola e per il consolidamento del legame tra la stessa Corona e i territori entrati a far parte dei suoi domini nel corso dell'Età moderna. Come si è avuto modo di sottolineare nelle pagine precedenti, la relazione tra le nobiltà italiane e la *Monarquía* si basava anche sulla ricompensa della seconda ai servizi prestati dalle prime.

Con il passaggio dei tre Ordini militari sotto la diretta e perpetua amministrazione dei re cattolici venne a cadere anche la facoltà esclusiva detenuta nel Medioevo dai gran maestri dei tre Ordini di selezionare l'ingresso di nuovi cavalieri. In Età moderna, infatti, era il sovrano l'unico a decidere chi poteva essere premiato con la croce cavalleresca,[3] mentre il

3. Ci furono, tuttavia, periodi particolarmente critici in cui il sovrano concesse a istituzioni terze la licenza di vendere abiti militari. Si pensi, ad esempio, alla *Junta de habito*,

Consiglio degli Ordini, come vedremo nel prossimo capitolo, assolveva alla fase inquisitoriale del procedimento.

L'ottenimento della *merced de habito*, passo iniziale dell'*iter* che portava a diventare cavalieri, era generalmente preceduto dall'invio di una richiesta o al Consiglio degli Ordini o alla Cámara de Castilla o ad altri organi della Corona come il Consiglio delle Indie, di Stato, di Guerra o d'Italia.[4] Il sovrano, infatti, poteva concedere una *merced de habito* per decreto, senza passare da alcun organo della struttura polisinodale della Monarchia, o ricorrere all'ausilio di uno di essi, la cosiddetta via consultiva.

Nel caso specifico delle domande d'abito provenienti dalla penisola italiana, fu il Consiglio d'Italia il principale organo preposto a vagliare queste richieste, sebbene ciò potesse avvenire anche in seno ad altri *Consejos*, suscitando in tali casi la reazione di quello d'Italia che, in più occasioni, rivendicò la sua maggiore competenza in materia. In una consulta del 1619 relativa alla richiesta di Marco Antonio de Ponte di un abito per il figlio, i reggenti sottolinearono le proprie prerogative rispetto ad altri organi della Corona poiché solo loro avevano «entera noticia de las partes y calidades de los pretensores y las combeniencias o incombeniencias de hazerles esta merced».[5] Ancora nel 1628 lo stesso Consiglio d'Italia ribadì al sovrano che le decisioni relative a *mercedes* giunte dalla penisola non fossero prese in carico da altri *Consejos*, come, ad esempio, quello di Guerra, perché non si aveva la necessaria conoscenza di chi presentava le domande.[6] Ad ogni modo, qualunque fosse l'organo interpellato, esso svolgeva sempre una funzione intermedia tra colui che avanzava la richiesta e il sovrano cui spettava la decisione finale. I

tra il 1635 e il 1642. Cfr. A. Jiménez Moreno, *Honores a cambio de soldados. La concesión de hábitos de las Ordenes Militares en una coyuntura crítica: la Junta de Hábitos (1635-1642)*, in *Las élites en la época moderna. La monarquía española*, 4 voll., a cura di E. Soria Mesa, J.J. Bravo Caro, J.M. Delgado Barrado, Cordoba, Universidad de Cordoba, 2009, III, pp. 155-172.

4. Sul Consiglio d'Italia cfr. M. Rivero Rodríguez, *Felipe II y el gobierno de Italia*, Madrid, Sociedad Estatal para la Conmemoración de los Centenarios de Felipe II y Carlos V, 1998; C. Giardina, *Il Supremo Consiglio d'Italia*, in «Atti della Real Accademia di scienze, lettere e arti di Palermo», XIX (1934), pp. 1-190. Più in generale, sui *Consejos* della Monarchia ispanica, cfr. J. Martínez Millán, *La articulación de la Monarquía española a través de la Corte. Consejos territoriales y Cortes virreinales en los reinados de Felipe II y Felipe III*, in *Las cortes virreinales de la Monarquía española. América e Italia*, a cura di F. Cantù, Roma, Viella, 2008, pp. 39-63.

5. AGS, SSP, *Nápoles*, Leg. 13, consulta del 31 agosto 1619.

6. Ivi, *Nápoles*, Leg. 15, consulta del 27 novembre 1628.

memoriali indirizzati al re passavano dunque al Consiglio perché giudicasse se il richiedente possedesse o meno le qualità necessarie, appurasse che i servizi presentati non fossero stati già in qualche maniera ricompensati ed esprimesse, infine, il proprio parere in merito.

Il Consiglio d'Italia non analizzava, dunque, i requisiti dei pretendenti, compito, quest'ultimo, spettante a quello degli Ordini nella fase successiva. La valutazione fatta dai reggenti e dal re era di natura prettamente politico-sociale e riguardava il lignaggio del candidato e la presenza o meno di servizi prestati alla Corona, oltre alla capacità dello stesso di poter vestire l'abito con la dignità necessaria. In altre parole, che il richiedente avesse un patrimonio sufficiente per poterlo portare con il decoro adeguato.

Il memoriale era lo strumento cardine per inoltrare la domanda di un abito militare. Con esso l'aspirante presentava una rassegna puntigliosa di servizi, meriti e qualità, proprie e dei propri *passados*, al termine della quale esprimeva la richiesta vera e propria della *merced*, spesso poggiandosi anche sui servizi dei propri antenati, in particolare quando si aveva la consapevolezza che quelli personali potevano non essere sufficienti. I meriti accumulati su più generazioni vanno intesi come un capitale dell'intera famiglia, come fossero beni mobili o immobili che potevano trasmettersi all'interno della stessa da un membro all'altro.[7] Ciò è evidente in particolare in quei memoriali nei quali si rimarcava che i servizi degli antenati non erano stati ricompensati in precedenza; spesso era lo stesso organo consultivo a ricordare al sovrano che i meriti presentati non avevano goduto di alcuna grazia regia fino ad allora o lo erano stati solo in parte o meno di quanto il casato avrebbe meritato.

Tra le differenti tipologie di richieste, la più comune fu certamente quella di un abito per se stessi a ricompensa di servizi di natura militare. In casi più rari, la pretesa poggiava su meriti acquisiti in ambito amministrativo-giudiziario – come per i titolari di cariche nei tribunali regi[8] –, diplomatico, o per servizi svolti a corte, come nel caso dei reggenti del Consiglio d'Italia o di coloro che avevano servito come paggi del re.[9] A volte la croce cavallere-

7. Giménez Carrillo, *Los caballeros de las órdenes militares*, p. 53.

8. Su quest'ultima tipologia di servizio rinvio al contributo di A. Cogné, *I togati dei domini italiani della Monarchia ispanica (1556-1700)*, in *Le élites italiane e la monarchia ispanica (secoli XVI-XVII)*, di prossima pubblicazione.

9. Si veda, a tal proposito, A. Franganillo Álvarez, F.J. Álvarez García, *Movilidad e integración de las élites italianas en el espacio áulico madrileño (ca. 1598-1665)*, in *Le élites italiane e la monarchia ispanica (secoli XVI-XVII)*, di prossima pubblicazione.

sca si richiedeva dopo l'affidamento di un incarico, per poterlo svolgere con «mas honra y lucimiento».

A questi memoriali esaminati dal Consiglio d'Italia seguiva poi la decisione più importante, quella regia. Solitamente il sovrano tendeva a uniformarsi al parere del proprio organo consultivo, limitandosi a confermare quanto da questi espresso.[10] Ma la sua decisione non sempre coincideva col parere formulato dai consiglieri e, specie durante il regno di Filippo II e negli anni iniziali del successore Filippo III, si assistette a periodi in cui la benevolenza del monarca fu inferiore a quella dei reggenti. La mano larga dei sovrani spagnoli nella concessione degli abiti attestata per la Castiglia non fu, infatti, esattamente la stessa per i *reinos* italiani. Ciò mirava a non svilire l'onorificenza e a renderla preziosa e particolarmente ambita. Una prima indagine sulle posizioni a volte divergenti di re e Consiglio può essere condotta su una raccolta di consulte relative a richieste di abiti militari avanzate a Madrid tra il 1581 e il 1618, tra la fine del regno di Filippo II e quello del figlio Filippo III, conservata presso l'Archivio di Simancas.[11] Su settantadue petizioni – alcune delle quali discusse in Consiglio più volte in anni differenti – il re rinviò la decisione nel 55% dei casi, quasi sempre in disaccordo col parere favorevole espresso dai reggenti.

Non tutte le domande, dunque, si tramutavano automaticamente in *merced*. Poteva bastare una sola richiesta per ottenerla – se i meriti erano tali da non potersi negare l'abito o se si era protetti da personaggi molto influenti – oppure non riuscire a "strapparla" neanche dopo numerose e reiterate istanze. Rari sono, tuttavia, i casi in cui il sovrano negò palesemente l'assegnazione di un abito: stando almeno ai memoriali "italiani" presi in esame in questo studio, il sovrano sceglieva perlopiù di procrastinare la decisione a momenti successivi,[12] sebbene ciò si potesse configurare, nei fatti, come un diniego. Il più delle volte si posticipava la risoluzione per raccogliere ulteriori informazioni sul pretendente per il tramite di viceré, governatori o ambasciatori presso i territori italiani o semplicemente perché in quel determinato periodo si erano già concessi troppi abiti. È quanto avvenne a Giovan Vincenzo Pandone, conte di Ugento, in Terra d'Otranto,

10. Le espressioni più comuni in questi casi erano: «como parece», «assí lo he mandado» o semplicemente «está bien» o «assí».

11. AGS, SSP, *Nápoles*, Leg. 219.

12. «Quedo advertido», «quedo con cuydado», «acuerdeseme adelante» sono le espressioni più ricorrenti in tali casi.

la cui domanda di un abito, ritenuta valida dal Consiglio, fu rinviata nel giugno 1585 dal sovrano perché «se han dado muchos en estos dias y assi se mirara en esto mas adelante».[13]

Dopo un rinvio, il pretendente poteva tornare a presentare la sua istanza, sperando in una maggiore benevolenza regia o incrementando i propri servizi in modo da poterne esibire un bagaglio più ricco. Ad ogni modo, se è vero che le *mercedes* furono uno dei principali strumenti a cui ricorsero i sovrani per premiare o incentivare i propri sudditi, è altrettanto vero che ciò non significava necessariamente che tutti i meriti fossero ricompensati. Negare temporaneamente un riconoscimento poteva essere altrettanto importante per spronare l'aspirante a maggiori servizi. Fu appunto questo il motivo per il quale raramente sovrano e *Consejos* respinsero apertamente una richiesta loro avanzata, consapevoli che non vi era «mercantia di più buon mercato, quanto quella che si compera con l'aspettativa del premio. Più servono gl'huomini per quello che sperano che per quello che hanno ricevuto».[14]

2. *Tipologie di richieste*

L'abito militare non si configurava mai come un premio per il singolo individuo, ma era sempre il riconoscimento visibile del prestigio della famiglia del pretendente e dei servizi resi alla Monarchia dai suoi membri anche nelle generazioni precedenti. Questi premi, così come altri facenti parte del sistema degli onori elargiti dai sovrani spagnoli, avevano un'importanza collettiva più che individuale, come confermano le numerose richieste d'abito che dalla penisola italiana furono avanzate a Madrid per i propri familiari. Il destinatario di una *merced*, infatti, non era necessaria-

13. AGS, SSP, *Nápoles*, Leg. 219, consulta del 9 gennaio 1585. Il conte di Ugento tornò a sollecitare l'abito di Santiago l'anno successivo, quando il Consiglio d'Italia ricordò al re che erano trascorsi diversi mesi dalla decisione presa nell'ultima consulta. La concessione dell'abito a Pandone venne però nuovamente rimandata («aviseseme si ha tenido aprobacion del virey de sus servicios y qualidad»). Ivi, consulta del 5 giugno 1585. Nell'agosto dell'anno seguente una nuova consulta, poggiata sulle informazioni giunte dal viceré di Napoli, avrebbe risolto la questione («esta bien, y se despachara la cedula por donde toca»). Ivi, consulta del 13 agosto 1586. Pandone vestì l'abito di Santiago nel 1591. AHN, OM, *Santiago*, Exp. 3002.

14. Saavedra Fajardo, *L'idea di un prencipe politico*, p. 85.

mente colui che vestiva in seguito l'abito militare così come molte delle croci cavalleresche di cui parleremo furono spesso il riflesso di richieste generalmente presentate per i propri parenti. Le più comuni furono quelle avanzate per i propri figli, spesso successori ed eredi di titoli e feudi. È il caso del maestro di campo Tommaso Caracciolo, duca di Rocca Rainola,[15] che chiese un abito per il primogenito Giacomo nel 1622;[16] o di Annibale Sersale, primo duca di Cerisano, che lo sollecitò nel 1626 per il figlio Orazio in virtù dei suoi servizi come capitano a guerra della provincia di Calabria Citra e di quelli del figlio Vincenzo, soldato in Lombardia;[17] o ancora di Pietro Venato, conte di Santa Maria Ingrisone, la cui domanda di un abito per il figlio Carlo fu discussa nel 1632 in Consiglio d'Italia.[18]

Richieste per i propri figli furono avanzate anche da donne, vedove perlopiù, per i servizi dei mariti defunti.[19] Nel 1636 Maria Paladini, vedova di Giovanni Enriquez, ex reggente del Collaterale e del Consiglio d'Italia, marchesa di Campi, in Terra d'Otranto, chiese al sovrano il titolo di principe per il primogenito, due abiti militari, uno per quest'ultimo e l'altro per il secondogenito, e una pensione per tutti e tre i suoi figli, dal momento che la morte del marito, avvenuta un mese prima, mentre ricopriva la carica di reggente a Madrid, l'aveva lasciata priva delle possibilità di accudirli.[20] Il sovrano concesse l'abito a un figlio, 400 ducati di pensione da ripartire tra i tre figli della marchesa e mille ducati per coprire le spese che la donna avrebbe dovuto sostenere per rientrare in Italia. Simile richiesta inoltrò

15. Cfr. G. Benzoni, *Caracciolo, Tommaso*, in DBI, vol. 19 (1976), *ad vocem*.

16. AGS, SSP, *Nápoles*, Leg. 14, consulta del 13 settembre 1622. Giacomo vestì l'abito di Santiago nel 1624. AHN, OM, *Santiago*, Exp. 1515.

17. AGS, SSP, *Nápoles*, Leg. 14, consulta del 20 agosto 1627. Il sovrano rinviò la decisione in una prima consulta del 16 dicembre 1626 («quedo con cuydado»). Nel 1627, Annibale Sersale dovette ripresentare un memoriale a Madrid per via di un errore avvenuto nei mesi precedenti, quando la *merced de habito* fu concessa a lui e non al figlio. Nel 1628 Orazio chiese e ottenne che l'abito fosse di Santiago. Ivi, *Nápoles*, Leg. 15, consulta del 7 aprile 1628.

18. Ivi, *Nápoles*, Leg. 17, consulte del 26 marzo 1632 e 1 giugno 1633. Carlo Venato vestì l'abito di Calatrava nel 1637. AHN, OM, *Calatrava*, Exp. 2765.

19. Su queste forme di *soft power* femminile in Età moderna e sui più recenti campi d'indagine cfr. E. Novi Chavarria, *Storia di genere e storia delle donne. Gli orientamenti della ricerca negli ultimi anni*, in «Polygraphia», 4 (2022), pp. 207-221. Rimando anche alle riflessioni introduttive di M.A. Visceglia nel suo *Le donne dei papi in età moderna. Un altro sguardo sul nepotismo (1492-1655)*, Roma, Viella, 2023, pp. 9-24.

20. AGS, SSP, *Nápoles*, Leg. 18, consulta del 4 aprile 1636.

Margherita Visconti, vedova del reggente Pietro Francesco Corio che, nel 1630, sempre per i servizi del marito defunto, domandò un abito militare per ciascuno dei suoi figli, Francesco e Paolo, entrambi premiati nel 1631.[21] Destinatario dell'intercessione poteva poi essere un nipote, magari proprio erede, come nel caso di Lorenzo Isimbardi, pavese, nipote dell'omonimo marchese di Pieve del Cairo, il quale era stato premiato con una *merced de habito* nel 1626, e che due anni dopo sollecitò il passaggio della stessa al nipote, e futuro erede, poiché egli era ormai «viejo de mas de 69 años».[22] Il trasferimento di una *merced* da un membro a un altro della stessa famiglia poteva avvenire anche per sopraggiunta morte del destinatario della stessa,[23] mentre più rari sono i casi incontrati di mercedi non godute che si chiedeva di tramutare in grazie differenti: nel 1662, Giulio, Nicola e Tommaso Scoto, ad esempio, fratelli del defunto capitano Michele Scoto, a cui il sovrano aveva concesso l'abito di Calatrava vent'anni prima, ottennero che quella *merced* fosse convertita in un titolo nobiliare.[24]

Il sovrano negò o rinviò, in alcuni casi, richieste d'abito avanzate in favore di figli ancora troppo giovani. Secondo gli statuti dei tre Ordini, l'età minima richiesta per ricevere un abito cavalleresco era di sette anni per Santiago e di dieci per Calatrava e Alcántara, sebbene si potesse ricorrere a una licenza papale per aggirare tale ostacolo. Peraltro, quest'ultima era necessaria solo per Santiago, dal momento che gli altri due Ordini, nelle loro definizioni, davano al sovrano piena facoltà di concedere questa dispensa.[25] Non ebbe esito, ad esempio, la richiesta di una croce caval-

21. Ivi, *Milán*, Leg. 1803, 111, consulta del 27 febbraio 1632. Francesco vestì l'abito di Calatrava, Paolo quello di Alcántara. Filippo IV concesse al primogenito anche il titolo marchesale e la «licencia para que viniese al quarto dela Reyna nuestra señora como menino».

22. Ivi, *Milán*, Leg. 1802, consulta del 3 marzo 1628. Il nipote, a cui andò l'abito di Santiago, era nato dal matrimonio di Pietro Isimbardi con Anna Francesca Beccaria. AHN, OM, *Santiago*, Exp. 4150.

23. Nel 1649, ad esempio, re e Consiglio d'Italia accordarono il passaggio della *merced de habito* concessa a Giovanni Battista Pignatelli nel 1646 al fratello Francesco. AGS, SSP, *Nápoles*, Leg. 23, consulta del 26 febbraio 1649. Giovanni Battista era già stato premiato con un posto di Consigliere del Collaterale senza salario per i servizi militari prestati sui campi di battaglia di tutta Europa. Ivi, *Nápoles*, Leg. 21, consulta del 25 ottobre 1644.

24. Ivi, *Nápoles*, Leg. 31, consulta del 14 luglio 1662.

25. Giménez Carrillo, *Los caballeros de las órdenes militares*, pp. 162-163. Il sovrano concesse, ad esempio, l'abito di Calatrava ad Antonio de Sangro, figlio di Giuseppe e di Caterina Carafa, previa dispensa d'età, poiché questi aveva solo 8 anni alla data della *merced* (15 aprile 1670). BNE, ms. 2447, c. 249v. Allo stesso modo fu necessaria una licenza regia

leresca presentata da Fabrizio Filomarino per il figlio Marcello, di otto anni, esaminata per la seconda volta in Consiglio d'Italia nel novembre 1596 e rinviata dal re per via della giovane età del ragazzo – «es muy mochacho».[26] Stesso esito infruttuoso ebbe la richiesta, nel 1591, di un abito per il figlio Luigi da parte di Maria Carafa, da pochi mesi vedova di Fabrizio, assassinato a Napoli nell'ottobre dell'anno precedente.[27] Benché il giovane avesse a quella data 11 anni,[28] oltre dunque i limiti richiesti dagli statuti dei tre Ordini, gli venne comunque negata la *merced* anche due anni dopo, sempre in considerazione della sua età.[29]

Se è relativamente più semplice intuire i beneficiari degli abiti concessi ai figli per intercessione paterna, meno agevole è il caso in cui chi vestiva la croce cavalleresca non apparteneva allo stesso gruppo familiare di colui che era stato premiato dal sovrano. Un caso è quello delle *mercedes de habito* accordate a governatori o a viceré perché fossero distribuite nei territori loro governati, spesso dopo episodi politico-militari particolarmente rilevanti nei quali i sudditi italiani avevano dato prova della loro lealtà e del loro valore. È quanto avvenne nel dicembre 1638, pochi mesi dopo la capitolazione della città di Vercelli, quando il sovrano, su invito

per assegnare l'abito, sempre di Calatrava, a Bernardo Campulo, figlio di Pietro e Lucrezia Braida, che aveva 7 anni quando fu premiato con la *merced* da Carlo II, nel febbraio 1670. Ivi, c. 261r.

26. AGS, SSP, *Nápoles*, Leg. 219, consulta del 6 novembre 1596.

27. Fabrizio Carafa, II duca d'Andria, fu protagonista di una celebre storia d'amore e di sangue nella Napoli di fine Cinquecento. Fu scoperto in flagrante tra le braccia dell'amante Maria d'Avalos, moglie del compositore Carlo Gesualdo, che uccise entrambi, con l'aiuto di alcuni sicari, nella notte tra il 16 e il 17 ottobre del 1590. Sulla vicenda cfr. A. Cogliano, *Carlo Gesualdo, omicida fra storia e mito*, Napoli, Edizioni scientifiche italiane, 2006.

28. «Aviseseme que edad tiene el hijo, y si ha servido, y en que». AGS, SSP, *Nápoles*, Leg. 219, consulta del 10 luglio 1591.

29. Ivi, *Nápoles*, Leg. 219, consulta del 1° settembre 1593. La questione tornò ancora in Consiglio d'Italia tre anni dopo, nel 1596, quando la richiesta venne reiterata dallo zio Vincenzo Carafa, "priore d'Ungheria", il quale sottolineò come il diniego della grazia regia avrebbe in qualche modo macchiato la reputazione della sua casa – «pues lo contrario seria poner nota en ella». Filippo II ordinò che la documentazione fosse affidata al suo segretario, Francisco Gonzáles de Heredia, ma non risulta che Luigi abbia mai vestito l'abito militare. Ivi, *Nápoles*, Leg. 219, consulta del 12 febbraio 1596. Su Gonzáles de Heredia cfr. I. Fernández Terricabras, *Francisco González de Heredia*, in DBe, *ad vocem*. Non può, ad ogni modo, escludersi l'influenza sui reiterati rinvii del sovrano di quanto accaduto al padre del giovane Carafa.

di Diego Messía Felípez de Guzmán, marchese di Leganés, governatore di Milano,[30] concesse dodici abiti militari da assegnare a coloro che si erano maggiormente distinti nella presa della città sabauda.[31] Il 2 dicembre, Leganés comunicò a Madrid i nomi dei militari scelti come destinatari dei primi sei abiti, tutti di Santiago,[32] tra i quali i napoletani Francesco Tuttavilla[33] e Achille Minutolo, maestro di campo, e il milanese Massimiliano Stampa, conte di Montecastello, *capitan de corazas*.[34]

Un altro caso che ritroviamo con una certa frequenza è quello che coinvolgeva suoceri e generi. Il giorno di Santo Stefano del 1631 il Consiglio d'Italia esaminò un memoriale del giudice Pompeo Battaglino, giunto a Madrid insieme a una lettera di Maria Anna d'Asburgo, regina d'Ungheria, sorella del re Filippo IV, che proprio in quei giorni lasciava Napoli dopo aver soggiornato in città alcuni mesi nel suo viaggio verso Vienna dove avrebbe sposato il re d'Ungheria e futuro imperatore Ferdinando d'Asburgo.[35] In esso Battaglino, i cui servizi e incarichi ricoperti a Napoli erano assai noti a quel tempo, insieme alla prestigiosa parentela che aveva contratto grazie al matrimonio con Antonia de Castro, parente del conte di Lemos, chiese al sovrano che gli concedesse un titolo nobiliare e un abito «para la persona que casase con una de sus hijas, que tiene concertada de

30. C. Sanz Ayán, *Diego Messía Felípez de Guzmán*, in DBe, *ad vocem*.

31. AGS, *Estado*, Leg. 3347, 254; Leg. 3348, 220; Leg. 3451, 70. Alla morte del duca di Savoia, Vittorio Amedeo I, nell'ottobre 1637, alleato dei francesi e in guerra con gli spagnoli, il marchese di Leganés, governatore di Milano, cercò di condurre dalla sua parte la vedova reggente Maria Cristina di Francia. Non riuscendovi, tuttavia, nel maggio 1638, dopo aver conquistato facilmente il forte di Breme, nella Lomellina, pose l'assedio alla città di Vercelli con circa trentamila uomini. La città, governata dal marchese di Dogliani, difesa da meno di duemila uomini, pur resistendo strenuamente, dovette infine capitolare con l'onore delle armi agli inizi di luglio.

32. Ivi, *Estado*, Leg. 3843, 133, il marchese di Leganés a Filippo IV (Pavia, 2 dicembre 1638). Cfr. anche ivi, 124; 125.

33. Cfr. E. Papagna, *Tuttavilla, Francesco*, in DBI, vol. 97 (2020), *ad vocem*.

34. Solo i due napoletani, tuttavia, avrebbero vestito l'abito, in date peraltro diverse: Minutolo nel 1640 (AHN, OM, *Santiago*, Exp. 5314), Tuttavilla nel 1653 (ivi, *Santiago*, Exp. 8245). I restanti tre militari premiati da Leganés furono gli spagnoli Francisco Hirio de La Vega, capitano di fanteria nel *tercio* di Antonio Sotelo, e Rodrigo e Martin de Mújica.

35. V. Fiorelli, *'...non cala la testa di niuna maniera...'. Il soggiorno napoletano di Maria Anna d'Austria nel 1630*, in *Fiesta y ceremonia en la corte virreinal de Nápoles*, pp. 333-354. Cfr. anche O. Gisolfi, *Il governo del duca di Alcalà vicere di Napoli (1629-1631)*, Caserta, Stabilimento tipografico dell'Unione, 1916, pp. 71-106.

casar con don Francisco Tomassino».[36] Il re, concordando con i reggenti, concesse a Battaglino la sola croce cavalleresca. Solo nel 1648, tuttavia, il genero si presentò al sovrano per far fruttare la grazia regia a lui destinata, chiedendo «de mandar que tenga effecto la dicha merced».[37] Dalla concessione della *merced* alla chiusura delle *pruebas* per l'abito di Santiago a Tommasino, datate 1651, passarono circa vent'anni.[38]

Simile esito ebbe, nel dicembre 1631, un'istanza avanzata a Madrid dal duca di Grumo, Carlo Frangipane della Tolfa. Il duca aveva già richiesto alcuni mesi prima il governo di una provincia, negata però dal Consiglio d'Italia che giudicò più adeguata la concessione di un abito cavalleresco o il miglioramento del suo titolo nobiliare; *mercedes* che non gravavano, in sostanza, sulle casse della Corona. Il re aveva condiviso il parere dei reggenti sull'abito, avanzando anche la possibilità della concessione di un titolo di maestro di campo, seppur onorario. Il Consiglio suggerì di assegnare un abito al futuro genero del duca di Grumo, incontrando peraltro il parere favorevole del sovrano.[39] È significativo, tuttavia, sottolineare che nell'ottobre 1631, per il tramite del Consiglio di Stato, Carlo aveva ottenuto la *merced* di un *tercio* di fanteria napoletana; un esempio, quest'ultimo, di come presentare richieste differenti a differenti organi della Monarchia potesse rivelarsi una tattica vincente, che poteva portare, in sostanza, maggiori vantaggi.

Gli esempi finora riportati lasciano ipotizzare che non ci fossero specifiche tipologie di servizi, nemmeno quelli di natura militare, di cui ci occuperemo in seguito, che consentivano un più sicuro accesso a un Ordine cavalleresco. Anzi, oltre ai meriti personali giocava un ruolo rilevante anche il capitale relazionale e sociale di colui che avanzava una richiesta a Madrid, come avremo modo di vedere nel prossimo paragrafo.

3. *«Parescio que no se le podia negar»: raccomandazioni e clientele*

Le domande per un abito cavalleresco erano sovente avanzate non direttamente dalla stessa persona che avrebbe effettivamente fatto il suo

36. AGS, SSP, *Nápoles*, Leg. 16, consulta del 26 dicembre 1631.
37. Ivi, consulta dell'8 luglio 1649.
38. AHN, OM, *Santiago*, Exp. 8091.
39. AGS, SSP, *Nápoles*, Leg. 16, consulta del 24 dicembre 1631.

ingresso in uno dei tre Ordini militari: spesso erano padri, madri, nonni o zii che lo chiedevano per i loro figli o nipoti, ma non mancarono altre tipologie di intercessioni, da parte di governi municipali, ad esempio, o di personaggi non appartenenti alla stessa famiglia, a volte signori di stati italiani autonomi le cui vicende erano però indissolubilmente legate alla politica della corte cattolica. Come ha rilevato Angelantonio Spagnoletti, le pratiche di conferimento di abiti militari, come di altre onorificenze regie, non si esaurivano nei *Consejos* a Madrid, ma

> mettevano in movimento autorità territoriali di governo, come viceré e governatori, e, specie per coloro che non erano principi sovrani, clientele e parentele collegate in un gioco in cui l'enumerazione puntigliosa dei meriti e delle qualità del pretendente e della sua famiglia si accompagnava alle pressioni, alle raccomandazioni e all'esibizione nei propri circuiti di relazioni.[40]

Le concessioni via via più numerose, tra Cinque e Seicento, di titoli nobiliari, dignità di Grandi di Spagna, collari del Toson d'oro, pensioni e abiti cavallereschi rientravano in una precisa strategia politica della Monarchia asburgica che se da un lato mirava a rafforzare il lealismo delle élite dei propri *reinos* italiani, dall'altro non ignorava anche i principi e i ceti nobiliari disseminati negli Stati della penisola autonomi, ma *de facto* dipendenti dalla potenza spagnola.[41] Non a caso Madrid accarezzò e gratificò i principi italiani con ricompense e laute pensioni, attingendo alla cospicua riserva di titoli, rendite, feudi e prebende del Mezzogiorno, consapevole che la loro lealtà alla Corona passasse anche dal rafforzamento del proprio prestigio e dalla salvaguardia della propria autorevolezza.[42] I sudditi di questi principi misuravano il credito del proprio signore dalla capacità che questi aveva di godere o meno della benevolenza del re cat-

40. Spagnoletti, *Principi italiani e Spagna*, p. 71.

41. Cfr. E. Fasano Guarini, *Italia non spagnola e Spagna nel tempo di Filippo II*, in *Filippo II e il Mediterraneo*, a cura di L. Lotti, R. Villari, Roma-Bari, Laterza, 2003, pp. 5-24; i contributi in *Italia non spagnola e monarchia spagnola tra '500 e '600. Politica, cultura e letteratura*, a cura di G. Di Stefano, E. Fasano Guarini, A. Martinengo, Firenze, Olschki, 2009; Angiolini, *Diplomazia e politica dell'Italia non spagnola nell'età di Filippo II*, pp. 432-469; Rivero Rodríguez, *Felipe II y los potentados de Italia*, pp. 337-370; P. Volpini, *Spagna e Toscana nel Seicento. Rapporti interstatali e crisi della Monarchia cattolica*, in «Römische Historische Mitteilungen», 56 (2014), pp. 247-274.

42. Sui rapporti tra principi italiani e Monarchia spagnola cfr. A. Spagnoletti, *Le dinastie italiane nella prima età moderna*, Bologna, il Mulino, 2003; *Nel sistema imperiale. L'Italia spagnola*, a cura di A. Musi, Napoli, Edizioni Scientifiche Italiane, 1994.

tolico e di poter negoziare onori e mercedi per i propri clienti e cortigiani. È in tale prospettiva che va considerata la linea perseguita dai *Consejos* di approvare, nella maggior parte dei casi, le richieste di abiti avanzate da principi italiani a favore di terzi.[43] Tali intercessioni indicano, peraltro, quanto strette fossero le maglie relazionali tra i *reinos* italiani e tra questi e gli stati autonomi della penisola. Da qui, infatti, partirono diverse richieste d'abito anche per i sudditi del re cattolico i quali, a loro volta, sfruttarono questo prestigioso capitale relazionale per far giungere la loro voce, da una posizione più elevata, al proprio sovrano.

Particolarmente attivi come intermediari a Madrid furono i granduchi di Toscana. Nel 1615 Filippo III concesse l'abito di Santiago al napoletano Francesco Brancia su pressione di Cosimo II. La richiesta fu avanzata a corte, con lettere al duca di Lerma, dal residente toscano, il conte Orso Niccolò Pannocchieschi d'Elci.[44] La raccomandazione medicea era motivata dal rapporto tra Cosimo II e il padre di Francesco, Ferrante, uno dei più brillanti avvocati del tempo. Ferrante si era guadagnato la benevolenza dei granduchi di Toscana per i servizi legali resi loro, in particolare per aver trattato, nel 1612, l'acquisizione del principato di Bisignano, lasciato in eredità nel 1609 alla Corona spagnola da Giulia Orsini e in seguito messo in vendita con bando vicereale.[45] Lo stesso residente toscano consegnò in quei giorni, nelle mani del *valido* di Filippo III, un'altra richiesta d'abito avanzata dall'ambasciatore spagnolo a Roma, Francisco Ruiz de Castro, per Ludovico Magnani, genero del marchese Piriteo Malvezzi, esponente di una famiglia bolognese che aveva costruito la sua fortuna destreggiandosi tra il servizio agli Asburgo, quello ai de' Medici e alla corte pontificia.[46]

43. Spagnoletti, *Principi italiani e Spagna*, pp. 32-33.

44. AGS, *Estado*, Leg. 1942, 111; 112; 116. Sul conte Pannocchieschi d'Elci cfr. F. Bigazzi, *Pannocchieschi d'Elci, Orso Niccolò*, in DBI, vol. 80 (2014), *ad vocem*; P. Volpini, *Il silenzio dei negozi e il rumore delle voci. Il sistema informativo di Ferdinando I de' Medici in Spagna*, in *Sulla diplomazia in età moderna. Politica, economia, religione*, a cura di R. Sabbatini, P. Volpini, Milano, FrancoAngeli, 2011, pp. 165-192; Ead., *Spagna e Toscana nel Seicento*; E. Baldasseroni, *Un toscano alla corte di Filippo III: Orso Pannocchieschi d'Elci*, in *Istituzioni, potere e società. Le relazioni tra Spagna e Toscana per una storia mediterranea dell'Ordine dei Cavalieri di Santo Stefano*, a cura di M. Aglietti, Pisa, ETS, 2007, pp. 173-203.

45. E. Fabbricatore, *Ferrante Brancia*, in DBe, *ad vocem*. Cfr. anche F. D'Andrea, *Avvertimenti ai nipoti*, a cura di I. Ascione, Napoli, Jovene, 1990, pp. 169-170.

46. AGS, *Estado*, Leg. 1942, 125. Piriteo aveva ricevuto da Filippo III, nel 1605, una pensione annua di 500 ducati sul Regno di Napoli per i meriti militari dello zio Pirro, militare negli eserciti di Filippo II. Il granduca di Toscana, Cosimo II, nel 1612, lo nominò suo

Nell'ottobre del 1633 fu invece Ferdinando II de' Medici a manifestare a Filippo IV il suo desiderio di veder premiato con un abito Camillo Capece Galeota,[47] figlio di Fabio, presidente della Regia Camera della Sommaria, sposato a una donna di casa de' Medici.[48] Lo stesso Ferdinando II, nel 1641, promosse l'abito di Geronimo Provenzale, nipote di Andrea, consigliere del Sacro Regio Consiglio.[49] Al di là della caratura della raccomandazione giunta per lui, è significativo che il Consiglio d'Italia ricordasse a Filippo IV che non fosse adeguato che ministri regi si avvalessero di raccomandazioni esterne per ottenere grazie dal proprio sovrano.[50]

A inizio Seicento fu il duca di Parma, Ranuccio Farnese, a intercedere per il nobile romano Baldassarre Paluzzi Albertoni, suo intimo compagno d'armi nelle Fiandre,[51] reiterando a Filippo III la richiesta già avanzata al padre Filippo II di volergli concedere l'abito di Santiago e

> dimostrare insieme che l'intercessione mia presso di lei non sia in tutto vuota di merito. Io stimarò la grazia non meno di quelle che concernono la mia propria persona, non essendo ordinario il desiderio ch'io tengo di conseguirla, né l'amore ch'io porto ad esso Paluzzo.[52]

Lo stesso duca di Parma promosse, nel 1612, anche l'abito di Girolamo Valignani, esponente di una delle più antiche famiglie della città di Chieti.[53] Allo stesso modo Cesare d'Este, duca di Modena, raccomandò, a

cavallerizzo maggiore e, due anni dopo, governatore di Siena. Il beneficiario della *merced de habito*, Ludovico Magnani, aveva sposato la figlia di Piriteo, Costanza, proprio nel 1612. Su Malvezzi cfr. R. Brändli, *Virgilio Malvezzi: politico e moralista*, Basel, Tipografia dell'USC, 1964, pp. 9-14; C. Carminati, *Malvezzi, Virgilio*, in DBI, vol. 68 (2007), *ad vocem*.

47. AGS, *Estado*, Leg. 3447, 54.

48. Fabio Capece Galeota aveva sposato in prime nozze Anna de' Medici, figlia di Camillo, celebre avvocato napoletano, matrimonio che giovò alla sua brillante carriera successiva. Cfr. C. Russo, *Capece Galeota, Fabio*, in DBI, vol. 18 (1975), *ad vocem*; D'Andrea, *Avvertimenti ai nipoti*, pp. 170-171.

49. AGS, SSP, *Nápoles*, Leg. 122, decreto del 26 agosto 1641.

50. «Siempre se ha tenido por de grande inconveniente que los ministros de Vuestra Magestad come lo es el dicho consejero se valgan de semejantes intercessiones». Ivi, *Nápoles*, Leg. 20, consulta del 30 settembre 1641.

51. P.E. Visconti, *Città e famiglie nobili e celebri dello Stato Pontificio*, 4 voll., Roma, Tipografia delle Scienze, 1847, III, p. 500.

52. AGS, *Estado*, Leg. 1160, 69, Ranuccio Farnese a Filippo III (Caprarola, 1° luglio 1602).

53. AHN, OM, Leg. $204^2/75$, Ranuccio Farnese a Filippo III (Parma, 2 gennaio 1612). La richiesta venne supportata a corte da Flavio Atti, ambasciatore farnesiano a Madrid, e

inizio Seicento, il romano Orazio Cesi che aspirava a entrare nell'Ordine di Calatrava.[54]

Sebbene le domande fossero avallate da raccomandazioni anche influenti, il capitale relazionale messo in moto dal pretendente non sempre portava all'effettivo conseguimento dell'abito militare, e ciò anche quando le richieste giungevano per il tramite di più soggetti, come nel caso del romano Bernardino Marziani nel 1596. L'istanza giunse con lettera di Antonio Fernández de Córdoba, ambasciatore spagnolo a Roma, per conto del cardinale Marco Antonio Colonna.[55] Non sembra che il cavaliere romano abbia comunque ottenuto la croce di san Giacomo, così come non risulta che si sia tramutata in abito la *merced* concessa a Ferdinando Carafa a seguito della richiesta fatta pervenire a Madrid da Claudia de' Medici, arciduchessa di Innsbruck, su sollecitazione di un terzo personaggio, il suo teologo gesuita, padre Eustachio Pagano.[56]

L'intercessione di cardinali presso il sovrano, a volte per il tramite dell'ambasciatore spagnolo a Roma, era un'altra delle vie che potevano facilitare l'acquisizione di un abito militare per i propri parenti. Fattore, quest'ultimo, che fornisce una ulteriore conferma dell'importanza della figura cardinalizia all'interno della propria famiglia per l'aumento del prestigio della stessa e l'ottenimento di *mercedes* e privilegi, specie per i propri nipoti.[57] È quanto avvenne, ad esempio, nel febbraio 1607, quando il cardinale milanese Flaminio Piatti sollecitò un abito militare per il nipote Geronimo;[58] o la più volte reiterata richiesta da parte del cardinale Ferdi-

consultata dal Consiglio degli Ordini nel 1613. Ivi, Flavio Atti a Francisco Gonzales de Heredia (Madrid, 20 ottobre 1612). Valignani ottenne l'abito tre anni dopo, nel 1616. Ivi, *Santiago*, Exp. 8485.

54. AGS, *Estado*, Leg. 1899, 125, Filippo III al conte di Fuentes (6 settembre 1608); ivi, *Estado*, Leg. 1900, 20, Filippo III al conte di Fuentes (8 maggio 1610). La *merced de habito* arrivò pochi mesi dopo, nell'ottobre 1610 (BNE, ms. 6588, c. 41), mentre le *pruebas* per l'abito di Santiago – e non di Calatrava come originariamente richiesto – si tennero solo nel 1617. AHN, OM, *Santiago*, Exp. 1917.

55. AGS, SSP, *Nápoles*, Leg. 219, consulta del 29 aprile 1596.

56. AHN, OM, Lib. 1368C, c. 41v. Sulla presenza e il peso politico di prelati e religiosi nei domini della Monarchia ispanica cfr. Novi Chavarria, *Potere trasversale*, in particolare pp. 9-52.

57. R. Ago, *Carriere e clientele nella Roma barocca*, Bari, Laterza, 1990.

58. L'istanza fu visionata prima dal Consiglio degli Ordini (AHN, OM, Leg. $205^1/10$), quindi a settembre il sovrano scrisse al governatore di Milano, il conte di Fuentes, di aver ricevuto anche dal marchese di Aytona, viceré di Aragona ed ex ambasciatore spagnolo

nando de' Medici – poi terzo granduca di Toscana alla morte del fratello Francesco I nel 1587 – di un abito militare per il cugino Filippo Nerli. A una di queste istanze, quella del novembre 1569, al Consiglio di Stato «parescio que no se le podia negar»:[59] Nerli ottenne la *merced de habito* nel maggio 1575.[60]

Un altro caso esemplare di "pressione" ecclesiastica è quello del calabrese Bonaventura Poerio. Nato a Taverna nel 1648, Generale dell'Ordine francescano dal 1694 al 1697, anno in cui fu nominato da Carlo II arcivescovo della diocesi regia di Salerno,[61] Poerio durante il suo mandato come ministro generale francescano chiese due abiti per i fratelli Francesco e Carlo, nel 1694,[62] uno per il nipote Girolamo, nel gennaio 1697[63] e, due mesi dopo, un altro per Tommaso Schipani, marito della sorella Giovanna.[64] I quattro vestirono tutti l'abito di Santiago nel 1698.

La raccomandazione, inoltre, poteva giungere anche all'apparente insaputa dello stesso interessato. Nel maggio 1660 Filippo IV scrisse al suo viceré a Napoli, Gaspar de Bracamonte y Guzmán, conte di Peñaranda, di aver ricevuto una richiesta da parte della città perché concedesse un abito dei tre Ordini militari al suo *camarero*, Bernardo Vallejo.[65] Il viceré rispose, tuttavia, di essere completamente all'oscuro della vicenda e di essere sicuro che lo stesso Vallejo non avesse alcuna notizia della cosa.[66] Era stata la città di Napoli, in occasione dell'ultimo donativo, ad avanzare tale richiesta a Madrid per il tramite del suo ambasciatore a corte, Michele

presso la Santa Sede, una richiesta d'abito da parte del cardinale Piatti. AGS, *Estado*, Leg. 1899, 32, Filippo III al conte di Fuentes (12 settembre 1607). L'abito di Santiago per il nipote giunse l'anno successivo. AHN, OM, *Santiago*, Exp. 6447.

59. AGS, *Estado*, Leg. 1226, 37, consulta del 7 marzo 1570.

60. AHN, OM, *Santiago*, Exp. 5719bis, c. 1r.

61. Sulle diocesi di regio patronato del regno di Napoli cfr. M. Spedicato, *Il mercato della mitra. Episcopato regio e privilegio dell'alternativa nel regno di Napoli in età spagnola (1529-1714)*, Bari, Cacucci, 1996; I. Mauro, *Un'élite "cattolica"? Mobilità di vescovi regi del Regno di Napoli (1554-1707)*, in «Dimensioni e problemi della ricerca storica», 2 (2015), pp. 25-44; V. Cocozza, *Trivento e gli Austrias. Carriere episcopali, spazi sacri e territorio in una diocesi di regio patronato*, Palermo, Associazione Mediterranea, 2017.

62. AHN, OM, Lib. 1059C, c. 163v.

63. Ivi, c. 261r.

64. Ivi, c. 279r.

65. AGS, *Estado*, Leg. 3283, 149, Filippo IV al conte di Peñaranda (S. Sebastian, 30 maggio 1660).

66. Ivi, 145, il conte di Peñaranda a Filippo IV (Napoli, 25 agosto 1660).

Cavaniglia, duca di San Giovanni,[67] così come era stato fatto già in altre occasioni, sebbene per *mercedes* diverse: nel 1628 per il maggiordomo del viceré duca d'Alba, Francisco Antonio Calamaza, e nel 1636 quando la città chiese al sovrano di premiare Gaspar de Rosales, segretario del viceré conte di Monterey.[68]

Merita di essere qui ricordata anche un'altra intercessione cittadina, espressione di orgoglio municipalistico oltre che sintomatica delle rivalità campanilistiche esistenti tra le città più antiche del Regno di Napoli e la capitale. Nel 1588 il Consiglio d'Italia fu chiamato a esprimersi in merito alle informazioni che il viceré Juan de Zúñiga, conte di Miranda, aveva raccolto sulla persona di Vespasiano del Balzo, barone degli Schiavi, pretendente un abito militare. Il viceré informò che i del Balzo erano una delle famiglie nobili più antiche della città di Capua, titolari di feudi nel Regno, legati da antichi vincoli di fedeltà ai sovrani cattolici, e che Vespasiano, in virtù del suo lignaggio, era meritevole della *merced* cui aspirava. Il Consiglio, come quasi sempre accadeva, si conformò al parere favorevole del viceré, mentre Filippo II preferì rimandare la decisione.[69] Passarono quattro anni e la richiesta di Vespasiano continuò a rimanere disattesa. Il 3 febbraio 1592, il Consiglio d'Italia tornò sulla questione: questa volta alla nuova istanza di Vespasiano si aggiunse un documento del governo cittadino a sostegno di uno dei suoi "figli", una rarità tra le carte esaminate, poiché si sospettava che la non decisione del sovrano fosse dovuta al fatto che Vespasiano fosse «Cavallero Capuano, y no Napolitano». L'orgoglio della città venne dunque espresso in maniera chiara nelle parole del memoriale, quando si giudicò opportuno ricordare a Filippo II

> que la Ciudad de Capua no deve nada a la de Napoles en antiguedad, Nobleza, ni riqueza en su tanto, ni en fidelidad a ninguna de la Corona Real de V.M. y que antes ha servido y sirve a V.M. en todas occasiones mas que Napoles sin que hasta agora se aya V.M. servido de honrar con habito a ninguno de sus cavalleros, y que [...] la familia del Balzo [es] una de las mas principales

67. Michele Cavaniglia fu ambasciatore della città di Napoli a Madrid dal 1659 al 1661. Sulle ambasciate a corte della città di Napoli cfr. I. Mauro, *«Mirando le difficoltà di ristorare le rovine del nostro honore». La nobiltà napoletana e le ambasciate della città di Napoli a Madrid*, in «Dimensioni e problemi della ricerca storica», 1 (2014), pp. 25-50.

68. AGS, *Estado*, Leg. 3283, 144, consulta del 12 ottobre 1660. Copia dei memoriali inviati dalla città a Madrid per chiedere di ricompensare i servizi di Calamaza e de Rosales sono, rispettivamente, ivi, 147 e 148.

69. AGS, SSP, *Nápoles*, Leg. 219, consulta dell'8 aprile 1588.

del Reyno y quiza la mas por haver sido della los mas grandes y ricos señores que el ha havido.[70]

Lo smacco di non aver ancora alcun cavaliere insignito di un abito militare era troppo grande perché, all'ennesima riserva del sovrano su uno dei suoi esponenti di spicco, la città di Capua non intervenisse direttamente «tomando esta pretension por propria». Nonostante il nuovo giudizio favorevole del Consiglio, tuttavia, Filippo II ordinò di scrivere nuovamente al viceré di Napoli per raccogliere ulteriori informazioni. Non risulta che Vespasiano, nonostante l'*endorsement* e il memoriale della sua città d'origine, sia comunque riuscito a ottenere l'agognato abito militare.

4. *«No se dan los habitos, si no por consideracion de servicios»*

La lettura delle consulte del Consiglio d'Italia sulle richieste d'abito provenienti dalla penisola mostra come sovrani e organi di governo spagnoli posero sempre particolare attenzione nell'analizzare le domande inviate loro per evitare di svalutare questa particolare tipologia di *merced*, e ciò anche quando la prodigalità dei re cattolici, nel terzo e quarto decennio del Seicento, fu di gran lunga superiore ai decenni precedenti e successivi.[71]

Prestare un servizio alla *Monarquía*, di qualunque tipo fosse, era essenziale per ottenere una grazia regia e, almeno fino agli inizi del XVII secolo, la strada percorsa da Madrid fu quella di giudicare i servizi militari i più idonei a essere premiati con una croce cavalleresca. Specialmente per quanto riguarda l'Ordine di Santiago, essi erano imprescindibili: «fu il suo instituto per la Guerra, non per la Pace – affermava Saavedra Fajardo – e così solo dovevano ripartirsi [gli abiti di Santiago] fra quelli che si rendessero segnalati in quella, [...] con il che più s'applicherebbe la Nobiltà all'essercitio militare, e fiorirebbero più le arti della Guerra».[72] Concedere abiti in assenza di meriti personali di natura militare, d'altra parte, avrebbe svilito la stessa onorificenza, svuotandola del suo originario significato: «devesi procurar molto di conservare la stima di tali premij, distribuendoli

70. Ivi, consulta del 3 febbraio 1592.

71. «La monarquia – scrive Elena Postigo – intento siempre mantener un equilibrio entre la necesidad de compensar a sus servidores y el interes para preservar el prestigio de las Ordenes». Postigo Castellanos, *Honor y privilegio*, p. 119.

72. Saavedra Fajardo, *L'idea di un prencipe politico*, p. 84.

con grande attentione alli meriti, perché in tanto s'appreciano, in quanto sono marche della Nobiltà, e del valore, e se li daranno senza distinzione, saranno vilipesi».[73]

Si consideri, a tal proposito, la risposta del Consiglio d'Italia alla richiesta di un abito avanzata nel 1584 dal napoletano Troiano Capece Bozzuto, dottore in legge,[74] esplicitamente negata perché il pretendente è «letrado, no de espada y capa y cosa nueva darse a los tales el habito en aquel Reyno»; parere che trovò d'accordo il sovrano, per il quale «no es bien darsele».[75] Ancora nel 1590 alla domanda del bolognese Achille Ghislieri di un abito, supportata da raccomandazioni di alto livello provenienti dal mondo ecclesiastico, il re rispose che il candidato avrebbe dovuto desistere dal perpetuare tale richiesta e che piuttosto gli si scrivesse per fargli intendere «que no se dan los habitos, si no por consideracion de servicios».[76] Ma non sembra che tale condotta mutò nei decenni successivi, come dimostra, ad esempio, l'analogo parere espresso dal Consiglio d'Italia al memoriale inviato da Giovan Vincenzo Sanfelice, il 13 ottobre 1644.[77] O si veda come le opinioni di Consiglio e sovrano si uniformassero nel giudicare, almeno in prima battuta, non meritevole dell'abito il dottor Donato Coppola, giudice della Vicaria e segretario del Regno di Napoli.[78]

Sebbene nella pratica non sempre si conseguì il fine prefissato, anche per via di complicate congiunture politico-militari che resero necessario

73. Ivi, pp. 83-84.

74. N. Toppi, *Biblioteca napoletana, et apparato a gli huomini illustri in lettere di Napoli, e del Regno. Delle famiglie, terre, città, e religioni che sono nello stesso regno. Dalle loro origini, per tutto l'anno 1678*, Napoli, Antonio Bulifon, 1678, p. 303.

75. AGS, SSP, *Nápoles*, Leg. 219, consulta dell'8 novembre 1584. Alcuni anni dopo Troiano Capece Bozzuto intraprese la vita religiosa entrando nel convento dei frati gerolamini di Napoli e ottenendo in seguito, nel 1607, la sede vescovile di Capri, dove morì nel 1625. Cfr. C. De Lellis, *Discorsi delle famiglie nobili del Regno di Napoli*, 3 voll., Napoli, Honofrio Savio, 1654, I, p. 299.

76. AGS, SSP, *Nápoles*, Leg. 219, consulta del 3 agosto 1590.

77. Sanfelice, cavaliere del seggio di Montagna, serviva sin dal 1629 e si era distinto in quegli anni – sottolineava il Consiglio d'Italia – soprattutto in occasione dei donativi concessi alla corona nei parlamenti del Regno. Proprio l'assenza, nel memoriale del pretendente, di servizi militari spinse probabilmente i reggenti a ritenere sufficiente la sola concessione del titolo di marchese sulla terra di Acquavella, nel salernitano, ignorando quella della *merced de habito*. Ivi, *Nápoles*, Leg. 21, consulta del 13 ottobre 1644.

78. Ivi, consulta del 6 luglio 1645. Solo a seguito di nuove istanze da parte di Coppola, l'anno successivo gli venne concesso l'abito di Alcántara. AHN, OM, *Alcántara*, Exp. 13728.

alla Corona un più ampio ricorso al sistema degli onori, i tentativi di tutelare la natura cavalleresca-marziale degli Ordini non vennero meno neanche nei periodi di maggiori concessioni. L'11 ottobre 1628 il Consiglio d'Italia discusse alcuni punti contenuti in due decreti reali, uno del 5 febbraio 1625 e l'altro del 17 giugno 1628, relativi alla condotta da tenere nelle consulte per il conferimento di premi di servizio. Il decreto del 1625 era stato categorico nell'ordinare ai reggenti che «no se consulten havitos a quien no tuviere servicios personales». L'organo madrileno, tuttavia, ricordando al sovrano di aver sempre agito in questo modo,[79] suggerì di dispensare da tale ordine i figli di ministri e militari in servizio, incontrando il parziale consenso del re ad ammettere tale eccezione, sebbene solo in presenza di prestazioni non ancora ricompensate.[80]

Nelle fasi più delicate del XVII secolo, quando il bisogno di uomini e di risorse divenne ancor più urgente per gli Asburgo, impegnati su più fronti in Europa, la concessione di una *merced*, specialmente quella di un abito cavalleresco, poteva essere vincolata ancor più strettamente all'espletamento di specifici servizi militari – sia che fossero svolti in prima persona sia che si esplicitassero in maniera indiretta, arruolando uomini a proprie spese da inviare sui fronti di guerra. Anni di servizio già prestato dunque potevano essere ritenuti insufficienti per meritare l'agognata onorificenza, per la quale si richiedeva un impegno ulteriore che in seguito avrebbe potuto giustificarne la concessione. Alla fine degli anni Venti del Seicento, Michele Pontecorvo richiese un abito cavalleresco per i servizi prestati alla Corona nella sua quasi ventennale carriera militare svolta dapprima in Spagna, durante le fasi dell'espulsione dei *moriscos* (1609), quindi a corte come «maestre de tornear» di Filippo III dal 1615 al 1623, quando mise in piedi una sua compagnia con la quale servì l'armata regia per i successivi sei anni, distinguendosi, in particolare, nel corso della *jornada de Brasil* e nella riconquista di Salvador de Bahia della primavera 1625, caduta in mano olandese nel maggio dell'anno precedente.[81] Nonostante i numero-

79. «Este consejo ha tenido siempre particular consideracion de no consultar havitos sino a personas en quien concurren meritos sufficientes y por lo general se ha atendido a que tengan servicios personales (como se harà)». AGS, SSP, *Nápoles*, Leg. 15, consulta dell'11 ottobre 1628.

80. *Ibidem*.

81. Ivi, consulta del 13 giugno 1629. Sulla spedizione spagnola in Brasile del 1625 e sulla partecipazione napoletana alla campagna militare cfr. J.M. Blanco Núñez, *La Recuperación del Salvador de Bahía de Todos los Santos (1625)*, in *Guerra y sociedad en la*

si meriti acquisiti sul campo di battaglia, il Consiglio suggerì di rinviare la concessione dell'abito all'adempimento del nuovo incarico di sergente maggiore che gli era stato affidato dal viceré di Napoli, duca d'Alba.[82] Peraltro, i reggenti ricordarono al sovrano di aver rinviato l'anno precedente una richiesta simile avanzata da Carlo d'Azzia, il quale aveva servito la Corona sin dal 1622, partecipando anch'egli alla campagna in Brasile.

Nonostante la progressiva demilitarizzazione degli Ordini verificatasi nel corso dell'Età moderna, si continuò pertanto a dar maggior peso ai servizi di natura militare e, solo in misura minore, a quelli in ambito politico, amministrativo o giudiziario. In Sicilia, ad esempio, più facilmente che negli altri *reinos* italiani, furono ricompensati con l'ingresso in uno dei tre Ordini castigliani coloro che avevano dimostrato il proprio zelo in occasione dei donativi concessi nel parlamento del Regno, pur legati, spesso, a finanziamenti di natura militare, quali il rifornimento degli eserciti, il mantenimento delle truppe o il rafforzamento delle fortificazioni isolane. Ciò, al contrario, è meno evidente a Napoli. Il 9 marzo 1634 il Consiglio d'Italia giudicò pregiudizievole la facoltà chiesta dal viceré conte di Monterey di poter concedere onorificenze regie, tra i quali abiti militari e collari del Toson d'oro, ai baroni distintisi per il loro impegno a sostegno della Corona nei parlamenti del Regno. Concedere tale facoltà avrebbe potuto dare il la a un pericoloso circolo vizioso, col rischio che diventasse un privilegio

monarquía hispánica, I, pp. 981-1006; G.B. De Cesare, *Eroici napoletani a Pernambuco (1625-41) e nel "genio" apologetico del Filamondo*, in *Le caravelle portoghesi sulla via delle Indie*, a cura di P. Ceccucci, Roma, Bulzoni, 1993, pp. 57-63; V. Di Pace, *Napoletani in Brasile nella guerra di liberazione dall'invasione olandese*, 1625-1640, Napoli, Fiorentino, 1991; G. Doria, *I soldati napoletani nelle guerre del Brasile contro gli Olandesi (1625-1641)*, in ASPN, LVII (1932), pp. 224-250.

82. Simile decisione era già stata presa nel maggio 1628, ma Pontecorvo aveva ritardato l'inizio del nuovo incarico in attesa, probabilmente, di ricevere l'onorificenza. Il Consiglio fu però irremovibile, «no siendo justo que por sus particulares pretensiones, se retarde el servicio de Vuestra Magestad», d'accordo con il sovrano – «vaya a servir y quedo con cuydado de su persona». Michele Pontecorvo non risulta abbia mai vestito l'abito militare. Simili, ma dall'esito differente, sono le vicende del capitano Francesco Filangeri e Gennaro de Ponte. Il primo, fratello del capitano Annibale, richiese un abito nel 1623, ma il suo conferimento fu rinviato e vincolato a nuovi servizi militari. AGS, SSP, *Nápoles*, Leg. 14, consulta del 31 luglio 1623. Filangeri ottenne la *merced de habito* di Calatrava nel dicembre 1625. BNE, ms. 2447, c. 64r. Per il secondo, figlio del reggente Marco Antonio de Ponte, la concessione dell'abito fu legata allo svolgimento di un servizio militare nelle Fiandre, poi revocatogli per problemi di salute nel settembre 1640. AGS, SSP, *Nápoles*, Leg. 19, consulta del 27 settembre 1640.

ben presto preteso anche nel Regno di Sicilia e che avrebbe potuto portare quelle stesse *mercedes* a perdere «la estimacion en que aora estan».[83] Già nei mesi precedenti Monterey aveva ricevuto da Madrid la facoltà di poter concedere a sua discrezione sei abiti militari nel Napoletano sotto condizione che non fossero a ricompensa di servizi prestati nei parlamenti, ma appunto solo per meriti legati ad attività militari.[84]

Questa espressa linea perseguita da *Consejos* e sovrano fu ancor più evidente nei momenti di maggior sforzo bellico, tra gli anni Trenta e Quaranta del Seicento, quando si fece urgente il bisogno di risorse da destinare ai conflitti scoppiati per la rivolta in Catalogna, la ribellione indipendentista in Portogallo e contro la Francia nella fase finale della Guerra dei Trent'anni. Per circoscrivere in tal senso le concessioni di abiti militari in Italia, il primo novembre del 1641 il sovrano ordinò al Consiglio d'Italia di analizzare le richieste d'abito provenienti dalla penisola esclusivamente di coloro che avevano prestato servizio sui fronti di guerra aperti in Europa a quel tempo o avevano fornito reggimenti arruolati e sostenuti a proprie spese, fatta eccezione per le istanze presentate dai fratelli o dai figli di quei militari che avevano perso la vita sui campi di battaglia.[85]

Proprio nelle fasi di maggiore difficoltà, dunque, il ricorso agli abiti militari fu un formidabile strumento per comprare fedeltà o reclutare uomini. Madrid però aveva bisogno non solo di risorse umane, ma anche economiche e ciò spiega come, nonostante i tentativi descritti di vincolare i conferimenti di croci cavalleresche a servizi militari, a partire dalla fine degli anni Venti del XVII secolo e fino al tramonto del *valimiento* di Olivares, si potesse ottenere una *merced de habito* anche dietro pagamento. Elena Postigo Castellanos data la prima vendita esplicita conosciuta al 1628, a favore proprio di un italiano, il genovese Corrado Spinola. La stessa autrice sostiene che non ve ne furono dopo la caduta del conte-duca, sebbene ciò non significasse che tali fenomeni di venalità non si verificarono più negli anni successivi.[86] È un fatto, ad ogni modo, che le necessità economiche della Monarchia nel terzo e quarto decennio del Seicento spinsero Filippo IV a mettere in vendita anche gli abiti militari, benché in maniera

83. Ivi, *Nápoles*, Leg. 17, consulta del 9 aprile 1634.

84. «Se le advirtiesse al Conde que en el informe que hiziesse destos habitos no attendiesse a servicios hechos en los parlamentos [...] sino a los servicios particulares que huviessen hecho en socorros, levas y otras cosas». *Ibidem.*

85. Ivi, *Nápoles*, Leg. 122, decreto del 1 novembre 1641.

86. Postigo Castellanos, *Honor y privilegio*, pp. 119-125.

occulta poiché si considerava tale mercato, data la natura anche religiosa di queste istituzioni, moralmente deplorevole.[87] Mascherare l'acquisto come ricompensa dell'impegno economico sostenuto per il reclutamento di uomini da inviare sul fronte di guerra appariva, al contrario, meno deprecabile: la *merced de habito* concessa a Geronimo Provenzale nel 1641 su raccomandazione del granduca di Toscana e menzionata nelle pagine precedenti, ad esempio, fu ottenuta dietro pagamento di 6.000 ducati destinati al mantenimento di un centinaio di uomini in Catalogna per un anno.[88] Risulta, a tal proposito, significativo un memoriale della metà del Seicento di Rodrigo Díaz de Vivar y Mendoza, duca dell'Infantado, ambasciatore spagnolo a Roma, con il quale si chiese al papa di concedere segretamente licenza al sovrano di vendere proprio con queste modalità gli abiti militari castigliani:

> trovandosi la detta Maestà con le obligationi che sono notorie d'accudire alla difesa de suoi Regni e Stati, e che il suo Real Patrimonio al presente si ritrova assai imbarazato per la continuatione delle guerre, ha messo gl'occhi in un arbitrio che viene ad esser il meno gravoso per li suoi sudditi, per poter rimediare a queste necessità, il quale sarà dando alcuni habiti delli tre Ordini militari di Spagna a persone ne' quali concorrino le qualità necessarie, e queste doverano contribuire alla Maestà sua con la quantità che sarà giudicato proporcionata per soccorrere in qualche parte le dette necessità. Et havendo fatto consultare questa matheria da molti e gravi theologi, sono stati alcuni di parere che potrebbe ciò fare sua Maestà senza alcun scrupolo, senza intervenirvi dispensatione di Vostra Santità. Con tutto ciò essendo stati altri di contrario parere ha voluto sua Maestà seguire il più sicuro per la sua conscienza, supplicando Vostra Santità resti servita fargli gratia di concedergli questa di-

87. D.M. Giménez Carrillo, *La venta de hábitos de las Órdenes Militares en el siglo XVII. Entre la ocultación y el delito de simonía*, in *El poder del dinero: ventas de cargos y honores en el Antiguo Régimen*, a cura di F. Andújar Castillo, M. Felices de la Fuente, Madrid, Biblioteca Nueva, 2011, pp. 301-313.

88. Postigo Castellanos, *Honor y privilegio*, p. 123. Un altro esempio è quello dell'abito di Santiago chiesto dal siciliano Bernardo Amato nel 1637 per lo zelo dimostrato in occasione dei donativi concessi nei parlamenti del Regno e per i meriti dei suoi antenati. Ma in cambio della *merced* Bernardo offrì anche al sovrano, «para ayuda a los gastos de las guerras presentes», l'arruolamento e il mantenimento di ventisei soldati per un anno «a raçon de sesenta ducados en plata por cada soldado». AHN, OM, Leg. 205^1/81. Amato ottenne l'abito di Santiago nel 1638. Ivi, *Santiago*, Exp. 391. Ad ogni modo, resta difficile ricostruire con precisione il fenomeno della venalità degli abiti militari spagnoli; tale mercato restò sempre occulto, mai registrato in alcun libro della tesoreria regia. Cfr. Giménez Carrillo, *Los caballeros de las órdenes militares*, pp. 112-113.

spensacione, che sarà alla detta Maestà di stima infinita e che il dispaccio sij per via secreta acciò non sij publico il detto negotio.[89]

Al di là della maggiore importanza dei meriti militari, i memoriali discussi nel Consiglio d'Italia presentano comunque una eterogeneità di servizi per i quali ci si presentava al cospetto del sovrano desiderando entrare in uno degli Ordini castigliani. D'altra parte, gli uomini di governo spagnoli insistettero per tutto il Seicento sulla necessità e sui vantaggi di premiare le élite italiane con titoli e onori che non gravassero sulle casse dello stato, ma di ricorrere a risorse "a costo zero", come feudi, titoli e croci cavalleresche. Si consideri, ad esempio, quanto espresso dai reggenti del Consiglio d'Italia nell'inverno 1626 valutando la domanda di un abito giunta da Ippolito Revertera, duca di Salandra, quando sottolinearono l'importanza di «tener grata la nobleza con semejantes mercedes»;[90] o quanto scrisse il conte di Monterey in merito alla richiesta di un abito e di altri titoli avanzata alla metà del Seicento da Ippolito di Costanzo e rinviata dal sovrano,[91] quando rilevò la necessità di assegnare croci cavalleresche ai napoletani meritevoli; *mercedes* che, a suo avviso, godevano ancora di poca considerazione nella penisola italiana.[92]

Pertanto, nonostante la più o meno reiterata volontà regia di vincolare questo genere di ricompensa all'impegno profuso sui campi di battaglia, si ricorse, seppur meno frequentemente, all'abito militare anche per premiare servizi di natura differente. La carica di reggente del Consiglio d'Italia forniva, ad esempio, un'ottima possibilità di sfruttare a proprio favore, o a favore della propria famiglia, la prestigiosa posizione raggiunta. Ottennero un abito militare per sé stessi o per i propri figli o nipoti i reggenti napoletani Marcello Pignone, Giovanni Francesco de Ponte, Fulvio di Costanzo, Carlo Tapia, Ferrante Brancia, Fabio Capece Galeota e Antonio Capobianco;[93] i siciliani

89. AHNob, *Osuna*, C. 12, D. 4. Nella bozza preparatoria del memoriale si fa riferimento a duecento abiti militari, cifra non menzionata nel documento finale.

90. AGS, SSP, *Nápoles*, Leg. 14, consulta del 23 novembre 1626. Ippolito ottenne la *merced* dell'abito di Calatrava nel gennaio 1628. BNE, ms. 2447, c. 76v; AHN, OM, *Calatrava*, Exp. 2162.

91. AGS, SSP, *Nápoles*, Leg. 21, consulta del 28 gennaio 1645.

92. Ivi, il conte di Monterey a Filippo IV (Madrid, 2 febbraio 1645). Di Costanzo otterrà qualche mese dopo la *merced* dell'abito di Alcántara. AHN, OM, *Alcántara*, Exp. 386.

93. Pignone, marchese di Oriolo, ottenne l'abito di Santiago nel 1563. Ivi, *Santiago*, Exp. 6461. Vano fu invece il tentativo del figlio Arimanno, nel 1588, di sfruttare i servizi paterni per fregiarsi anch'egli di una croce cavalleresca. AGS, SSP, *Nápoles*, Leg. 6, con-

Giovanni Battista Celeste, Pietro Carlo Aragona Tagliavia, Pietro Corsetto, Giuseppe di Napoli, Pietro di Gregorio, Orazio della Torre Amato, Diego Ioppolo, Vincenzo Denti e Giovanni Sammartino di Ramondetto;[94] i milanesi Girolamo Caimo, Pietro Francesco Corio e Bartolomeo Arese.[95] Anche servire a corte come paggi del re,[96] ad esempio, o cavallerizzi della regina poteva spianare la strada al conseguimento di una croce cavalleresca. Nelle tipologie di servizio appena menzionate era la vicinanza al monarca, *fons honorum*, a facilitare il conseguimento di questa come di altre grazie regie; fatto ben noto ai contemporanei e criticato, ad esempio, da Diego Saavedra Fajardo il quale, al contrario, suggeriva che «il più discosto dal suo Stato, già che manca della sua presenza, goda de suoi favori». Lo scrittore spagnolo doveva, ammettere, tuttavia, che «questa considerazione muove rare volte li Prencipi. [...] Quelli servigi sono stimati [...] che si vedono, non quelli che si odono, poiché più si lasciano lusingare gl'occhi, che l'orecchie».[97]

sulta del 16 marzo 1588. Giovanni Francesco de Ponte chiese e ottenne l'abito di Santiago per il figlio Orazio (AHN, OM, *Santiago*, Exp. 479), così come Fulvio di Costanzo quello di Calatrava per il figlio Francesco (ivi, *Calatrava*, Exp. 678) e Carlo Tapia la croce di Santiago, nel 1616, per il figlio, anch'egli chiamato Francesco. Ivi, *Santiago*, Exp. 7982. Ferrante Brancia ottenne l'abito di Calatrava per sé stesso nel 1634. Ivi, *Calatrava*, Exp. 338. Fabio Capece Galeota per il figlio Giacomo, nel 1644. Ivi, *Santiago*, Exp. 1500. Antonio Capobianco conseguì la croce di Santiago per il nipote Domenico nel 1667. Ivi, *Santiago*, Exp. 1506; ivi, Lib. 1055C, p. 3.

94. Giovanni Battista Celeste chiese un abito per il figlio Pietro nel 1599 (ivi, Leg. 205²/59) che lo ottenne però solo nel 1614. Ivi, *Santiago*, Exp. 1855. Pietro Carlo Aragona Tagliavia conseguì l'abito di Santiago per il figlio Diego nel 1619. Ivi, *Santiago*, Exp. 493; Pietro Corsetto per il figlio Ottavio, sempre di Santiago, nel 1625. Ivi, *Santiago*, Exp. 2165; Giuseppe di Napoli l'abito di Calatrava per il nipote Pietro, che fu anche *menino* della regina, nel 1643. Ivi, *Calatrava*, Exp. 1768; Pietro di Gregorio e Orazio della Torre ricevettero per sé stessi l'abito di Santiago, il primo, nel 1649 (ivi, *Santiago*, Exp. 3617) e di Alcántara, il secondo, nel 1670. Ivi, *Alcántara*, Exp. 1501. Diego Ioppolo ottenne per il nipote omonimo la croce di Santiago, nel 1671 (ivi, *Santiago*, Exp. 9043; ivi, Lib. 1889C, c. 56v) così come Vincenzo Denti per il nipote Lucio, nel 1677. Ivi, *Santiago*, Exp. 2432; Sammartino conseguì invece la croce di Santiago per il figlio Vincenzo, nel 1685. Ivi, *Santiago*, Exp. 6859. Cfr. D. Ligresti, *Sicilia aperta (secoli XVI-XVII). Mobilità di uomini e idee*, Palermo, Associazione Mediterranea, 2006, in particolare pp. 161-177.

95. Girolamo Caimo ottenne l'abito di Santiago per il nipote Agostino, nel 1617. AHN, OM, *Santiago*, Exp. 1379. Corio gli abiti di Alcántara e Calatrava rispettivamente per i figli Carlo e Francesco. Ivi, *Alcántara*, Exp. 380; *Calatrava*, Exp. 651. Arese quello di Calatrava per il figlio Giulio, nel 1654. Ivi, *Calatrava*, Exp. 155.

96. Franganillo Álvarez, Álvarez García, *Movilidad e integración de las élites italianas*.

97. Saavedra Fajardo, *L'idea di un prencipe politico*, pp. 83-86.

La realtà siciliana mostra alcune differenze sostanziali rispetto a Milano o Napoli. Dall'isola, infatti, giunsero a Madrid pochi memoriali che annoveravano spedizioni o campagne militari svolte sui vari fronti di guerra aperti in Europa. Nel 1601, alcune settimane prima di morire, il viceré di Sicilia, Bernardino de Cárdenas y Portugal,[98] relazionò sui servizi di Antonio del Bosco, fratello del conte di Vicari, giudicandolo meritevole dell'abito e aggiungendo una significativa riflessione nella quale lamentò di aver trovato nell'isola croci cavalleresche sul petto di uomini che «no son de tanta calidad» e raramente o per nulla legate a meriti guadagnati sui campi di battaglia fuori dal Regno. Egli, in sostanza, in virtù dell'alto valore degli abiti militari, raccomandava di limitare le concessioni ai soli titolati e a coloro che avessero servito fuori dall'isola in campagne militari.[99]

Il primo di questi suggerimenti sembrò essere accolto dal sovrano tanto che il Consiglio d'Italia, agli inizi del Seicento, dovette invitare Filippo III a concedere più abiti cavallereschi nella penisola e in particolare in Sicilia, per il vantaggio politico-sociale che questo avrebbe comportato. In una delle consulte relative alla richiesta di un abito avanzata da Guglielmo Grifeo, barone di Partanna, i reggenti esortarono esplicitamente il sovrano a «estender mas su real mano en honrar con estos havitos a Cavalleros de semejante calidad en Italia».[100] La richiesta di Grifeo fu comunque rinviata, nonostante il parere positivo sia del viceré duca di Feria, nel 1606,[101] sia del suo successore, il duca di Escalona, nel 1608 e, in entrambi i casi, del Consiglio d'Italia; non risulta, tuttavia, che l'istanza del barone siciliano fu in seguito soddisfatta: Guglielmo dovette "accontentarsi", circa due decenni dopo, del titolo di principe concesso sulla terra di Partanna da Filippo IV nel 1627.[102]

Né quello di Grifeo è un caso isolato. Sempre nel 1608, la richiesta di un abito militare avanzata, sin dal 1602, da Luigi Mastroantonio, capitano e maestro portolano di Palermo, venne nuovamente rinviata da Filippo III.[103] Luigi riuscì, tuttavia, a ottenere l'abito di Santiago, seppur nel 1618, ben sedici anni dopo il primo memoriale inviato a Madrid.[104] Non stupisce, in

98. Cfr. M. Rivero Rodríguez, *Bernardino de Cárdenas*, in DBe, *ad vocem*.

99. AGS, SSP, *Sicilia*, Leg. 989, consulta del 17 ottobre 1601.

100. Ivi, *Sicilia*, Leg. 991, consulta del 20 maggio 1608.

101. Ivi, consulta del 23 settembre 1606.

102. F.M. Emanuele e Gaetani, *Della Sicilia nobile*, Palermo, Pietro Bentivenga, 1754, I, pp. 78-79.

103. AGS, SSP, *Sicilia*, Leg. 991, consulta del 29 gennaio 1608.

104. AHN, OM, *Santiago*, Exp. 4753.

virtù di quanto detto, che meno problematica risultasse la concessione della croce di Santiago a Baldassarre Naselli d'Aragona, conte di Comiso, nel 1606, sebbene anche in questo caso la prima richiesta risalisse al 1601.[105] Giovò certamente al pretendente la stretta parentela con il duca di Terranova, ma anche il suo titolo di conte. Nello stesso 1606, ad esempio, l'abito richiesto dal marchese della Limina, Pietro Balsamo, venne concesso dal sovrano senza dilazioni o difficoltà.[106] L'essere titolato, in sostanza, pur in assenza di specifici meriti personali, poteva rivelarsi sufficiente, almeno in Sicilia, per ottenere l'agognata *merced*. Così come, al contrario, il solo svolgimento delle proprie mansioni nell'ambito di un ufficio poteva non bastare per ottenere un abito se la propria famiglia non apparteneva all'élite nobiliare.

Meno seguita fu, al contrario, la proposta di de Cárdenas di premiare con una croce cavalleresca perlopiù coloro che avessero prestato servizio militare fuori dalla Sicilia. Nei decenni successivi, infatti, si continuarono a premiare non tanto servizi militari extra isolani, quanto quelli prestati in uffici governativo-giudiziari o legati a cariche militari e organi di governo locali, come gli *strategoti* di Messina o i pretori e i giurati del senato di Palermo.[107] Cariche che, al contrario, a Milano o a Napoli, sembrano non garantire, da sole, l'ottenimento della *merced*. Basti pensare, nel Ducato lombardo, a Paolo Camillo Marliani, primo conte di Busto Arsizio, unico figlio di Pietro Antonio, i cui servizi del padre come senatore e magistrato ordinario della città di Milano non bastarono a fargli ottenere la croce cavalleresca;[108] a Filippo Pirovano, magistrato ordinario di Milano, che nel 1599 chiese, senza successo, un abito per il figlio Antonio;[109] o all'altrettanto infruttuoso tentativo di Cesare Brivio, questore del magistrato ordinario di Milano, di ottenere un abito per il primogenito Francesco, nonostante i servizi presentati, in questo caso anche di natura militare.[110] Così come nel Napoletano rinviata e senza esito fu, ad esempio, la richiesta d'abito avanzata da Giacomo Arcamone nel 1635 sulla base dei servizi dello zio Giacomo Saluzzo,[111] che era stato per molti anni avvocato fiscale e pre-

105. AGS, SSP, *Sicilia*, Leg. 991, consulta del 31 gennaio 1606.

106. Ivi, consulta del 21 ottobre 1606.

107. Cfr. G. Macrì, *La "nobiltà" senatoria a Palermo tra Cinque e Seicento*, in «Mediterranea-Ricerche Storiche», 1 (2005), pp. 75-98.

108. AHN, OM, Leg. 205^2/59.

109. *Ibidem*.

110. AGS, SSP, *Milán*, Leg. 1803, 390, consulta del 15 dicembre 1631.

111. Ivi, *Nápoles*, Leg. 18, consulta del 21 aprile 1636.

sidente della Regia Camera della Sommaria, dal 1607 al 1618.[112] A nulla valsero le intercessioni del conte di Monterey presso il cognato, il conte duca di Olivares,[113] e la sorella Inés.[114] Nel Ducato lombardo e nel Regno di Napoli, infatti, la tendenza, come spesso rimarcò il Consiglio d'Italia nella maggior parte delle sue risoluzioni, fu quella di premiare con una croce cavalleresca specifici servizi personali di natura perlopiù militare.

5. *Soldati del re, cavalieri d'abito*

Gli abiti castigliani furono tra le onorificenze maggiormente utilizzate dai sovrani cattolici per premiare meriti e servizi di coloro che si distinsero sugli svariati fronti bellici europei sotto le bandiere degli *Austrias*. Partecipare alle guerre del re significava non solo dar sfoggio della tradizionale attitudine alla milizia dell'aristocrazia, ma anche rafforzare il legame di fedeltà con la Monarchia cattolica e accedere alla sua dimensione transnazionale, là dove la nobiltà aspirava a entrare, occupando gli spazi più privilegiati e raggiungendo le onorificenze più esclusive.[115] Per tutta l'Età moderna la nobiltà dell'*Italia spagnola* visse in uno spazio marginale, risultato di una politica madrilena che la escluse dalle decisioni più importanti e che mirava a ridimensionarne lo spazio di manovra attraverso l'introduzione nei suoi ranghi di una nobiltà di recente ascesa, perlopiù proveniente dal mondo togato, sostenitrice della politica monarchica a tal punto da diventare perno indispensabile per il funzionamento della macchina statale.[116] La nobiltà, ridimensionata, cercò allora di inserirsi nei terreni lasciati aperti dalla Corona: alcuni dei suoi membri, esponenti di

112. G. Intorcia, *Magistrature del Regno di Napoli. Analisi prosopografica (secoli XVI-XVII)*, Napoli, Jovene, 1987, p. 229.

113. ASNa, *Segreteria dei viceré, Corrispondenza estera*, n. 1292, c. 39v, il conte di Monterey al conte duca di Olivares (Napoli, 17 marzo 1635).

114. Ivi, cc. 39v-40r, il conte di Monterey a Inés de Zúñiga y Velasco (Napoli, 17 marzo 1635).

115. M.A. Noto, *Élites transnazionali. Gli Acquaviva di Caserta nell'Europa asburgica (secoli XVI-XVII)*, Milano, FrancoAngeli, 2018, p. 17-18.

116. Cfr. anche P.L. Rovito, *Il viceregno spagnolo di Napoli. Ordinamento, istituzioni, culture di governo*, Napoli, Arte tipografica, 2003; R. Ajello, *Una società anomala. Il programma e la sconfitta della nobiltà napoletana in due memoriali cinquecenteschi*, Napoli, Jovene, 1996; G. Galasso, *Napoli spagnola dopo Masaniello: politica, cultura, società*, Firenze, Sansoni, 1982.

grandi casati, ricoprirono anche ruoli di rilievo fuori dai propri territori, come viceré o governatori.[117]

La strada maggiormente battuta, la via migliore per inserirsi nella macchina imperiale spagnola fu, ad ogni modo, l'esercizio delle armi. Il servizio militare schiudeva interessanti prospettive di carriera e, allo stesso tempo, favoriva le fortune del proprio casato, dando la possibilità a sé stessi e ai propri parenti di poter aspirare a posizioni rilevanti non solo nei ranghi dell'esercito, ma anche in consigli, in tribunali regi, a corte.[118] Il favore reale, manifestato attraverso l'attribuzione di privilegi, onori e titoli, interessava, infatti, anche gli altri membri della famiglia come ricompensa dei servizi resi dal proprio parente; una politica che, tra Cinque e Seicento, Madrid perseguì sistematicamente per ottenere le risorse umane e materiali necessarie a sostenere i vari fronti aperti in Europa.[119] Modellate su quelle sociali, le gerarchie militari erano occupate ai posti di comando da nobili che, per il proprio carisma e la propria reputazione, garantivano la coesione e il rispetto degli uomini che guidavano, secondo un'analogia tra nobiltà e capacità che trovava largo spazio nella trattatistica nobiliare cinque-seicentesca.[120]

Tra i numerosi uomini d'arme italiani impegnati sui principali campi di battaglia europei del XVII secolo,[121] molti furono coloro che ottennero una croce cavalleresca, in particolare quella di Santiago, la più ambita dai

117. Si pensi a Ettore Pignatelli (1603-1610) e Francesco Tuttavilla (1673-1675), viceré di Catalogna rispettivamente dal 1603 al 1610 e dal 1673 al 1675; o a Geronimo Carafa, viceré di Aragona dal 1628 al 1631; o ancora a Luigi Guglielmo Moncada, viceré di Sardegna (1644-1649) e di Valencia (1652-1658). Cfr. Muto, *Napoli capitale e corte*, pp. 163-198.

118. Spesso, infatti, la carriera militare poteva intrecciarsi con quella politica. A Napoli, ad esempio, facilitava l'ingresso nel Consiglio Collaterale o l'affidamento di un governatorato di provincia. Si veda quanto espresso, alla metà del Seicento, dal Consiglio d'Italia a seguito della richiesta di alcune *mercedes* avanzate dal maestro di campo Cesare di Gaeta: «la pretension en que hoy mas insiste el suplicante es en la Plaça del Collateral, que es el mayor premio que puede un soldado recivir en aquel Reyno». AGS, SSP, *Nápoles*, Leg. 22, consulta del 18 marzo 1647.

119. Spagnoletti, *Principi italiani e Spagna*.

120. Id., *Onore e spirito nazionale*. Più in generale, per uno sguardo all'evoluzione degli eserciti e del modo di combattere in Età moderna, cfr. G. Brunelli, *La guerra in età moderna*, Roma-Bari, Laterza, 2021.

121. Mi limito a citare qui, per una riflessione generale, L.A. Ribot García, *Las provincias italianas y la defensa de la Monarquía*, in *Nel sistema imperiale. L'Italia spagnola*, pp. 67-92.

militari. Nelle Fiandre,[122] a Milano,[123] in Brasile,[124] in Germania durante la Guerra dei Trent'anni,[125] in Catalogna,[126] nelle critiche congiunture degli anni Quaranta-Cinquanta del Seicento a Napoli, in Sicilia, in Portogallo[127] e ancora in Catalogna, le occasioni per dar prova della fedeltà alla Corona non mancarono nel corso della presenza spagnola in Italia e fornirono l'occasione per chiedere che quella esibizione di servizio e lealtà fosse ricompensata con un'onorificenza regia.[128] L'incremento delle concessioni di abiti militari, in particolare di Santiago, verificatosi, come si è detto, soprattutto durante il regno di Filippo IV, è quanto mai sintomatico del contributo fornito agli *Austrias* dalla nobiltà italiana per fronteggiare il crescente sforzo bellico della Monarchia di quegli anni e rispecchia anche la politica promossa dal conte-duca di Olivares di rivitalizzare lo spirito guerriero dell'aristocrazia e dare slancio ai valori marziali.[129]

Gran parte dei memoriali esaminati contengono relazioni ricche di servizi militari prestati dal pretendente o da membri della propria famiglia. Gli abiti, infatti, furono certamente il segno distintivo dei soldati del re. Sono gli stessi pretendenti a richiederlo, di Santiago in particolare, «por

122. Spagnoletti, *Le dinastie italiane e la guerra nelle Fiandre*; D. Maffi, *Cacciatori di Gloria. La presenza degli italiani nell'esercito di Fiandre (1621-1700)*, in *Italiani al servizio straniero in età moderna*, pp. 73-104.

123. D. Maffi, *Il baluardo della corona. Guerra, esercito, finanze e società nella Lombardia seicentesca (1630-1660)*, Firenze, Le Monnier, 2007.

124. Cfr. i riferimenti alla n. 81 di p. 86.

125. G. Carignani, *Le truppe napoletane durante la guerra dei Trent'anni*, in «Rassegna Nazionale», X (1888), pp. 153-179.

126. A. Espino López, *Las tropas italianas en la defensa de Cataluña. 1665-1698*, in «Investigaciones Históricas», 18 (1998), pp. 51-74.

127. A.J. Rodríguez Hernández, *Al servicio del rey. Reclutamiento y transporte de soldados italianos a España para luchar en la Guerra contra Portugal (1640-1668)*, in *Tra Marte e Astrea. Giustizia e giurisdizione militare nell'Europa della prima età moderna (secc. XVI-XVIII)*, a cura di D. Maffi, Milano, FrancoAngeli, 2012, pp. 229-275.

128. D. Maffi, *Honor y servicio. Militares italianos en las órdenes militares castellanas en el siglo XVII*, in *Las noblezas de la monarquía de España*, pp. 565-590.

129. Fernández Izquierdo, *Los caballeros cruzados en el ejército de la monarquía hispánica*, pp. 39 e ss. Tale operazione non ebbe, tuttavia, gli esiti sperati. Cfr. E. Postigo Castellanos, *Notas para un fracaso. La convocatoria de las Órdenes Militares 1640-45*, in *Las Órdenes Militares en el Mediterráneo Occidental (siglos XII-XVIII)*, Madrid, Casa de Velázquez, 1989, p. 397-414. Sul conte duca di Olivares, J.H. Elliott, *Il miraggio dell'impero. Olivares e la Spagna dall'apogeo alla decadenza*, Roma, Salerno editrice, 1991.

ser mas de soldado»;[130] così come sovente i reggenti del Consiglio d'Italia rimarcarono nei loro pareri che la croce di san Giacomo fosse «premio proprio de soldados».[131] Non a caso, come si è avuto modo di dimostrare analizzando i dati relativi all'andamento cronologico delle concessioni tra Cinque e Seicento, i periodi in cui i sovrani ebbero la mano più larga nel concedere queste *mercedes* furono proprio quelli in cui le élite della penisola contribuirono maggiormente alle «guerre del re», quelli di maggior sforzo bellico della Corona spagnola.

Come si è accennato nel paragrafo precedente, un caso singolare è rappresentato dalle domande provenienti dalla Sicilia dove è molto più difficile incontrare relazioni di servizi di natura militare svolti fuori dall'isola. Tracce di impegni marziali riguardano perlopiù gli antenati di colui che presentava domanda di una croce cavalleresca. Il 17 ottobre 1601, ad esempio, il Consiglio d'Italia esaminò una richiesta d'abito di Giovanni Lanza, fratello del principe di Trabia. Nel suo memoriale non si faceva riferimento ad alcun servizio personale specifico, mentre il padre, e soprattutto il nonno, avevano partecipato alla repressione della rivolta di Squarcialupo del 1516-17,[132] e il fratello aveva servito come avventuriero in alcune campagne militari. Il re rinviò la questione, concedendo la *merced de habito* solo cinque anni dopo. Anche nella relazione su Lanza, il viceré de Cárdenas, pur approvando la concessione dell'abito, sottolineò la necessità di premiare con le croci cavalleresche i titolati che si erano distinti per specifici servizi.[133]

Ben più significativo, alla luce di quanto si è detto, è il memoriale di Pietro Valdina, marchese della Rocca, datato 1637. Otto anni prima, Filippo IV aveva ordinato al duca di Alburquerque, Francisco Fernández de la Cueva, viceré di Sicilia, di arruolare seimila uomini – o almeno la metà di questi – per formare un *tercio* di siciliani da inviare a combattere nel Ducato di Milano.[134] Valdina fu tra i pochissimi nobili che risposero all'appello regio

130. AGS, SSP, *Nápoles*, Leg. 14, consulta del 4 giugno 1623. È quanto scrive Tommaso Blanch chiedendo l'abito di Santiago per i suoi lunghi anni di servizio militare.

131. Ivi, *Nápoles*, Leg. 21, consulta del 6 ottobre 1644. È questo il giudizio del Consiglio d'Italia alla richiesta avanzata dal sergente maggiore Marco Antonio de Gennaro.

132. Cfr. R. Cancila, *Congiure e rivolte nella Sicilia del Cinquecento*, in «Mediterranea-Ricerche Storiche», 1 (2007), pp. 47-62; N. Bazzano, *Squarcialupo, Gianluca*, in DBI, vol. 93 (2018), *ad vocem*.

133. AGS, SSP, *Sicilia*, Leg. 989, consulta del 17 ottobre 1601.

134. Ivi, *Sicilia*, Leg. 1010, consulta del 23 giugno 1637.

«en tiempo que todos se escusaron». Nominato maestro di campo, lasciò la sua casa insieme ai figli Vincenzo e Carlo – il primo capitano, il secondo, già cavaliere di San Giovanni, soldato nella compagnia del padre – e si portò con il *tercio* a Milano dove diede prova del suo valore e della sua fedeltà alla *Monarquía*. Chi ottenne l'abito per i meriti militari maturati nel *Milanesado* fu il suo primogenito, Andrea Valdina il quale, nel 1623, aveva già presentato richiesta di un abito di Santiago per i servizi dei suoi antenati, più volte discussa in Consiglio d'Italia e puntualmente rinviata. Solo quando il padre servì in Lombardia – e dopo che era stato premiato con un abito anche il figlio del suo sergente maggiore, Simone Parisi, barone di Milocca[135] – Andrea poté ricevere l'ambita croce cavalleresca.[136]

La lealtà dimostrata in determinate congiunture di crisi poteva, inoltre, favorire il conseguimento di una *merced*: l'insurrezione antispagnola di Messina del 1674-78 fornì, a tal proposito, a diversi membri dell'aristocrazia siciliana la *chance* di poter rivendicare un abito militare per il loro diretto contributo alla repressione della rivolta.[137] Nel 1676, ad esempio, Pietro Morso, principe di Poggioreale, cavaliere di Santiago nel 1669,[138] presentò un memoriale a Madrid chiedendo un abito per il figlio primogenito, Giovan Francesco, in virtù dei servizi prestati proprio in occasione dei moti messinesi, quando con un *tercio* di vassalli arruolati a sue spese partecipò a diverse operazioni militari, tra le quali la difesa di Scaletta Zanclea, assediata dai francesi.[139] Anche la richiesta di un abito per uno dei suoi figli da parte del principe di Rosalini, Antonio Platamone, discussa nello stesso anno, fu avanzata sulla base del contributo da questi fornito in occasione della rivolta.[140] Allo stesso modo, l'abito di Alcántara ottenuto nel 1682 da Paolo Arduino Filangeri, principe di Palizzi, nel Regno di Na-

135. Marco Mancino Parisi, II marchese dell'Ogliastro, ricevette la *merced de habito* il 31 maggio 1631. BNE, ms. 2447, c. 85v.

136. AHN, OM, *Alcántara*, Exp. 1546. Sui Valdina, marchesi e poi principi della Rocca, cfr. Emanuele e Gaetani, *Della Sicilia nobile*, II, pp. 115-116; F. San Martino de Spucches, *La storia dei feudi e dei titoli nobiliari di Sicilia*, 10 voll., Palermo, Scuola Tip. «Boccone del Povero», 1927, V, pp. 400 e ss.

137. Sulla rivolta di Messina cfr. Barbagallo, *La guerra di Messina*; L.A. Ribot García, *La revuelta antiespañola de Mesina. Causas y antecedentes (1591-1674)*, Valladolid, Universidad de Valladolid, 1982; Id., *La Monarquía de España y la guerra de Mesina (1674-1678)*, Madrid, Actas, 2002.

138. AHN, OM, *Santiago*, Exp. 5563.

139. AGS, SSP, *Sicilia*, Leg. 1049, consulta del 12 settembre 1676.

140. Ivi, consulta del 24 aprile 1676.

poli, e marchese della Floresta, in Sicilia, fu richiesto nel 1676 per la fedeltà da questi mostrata alla Corona in occasione dei moti messinesi allorché, ritiratosi con la famiglia presso il Castello Matagrifone, si recava tutti i giorni a Messina per persuadere il popolo all'obbedienza al sovrano.[141]

Certo la singolarità siciliana stava anche nelle differenti caratteristiche che assumeva qui il servizio militare rispetto a quello nel Regno di Napoli o nel Ducato di Milano. Le élite isolane furono impiegate più a difesa dell'isola, nella lotta contro turchi e barbareschi, e meno coinvolte da Madrid, rispetto a quelle milanesi o napoletane, sui fronti di guerra europei. Difatti, sebbene la nobiltà lombarda e quella meridionale fossero destinate anch'esse alla difesa del proprio territorio – si pensi, ad esempio, alla costa adriatica nel Mezzogiorno – la leva di gente che dal Napoletano o dal *Milanesado* si spostò sui campi di battaglia del centro-nord Europa fu di gran lunga maggiore che in Sicilia. Un aspetto, quest'ultimo, che è stato in passato troppo rapidamente liquidato dalla storiografia come un fenomeno legato alla scarsa inclinazione della nobiltà siciliana al servizio militare, manifestata anche dalla difficoltà dei viceré di reclutare truppe nell'isola, come dimostrerebbe il caso di Valdina sopra riportato.[142] In realtà, l'assenza di servizi militari "esterni" nei memoriali presentati dai siciliani pretendenti un abito cavalleresco sembra essere conseguenza proprio del loro scarso coinvolgimento nelle guerre europee degli *Austrias*, più che di un loro disinteresse alle questioni militari.[143]

Diametralmente opposto è invece il quadro che emerge nelle domande provenienti dal Ducato di Milano e dal Regno di Napoli. La grande valenza strategica del primo, porta d'accesso al nord Europa, base logistica per le truppe da inviare nel continente, oltre che baluardo a difesa dell'Italia e del Mezzogiorno, è rispecchiata non solo nelle relazioni dei servizi prestati dai pretendenti l'abito militare, ma anche dallo stesso numero di abiti, specie

141. Ivi, consulta del 23 novembre 1676; AHN, OM, *Expedientillos*, n. 14188.

142. Ribot García, *La monarquía de España y la guerra de Mesina*. Cfr. anche F. Benigno, *Aristocrazia e Stato in Sicilia nell'epoca di Filippo III*, in *Signori, patrizi, cavalieri in Italia centro-meridionale nell'età moderna*, a cura di M.A. Visceglia, Roma-Bari, Laterza, 1992, pp. 76-93. Maffi, *Cacciatori di Gloria*, p. 76.

143. D. Ligresti, *Le armi dei Siciliani. Cavalleria, guerra e moneta nella Sicilia spagnola (secoli XV-XVII)*, Palermo, Associazione Mediterranea, 2013; Id., *Cavaliere giostrante e cavaliere combattente. L'armi della nobiltà nella Sicilia degli Austrias*, in *Nobleza hispana, nobleza cristiana*, I, pp. 53-110; Id., *L'organizzazione militare del Regno di Sicilia (1575-1635)*, in «Rivista Storica Italiana», 3 (1993), pp. 647-678.

di Santiago, qui individuati. I milanesi premiati con una croce cavalleresca tra Cinque e Seicento furono perlopiù militari di carriera, esponenti di famiglie di antica tradizione marziale o figli di militari, testimonianza del ruolo cruciale di questo territorio per il sistema imperiale.[144] È difficile non trovare nei memoriali servizi militari propri o di parenti prossimi – padri, fratelli o al più nonni – peraltro non sempre sufficienti per ottenere l'ambito riconoscimento regio.[145]

La parabola di Giovanni Battista Panigarola può fornire una significativa testimonianza dei servizi marziali che molti esponenti dell'élite milanese offrirono agli spagnoli nel corso del Seicento. Giovanni Battista combatté sui campi di battaglia di tutta Europa sotto il vessillo degli *Austrias*. Per otto anni fu nelle Fiandre, in una compagnia di cavalleria prima, in una di picche e archibugi poi, servendo nel *tercio* del conte Teodoro Trivulzio, anch'egli milanese, cavaliere di Santiago.[146] Partecipò all'assedio di Osten-

144. Sul tema mi limito a citare qui Maffi, *Il baluardo della corona*; M. Rizzo, *Porte, chiavi e bastioni. Milano, la geopolitica italiana e la strategia asburgica nella seconda metà del XVI secolo*, in *Mediterraneo in armi (secc. XV-XVIII)*, a cura di R. Cancila, 2 voll., Palermo, Associazione Mediterranea, 2006, II, pp. 467-511; Id., *Sticks, Carrots and All the Rest: Lombardy and the Spanish Strategy in Northern Italy between Europe and the Mediterranean (1550-1600)*, in «Cahiers de la Méditerranée», 71 (2005), pp. 145-184; L.A. Ribot García, *Milano, piazza d'armi della monarchia spagnola*, in *Eserciti e carriere militari nell'Italia moderna*, a cura di C. Donati, Milano, Unicopli, 1998, pp. 41-61.

145. Nel 1586, nonostante il parere positivo del Consiglio d'Italia, Filippo II rinviò la decisione sulla richiesta di un abito da parte di Pompeo Litta, II marchese di Gambolò, per i servizi militari prestati alla corona dal padre, tra i quali la partecipazione come «aventurero» alla battaglia di San Quintino, nel 1557. AGS, SSP, *Milán*, Leg. 1795, consulta del 28 novembre 1586. Stessa sorte anche per il capitano Fabrizio Caccia che reiterò, senza successo, richiesta di un abito tra il 1608 e il 1617. Ivi, *Milán*, Leg. 1801, consulta del 17 aprile 1617. Significativamente, nella consulta del 1612, il Consiglio d'Italia suggerì al sovrano di gratificare maggiormente con croci cavalleresche i sudditi milanesi «por no poner mano siempre a la Real Hazienda, particularmente hallandose la de alli tan apurada, y no haver tampoco otro modo de gratificacion como los ay en los Reynos de Napoles y Sicilia, donde Vuestra Magestad tiene muchos goviernos y diversos officios». *Ibidem*. Anche i milanesi, infatti, potevano essere gratificati con un ufficio nel Regno di Napoli. È il caso, ad esempio, di Martino Galiano, maestro di campo, consigliere del Collaterale dal 1641, che presentò un memoriale nel 1644 chiedendo un abito per il figlio Diego Filippo e un titolo di duca nel Napoletano per lasciare a una delle sue figlie uno stato feudale. Il Consiglio d'Italia lo giudicò meritevole della *merced* che chiedeva per il figlio, omettendo invece la concessione del titolo nobiliare. Ivi, *Nápoles*, Leg. 21, consulta del 22 agosto 1644.

146. AHN, OM, *Santiago*, Exp. 8228.

da (1601-1604) e a quello di Grave (1602), entrambi episodi cardine della Guerra degli Ottant'anni, quindi in Piemonte e nel Monferrato, dove si distinse nella battaglia di Asti e in quella di Lucedio. Dopo aver condotto un'ambasciata in Austria per conto del duca di Feria, prese il comando della compagnia di cavalli corazzati prima guidata da Francesco d'Adda e partecipò alla presa di Chiavenna, prima di spostarsi in Liguria, dove combatté nel corso della guerra tra la Repubblica di San Giorgio e il Ducato di Savoia. Partecipò, infine, alla Guerra dei Trent'anni, perdendo la vita in Baviera, nella celebre battaglia di Nördlingen (1634), combattuta contro gli svedesi di re Gustavo Adolfo, a causa di un colpo di moschetto. Fu il figlio Francesco, anch'egli presente sul campo a Nördlingen, a chiedere un riconoscimento regio per i suoi servizi e per quelli del padre, ricevendo l'abito di Calatrava[147] e una pensione di cinquecento ducati.[148]

Esemplari sono anche i servizi del capitano Gaspare Caimo, la cui richiesta di un abito, giunta a Madrid supportata dalle raccomandazioni dell'infanta Isabella Clara Eugenia d'Asburgo e del marchese di Santa Cruz, fu accolta dal Consiglio d'Italia che ritenne la croce di Santiago la *merced* più adatta per premiare i meriti che questi aveva acquisito sui campi di battaglia.[149] La corsa agli onori poteva dar luogo anche a "dinastie" di militari, con esponenti di una stessa famiglia che ricoprirono i posti di comando per più generazioni o che furono impegnati contemporaneamente sullo stesso fronte.[150] Si può infatti parlare di una sorta di ereditarietà dell'onorificenza legata a servizi militari per le famiglie Sfondrati e Stampa. Tra i primi, diversi esponenti combatterono per gli spagnoli in Lombardia e nelle Fiandre e furono premiati con un abito militare tra fine Cinquecento e metà Seicento, come vedremo meglio nel prossimo capitolo.[151] L'ascesa familiare degli Stampa ebbe invece inizio all'epoca delle Guerre d'Italia, quando Massimiliano (1494-1552) fu creato da Carlo V marchese di Soncino. Privo di eredi, lasciò titolo e proprietà al fratello minore Ermes, primo esponente della famiglia a ricevere un

147. Ivi, *Calatrava*, Exp. 1949.

148. AGS, SSP, *Milán*, Leg. 1802, 25. Cfr. anche ivi, *Nápoles*, Leg. 18, consulta del 6 giugno 1635.

149. Ivi, *Milán*, Leg. 1802, 26, consulta del 29 aprile 1633. Figlio unico del questore Giovanni Battista Caimo, Gaspare serviva da nove anni nelle Fiandre, in Palatinato e in Italia e alla data del memoriale si trovava nei Paesi Bassi come capitano di fanteria, dove si era distinto nell'assedio di Breda.

150. Maffi, *Cacciatori di Gloria*, pp. 90-91.

151. Cfr. *infra* pp. 150-159.

abito militare, quello di Santiago.[152] Il figlio di Ermes, Massimiliano, sposò Marianna de Leyva – di un ramo cadetto della famiglia spagnola insediatosi nel Ducato settentrionale e discendente da Antonio, governatore di Milano sotto Carlo V, nonché zia della suor Virginia resa celebre da Manzoni – e due dei suoi figli, Luigi e Cristerno, furono entrambi premiati con l'abito di Santiago, rispettivamente nel 1590[153] e nel 1612:[154] Luigi fu *menino* di Filippo II; Cristerno, capostipite dei marchesi di Montecastello, servì la Monarchia sui campi di battaglia di mezza Europa, morendo per le ferite riportate nell'assedio di Vercelli del 1617. Seguirono la carriera paterna anche i suoi figli, Massimiliano e Guido Antonio, il primo, capitano di fanteria, combatté in Fiandra, ottenendo in seguito il grado di *capitan de corazas* e di commissario generale di cavalleria, il secondo fu capitano di fanteria e maestro di campo. Suo figlio Uberto, anch'egli *capitan de corazas*, ottenne l'abito di Alcántara nel 1667.[155]

Il servizio nelle Fiandre, presente in quasi tutti i memoriali, fu un trampolino di lancio per molti dei rampolli dell'aristocrazia italiana, una scuola dove apprendere il mestiere delle armi con la speranza di tornare in Italia e ricoprire incarichi prestigiosi in patria.[156] Servire negli eserciti del re significava coltivare la speranza di ottenere onori e ricompense che però non sempre venne soddisfatta. Se molti dei memoriali milanesi e napoletani contengono, più di quelli siciliani, lunghi resoconti di servizi resi sul campo, è anche vero che molte di queste relazioni discusse a Madrid sono lo specchio di aspirazioni disattese, di desideri negati, di lunghi anni di servizio che potevano restare privi di un riconoscimento regio.

152. Di questa concessione, della quale non si conserva l'*expediente de pruebas*, è confermata da alcune testimonianze coeve. P. Morigia, *Historia dell'antichità di Milano*, Venezia, Appresso i Guerra, 1592, p. 590. Conferma l'abito di Santiago a Ermes anche Francisco Pinel y Monroy, trattando della famiglia de Leyva e dei suoi membri imparentati a Milano con gli Stampa, nel *Retrato del buen Vasallo*. F. Pinel y Monroy, *Retrato del buen Vasallo*, Madrid, Ioseph Fernandez de Buendia, 1677, p. 346. Ulteriore conferma dell'abito a Ermes Stampa si trova nell'*expediente* del nipote Cristerno. AHN, OM, *Santiago*, Exp. 2791.

153. Ivi, *Santiago*, Exp. 2792.

154. Ivi, *Santiago*, Exp. 2791.

155. Ivi, *Alcántara*, Exp. 491.

156. G. Brunelli, *«Soldati della scuola vecchia di Fiandra». Nobiltà ed esercizio delle armi nello Stato della Chiesa fra Cinque e Seicento*, in *I Farnese. Corti, guerre e nobiltà in antico regime*, a cura di A. Bilotto, P. Del Negro, C. Mozzarelli, Roma, Bulzoni, 1997, pp. 421-444.

Le concessioni di abiti militari rispecchiano anche per la seconda metà del Seicento l'impegno bellico richiesto al *Milanesado* e alla sua aristocrazia,[157] quando alla *Monarquía* servirono uomini da inviare nella penisola iberica per ingrossare le fila dell'esercito spagnolo impegnato contro il Portogallo o per aumentare il numero degli effettivi della guarnigione presente in Catalogna.[158] Non a caso i due reparti lombardi presenti, nel 1661, nell'esercito di Portogallo erano comandati da Giuseppe Fossani e Francesco Arborio di Gattinara, entrambi premiati con un abito militare: di Alcántara il primo, nel 1663,[159] di Santiago il secondo, nel 1665.[160]

Simile scenario è quello che emerge dai memoriali napoletani, nei quali appaiono evidenti allo stesso modo i lunghi anni di servizio militare prestati dalla nobiltà regnicola nei campi di battaglia del centro-nord Europa e nell'area mediterranea, fino agli anni Quaranta-Cinquanta del Seicento, nella penisola iberica, in Italia e ancora nel centro nord-Europa per contrastare l'espansione francese, nella seconda metà del XVII secolo. I riferimenti contenuti nelle descrizioni della città e del Regno di Napoli, oltre che nelle opere, ad esempio, di Lorenzo Crasso, Galeazzo Gualdo Priorato o Raffaele Maria Filamondo,[161] testimoniano la rilevante presenza della nobiltà regnicola negli eserciti spagnoli, terreno ricco di opportunità di gloria e di prestigio per i propri lignaggi. Per avere un'idea dell'alto numero di concessioni fatte ad aristocratici del Regno nel XVII secolo e dell'importanza del servizio militare al fine di ottenere un abito cavalleresco, basti considerare che delle cinquantasei biografie di capitani napoletani seicen-

157. È il caso, ad esempio, di Gian Galeazzo Trotti, originario di Alessandria, protagonista di una brillante carriera militare in Fiandra e in Germania giunta all'apice nel 1657 con la nomina a maestro di campo generale dello stato di Milano e ricompensata nel 1661 con un abito di Santiago, anche per il valore dimostrato nella difesa di Pavia assediata dai francesi nel 1655. AHN, OM, *Santiago*, Exp. 8237. Sul personaggio cfr. A. Dattero, *Trotti Bentivoglio, Gian Galeazzo*, in DBI, vol. 97 (2020), *ad vocem*; Signorotto, *Milano spagnola*, pp. 180-185.

158. D. Maffi, *La cittadella in armi. Esercito, società e finanza nella Lombardia di Carlo II (1660-1700)*, Milano, FrancoAngeli, 2010, pp. 112-113.

159. AHN, OM, *Alcántara*, Exp. 556.

160. Ivi, *Santiago*, Exp. 3359.

161. L. Crasso, *Elogii di capitani illustri*, Venezia, Combi, e Là Noù, 1683; G. Gualdo Priorato, *Vite, et azzioni di personaggi militari, e politici*, Vienna, Michele Thurnmayer, 1674; R.M. Filamondo, *Il genio bellicoso di Napoli. Memorie istoriche d'alcuni capitani celebri napolitani, c'han militato per la fede, per lo re, per la patria nel secolo corrente*, 2 voll., Napoli, Domenico Antonio Parrino e Michele Luigi Mutii, 1694.

teschi tracciate da Raffaele Maria Filamondo nel suo *Genio bellicoso di Napoli*, più della metà furono direttamente premiati con un abito militare o lo ottennero, in virtù dei loro servizi, i propri figli, fratelli, nipoti.

Una parabola esemplare dell'impegno marziale profuso anche dell'élite regnicola nella prima metà del Seicento può essere quella di Pompeo de Gennaro, figlio di Orazio e Luisa Caracciolo, dal 1644 duca di Belforte, in Terra d'Otranto.[162] Pompeo dovette aspettare quattro anni, dal 1642, data del memoriale presentato a Madrid, per ottenere una *merced* dal sovrano, poi tramutatasi in abito di Santiago nel 1651,[163] e ciò nonostante i numerosi servizi prestati tra l'Italia, le Fiandre e la Germania che testimoniano anche come la carriera militare desse luogo a una diffusa mobilità che muoveva uomini legati dal servizio al sovrano da un angolo all'altro del sistema imperiale. Come a Milano, peraltro, non sempre lunghi anni di servizio potevano garantire il conseguimento della croce cavalleresca.[164]

De Gennaro intraprese la carriera militare nel 1625, arruolando una delle compagnie del *tercio* del principe di Satriano e servendo in seguito sulla riviera di Genova. Passò con un suo *tercio* in Lombardia, dove prese parte alle operazioni militari a Casale, Nizza, Aigues - Mortes, nella conquista del castello di San Giorgio e nel Monferrato. Riformato il *tercio*, partecipò al secondo assedio di Casale in occasione del quale fu ferito per un colpo di moschetto. Il marchese di Santa Cruz gli affidò il comando di una compagnia con la quale combatté i francesi ancora in Piemonte prima di spostarsi nelle Fiandre, dove prese parte a operazioni nel Palatinato, alla difesa del forte di Hoppenheim, nel soccorso di Frankenthal, nell'assedio delle città di Spira e Chimbie e nelle campagne di Erem e Maastricht. Tornato a Napoli, ottenne la patente di sergente maggiore del *tercio* del maestro di campo Giovanni Battista Orsini. Nel 1634 ottenne nuovamente l'incarico di sergente maggiore imbarcandosi nell'armata del marchese di Santa Cruz, dove militò fino al 1636, quando il conte di Monterey gli affidò il comando di un *tercio* di fanteria napoletana con la quale, agli ordini del duca di Ferrandina,

162. R. Magdaleno, *Títulos y privilegios de Nápoles: siglos XVI-XVIII*, I, *Onomástico*, Valladolid, Martin, 1980 p. 304 (titolo concesso il 9 maggio 1644).

163. AGS, SSP, *Nápoles*, Leg. 20, consulta del 14 agosto 1643; AHN, OM, *Calatrava*, Exp. 1044.

164. Si pensi, ad esempio, al capitano Alfonso Filomarino, la cui richiesta di un abito militare, discussa in Consiglio d'Italia nel 1619, fu rinviata dal sovrano e non risulta che fu mai soddisfatta, nonostante un più che decennale servizio alla corona. AGS, SSP, *Nápoles*, Leg. 13, consulta del 14 maggio 1619.

prese parte a diverse operazioni navali contro i francesi. Nel 1637 ritornò in Lombardia, dove con un *tercio* di fanteria napoletana combattè nelle Langhe contro i franco-savoiardi,[165] per poi rientrare a Napoli, nel 1641, dove prese possesso del posto di consigliere del Collaterale, senza salario, concessogli per i meriti maturati nella sua lunga carriera militare.[166]

Come quelli milanesi, anche il contenuto dei memoriali napoletani degli anni Quaranta del Seicento trasferisce lo scenario dal centro-nord Europa all'area mediterranea. I servizi presentati per i quali si richiede la concessione di titoli, pensioni e *mercedes* vedono ora i "nostri" impegnati in particolare nella penisola iberica, nelle operazioni militari che coinvolsero gli eserciti degli Asburgo per la repressione delle rivolte in Catalogna e in Portogallo e, ancor più importante, per la partecipazione della feudalità meridionale alla repressione dei moti masanelliani.[167]

Nel 1647 Filippo IV inviò a Napoli un corpo di spedizione guidato da don Giovanni d'Austria per mettere fine alla Repubblica napoletana costituitasi dopo l'insurrezione di Masaniello. Cacciati i promotori della rivolta e restaurato il governo vicereale, in un clima di sospetto verso alcune famiglie della feudalità regnicola che si erano mostrate simpatizzanti o aperte sostenitrici dei governanti filo francesi, Giovanni d'Austria scrisse a Madrid della necessità di premiare con titoli e *mercedes* coloro che si erano distinti per l'appoggio alla Corona nei mesi della rivolta; Filippo IV gli concesse ampie facoltà di premiare i soggetti e le famiglie meritevoli, anche ricorrendo agli abiti militari.[168] Nei mesi successivi al ristabilimento

165. Ivi, *Nápoles*, Leg. 21, consulta del 19 luglio 1644.

166. Magdaleno, *Títulos y privilegios de Nápoles*, p. 304 (nomina del 18 luglio 1641).

167. Sulla rivolta di Masaniello la bibliografia è vasta. Mi limito a citare qui: A. Musi, *La rivolta di Masaniello nella scena politica barocca*, Napoli, Guida, 1989; Id., *La rivolta del 1647-48*, in *Il Regno di Napoli nell'età di Filippo IV*, pp. 177-229; G. Galasso, *Storia del Regno di Napoli*, III, *Il Mezzogiorno spagnolo e austriaco, 1622-1734*, Torino, UTET, 2006, pp. 247 e ss.; F. Benigno, *Il mistero di Masaniello*, in Id., *Specchi della rivoluzione. Conflitto e identità politica nell'Europa moderna*, Roma, Donzelli, 1999, pp. 199-285; R. Villari, *Un sogno di libertà. Napoli nel declino di un impero. 1585-1648*, Milano, Mondadori, 2012; S. D'Alessio, *Masaniello. La sua vita e il mito in Europa*, Roma, Salerno, 2007.

168. AGS, SSP, *Nápoles*, Leg. 218, c. 40. Filippo IV a don Giovanni d'Austria (Aranjuez, 24 aprile 1648). Tra i soggetti meritevoli segnalati da don Giovanni d'Austria, Giovanni Battista Villani, duca di Roscigno, il quale ottenne due *mercedes de habito* (ivi, c. 339): una si tramutò in una croce di Santiago per se stesso nel 1652 (AHN, OM, *Santiago*,

dello *status quo* nel Mezzogiorno, a Madrid piovvero istanze di titoli nobiliari, grandati di Spagna, collari del Toson d'oro, come testimoniano in maniera significativa alcuni *legajos* conservati nell'archivio spagnolo di Simancas.[169] Soffermiamoci su alcuni esempi specifici legati alle richieste d'abito giunte a Madrid in quei mesi.

Emanuele Sebasto, militare con quindici anni di servizio alle spalle tra l'Italia e la Catalogna,[170] ottenne l'abito di Calatrava nel 1649[171] per aver servito «en las revoluciones de Napoles» col grado di sergente maggiore del maestro di campo Alfonso Filomarino.[172] Girolamo del Pezzo, principe di San Pio, nel 1648 presentò al sovrano, insieme al fratello Ottavio, alcuni memoriali chiedendo una ricompensa per quanto fatto in occasione dei tumulti di Napoli, tra cui un abito militare per il figlio primogenito, Antonio.[173] Camillo Strambone, fratello del duca di Salsa, conseguì nel 1648 una *merced de habito* per i servizi del padre, ucciso ad Ariano dal «pueblo inobediente».[174] Francesco Muscettola, principe di Leporano, vestì l'abito di Calatrava nel 1654[175] per i servizi del nonno Ascanio, consigliere di Santa Chiara, e del nonno materno, Carlo Seripando,[176] militare, ma soprattutto

Exp. 8916); l'altra, nel 1687, in una di Calatrava per suo nipote Francesco Noguerol. Ivi, *Calatrava*, Exp. 1795; BNE, ms. 2447, c. 318r.

169. Mi riferisco, in particolare, a AGS, SSP, *Nápoles*, Leg. 218.

170. Prima del 1647, Emanuele aveva già servito nella penisola iberica in occasione delle insurrezioni in Catalogna. Ivi, *Nápoles*, Leg. 23, consulta del 26 febbraio 1649. Sulla famiglia Sebasto, di origine greca e sull'integrazione nei regni del monarca spagnolo attraverso l'ingresso negli Ordini militari castigliani cfr. J.M. Floristán, *El estamento nobiliario bizantino y su incorporación a la sociedad del Antiguo Régimen: los casos de las familias Sebasto y Meliseno-Comneno*, in «Erytheia. Revista de estudios bizantinos y neogriegos», 39 (2018), pp. 143-179.

171. AHN, OM, *Calatrava*, Exp. 2435. Nell'agosto 1665 il sovrano concesse la *merced* dell'abito di Calatrava anche al figlio Antonio. BNE, ms. 2447, c. 230v.

172. AGS, SSP, *Nápoles*, Leg. 23, consulta del 26 febbraio 1649.

173. Ivi, consulta del 5 maggio 1650. Alla fine dello stesso mese il sovrano approvò la richiesta di Girolamo che l'abito per il figlio fosse di Santiago. Ivi, consulta del 31 maggio 1650. Sulla famiglia del Pezzo cfr. G. Di Cristoforo, *Istoria genealogica della famiglia del Pezzo*, Napoli, Antonio Abri, 1721.

174. AGS, SSP, *Nápoles*, Leg. 23, consulta del 17 settembre 1650. In questa occasione il sovrano approvò che l'abito concesso a Camillo due anni prima, per consulta del Consiglio d'Italia del 19 novembre 1648, fosse dell'Ordine di Santiago.

175. AHN, OM, *Calatrava*, Exp. 1744.

176. Francesco era figlio di Sergio e Beatrice Seripando. La madre era figlia di Carlo e Diana Caracciolo. BNE, ms. 2447, c. 183v.

perché, durante i moti masanelliani, difese il viceregno assieme al figlio, suo unico erede, morto a Capua, e a gente arruolata a sue spese.[177] O, ancora, Vincenzo del Tufo, la cui richiesta d'abito sulla base del servizio prestato in occasione dei tumulti di Napoli, approvata dal Consiglio d'Italia, ma rinviata dal sovrano nel 1650, fu infine accolta nel 1656.[178]

Non tutte le richieste d'abito giunte dopo i moti del 1647 furono tuttavia soddisfatte, come dimostrano i casi di Carlo Serra,[179] Paolo del Tufo,[180] Giorgio Sersale[181] o di Francesco Maria Allegretti, barone di Mirabello, in Contado di Molise, chiaro esempio, quest'ultimo, di come si potesse cercare di sfruttare una congiuntura critica per migliorare la propria posizione sociale. Vana fu, infatti, la sua pretesa di un abito e di un titolo di marchese presentata per l'impegno profuso a difesa della Corona nel 1647 quando «con todo amor y fidelidad possible», insieme con il fratello Carlo, arruolò 19 fanti e 3 cavalieri sostenendoli a proprie spese per due mesi. Il suo "investimento" non diede i frutti sperati.[182]

Anche durante il regno di Carlo II, Napoli e Milano in particolare continuarono a fornire agli eserciti spagnoli un contributo rilevante, sebbene con numeri inferiori ai decenni precedenti.[183] La presenza italiana continuò infatti ad essere la più numerosa dopo quella spagnola negli eserciti degli *Austrias*, specie in Catalogna[184] e nelle Fiandre durante la Guerra d'Olanda, dove gli italiani diedero prova del loro valore, in particolare nella difesa di città come Maastricht, Besançon, o Dôle.[185]

177. AGS, SSP, *Nápoles*, Leg. 23, consulta dell'8 novembre 1650.

178. AHN, OM, *Calatrava*, Exp. 2640. Le *pruebas* si conclusero solo nel 1664.

179. AGS, SSP, *Nápoles*, Leg. 218, c. 460.

180. Ivi, cc. 506-507.

181. Ivi, cc. 513-514.

182. Ivi, c. 465.

183. Disponiamo di numeri più certi per il Ducato di Milano, su cui rimando a Maffi, *La cittadella in armi*. Sul contributo in uomini e denaro del Regno di Napoli anche nella seconda metà del XVII secolo cfr. Galasso, *Napoli spagnola dopo Masaniello*; G. Sabatini, *La spesa militare nel contesto della finanza pubblica napoletana del XVII secolo*, in *Mediterraneo in armi (secc. XV-XVIII)*, II, pp. 593-636.

184. Espino López, *Las tropas italianas en la defensa de Cataluña*.

185. D. Maffi, *Al servicio del rey católico. Breves reflexiones sobre la presencia italiana en los ejércitos de la Monarquía Hispana (siglos XVI - XVII)*, in *En tierra de confluencias. Italia y la Monarquía de España. Siglos XVI-XVIII*, a cura di C. Bravo Lozano, R. Quirós Rosado, Valencia, Albatros, 2013, pp. 249-255; Id., *Cacciatori di Gloria*, pp. 84-85.

I memoriali presentati a Madrid per supportare la richiesta di una croce cavalleresca per sé o per un proprio parente rivelano dunque uno scenario differente per i tre *reinos* italiani della Corona di Castiglia. Quelli napoletani e milanesi contengono di gran lunga molti più servizi militari prestati dalla nobiltà regnicola o lombarda nei campi di battaglia europei rispetto ai memoriali siciliani. Ciò sembrerebbe dunque confermare quella tradizione storiografica che ha visto nella disaffezione marziale uno dei tratti caratteristici della nobiltà siciliana all'epoca degli Asburgo.[186] Lungi dal voler avallare tali posizioni storiografiche, messe in discussione dai lavori di Domenico Ligresti[187] o Angelantonio Spagnoletti,[188] si deve ad ogni modo rilevare che l'analisi delle richieste di abiti militari provenienti dall'isola confermi come la feudalità siciliana, sebbene non del tutto estranea alle guerre combattute dagli *Austrias*, senza dubbio fu meno coinvolta di quella milanese e napoletana sui teatri di battaglia europei.

186. H.G. Koenigsberger, *The government of Sicily under Philip II of Spain*, London, Staples Press, 1951.

187. Cfr. i riferimenti bibliografici alla n. 143 di p. 119. Gli esponenti della nobiltà siciliana, secondo Domenico Ligresti, furono gelosi difensori delle loro prerogative nel Regno e non mostrarono disinteresse alle questioni militari. Lo storico concorda, ad ogni modo, nel considerare minore il coinvolgimento della nobiltà isolana nelle forze armate degli *Austrias*, chiedendosi, tuttavia, se «la monarchia spagnola mostrò un interesse a coinvolgere la nobiltà siciliana nel suo apparato bellico pagandone i dovuti prezzi, o non preferì piuttosto negarle o limitare questa opportunità per motivi politici o finanziari, utilizzando le risorse a favore delle nobiltà ispaniche o di truppe mercenarie». Ligresti, *Cavaliere giostrante e cavaliere combattente*, p. 73.

188. A. Spagnoletti, *L'ordine di Malta e la Sicilia*, in *La Sicilia dei cavalieri. Le istituzioni dell'Ordine di Malta in età moderna (1530-1826)*, a cura di L. Buono, G. Pace Gravina, Roma, Fondazione Donna Maria Marullo di Condojanni, 2003, pp. 9-30.

3. L'*iter* per il conseguimento di un abito militare

1. *Gli* informantes *e le* pruebas

Ottenere una *merced de habito* era solo il primo passo del percorso che portava l'aspirante a indossare l'ambita croce cavalleresca. La *merced* poteva non indicare espressamente l'Ordine militare nel quale il beneficiario sarebbe entrato a far parte, informazione che era riportata, invece, nella *cedula de habito*, il documento attraverso il quale il monarca incaricava il Consiglio degli Ordini di verificare i requisiti necessari perché il pretendente, che egli aveva deciso di premiare, potesse vestire o meno l'abito militare. Si trattava in sostanza di un documento che spostava i campi di competenza dal sovrano al Consiglio: se al primo spettava la concessione della *merced* al pretendente, il secondo ne avvalorava l'idoneità o meno. Una volta ricevuta la cedola, il candidato presentava la propria genealogia, nella quale riportava nomi, cognomi, luoghi di nascita e in alcuni casi anche onori e professioni dei propri genitori, nonni paterni e materni: i quattro quarti di nobiltà; versava poi una somma di denaro destinata alla copertura delle spese per la procedura inquisitiva che poteva variare in base alle difficoltà o complessità stimate dallo stesso Consiglio, tra i 100 e i 300 ducati. Parte del deposito veniva restituito al pretendente, qualora la somma versata risultasse superiore alle spese effettivamente sostenute, o ai familiari in caso questi fosse morto subito dopo.

Vale la pena di ricordare che solo agli inizi del Cinquecento i tre Ordini militari castigliani si dotarono di regole d'ingresso specifiche. Non a caso i primi processi di nobiltà documentati risalgono al 1501-1503, per Santiago, e al 1507-1508, per Alcántara e Calatrava. Furono invece i Capitoli generali di Siviglia (1511) e di Burgos (1523) a regolamentare, ad esempio, l'obbligatorietà delle *informaciones* nei luoghi di origine del candidato e delle spese di quest'ultime a carico dello stesso pretendente o il modello fisso di interrogatorio da allegare alla lettera di incarico spedita agli *informantes* designati.[1]

Ricevere la cedola reale non significava, dunque, ottenere l'abito: era necessario un passaggio ulteriore di verifica dei requisiti e delle qualità richieste, vale a dire nobiltà, *limpieza de sangre* e *limpieza de oficio*. Concetti strettamente intrecciati nella Spagna controriformista che si fondevano nell'archetipo dell'*hidalgo cristiano viejo*, modello di perfezione sociale e morale: una combinazione tra prestigio aristocratico, basato sull'onore e sull'ascendenza familiare, e purezza religiosa, immune da qualsivoglia devianza eretica.[2] Iniziava così la cosiddetta fase inquisitoria che prendeva formalmente avvio con la designazione degli *informantes*.

Nominati dal presidente del Consiglio degli Ordini e incaricati di recarsi nei luoghi d'origine del candidato per verificare il possesso dei requisiti richiesti, gli *informantes* – solitamente due, un cavaliere e un religioso[3] – erano scelti all'interno dello stesso Ordine militare e dovevano essere uomini retti e onesti, oltre che con *hacienda* per evitare fenomeni di corruzione. A loro veniva consegnato un modello di interrogatorio con le domande da porre a ciascuno dei teste ascoltati e che costituiva il fulcro dell'*expediente de pruebas*, il processo di nobiltà. Il modello, spesso presente a stampa all'interno dell'incartamento – e che riporto in appendice a queste pagine – conteneva dieci quesiti da porre agli interrogati che miravano a raccogliere notizie sull'età dell'aspirante e sui luoghi di nascita

1. D'Avenia, *I processi di nobiltà*, p. 1091.

2. Sul concetto di *limpieza de sangre* e sul dibattito in Spagna tra XVI e XVII secolo mi limito a citare qui J. Martínez Millán, *Nobleza hispana, nobleza cristiana. Los estatutos de limpieza de sangre*, in *Nobleza hispana, nobleza cristiana*, II, pp. 677-758; J. Hernández Franco, *Cultura y limpieza de sangre en la España Moderna. Puritate sanguinis*, Murcia, Universidad de Murcia, 1996; Id., *Sangre limpia, sangre española: el estatuto de los debates de limpieza (siglos XV-XVII)*, Madrid, Cátedra, 2011; J.A. Maravall, *Poder, honor y élites en el siglo XVII*, Madrid, Siglo XXI, 1979, pp. 116-134.

3. Ci furono, tuttavia, anche casi con quattro coppie di *informantes* o con due cavalieri e nessun religioso o, ancora, con un solo cavaliere. Cfr. Giménez Carrillo, *Los caballeros de las órdenes militares*, pp. 128-129. Cavaliere e religioso percepivano una "paga" differente: al primo spettavano 6 ducati al giorno, al secondo 3. È quanto si evince dalla documentazione relativa, ad esempio, ai cavalieri di Santiago Filippo Filangeri (AHN, OM, *Expedientillos*, n. 2197), Achille Minutolo (ivi, n. 2154) e Ferrante de Vicariis (ivi, n. 2072), risalente agli anni 1638-1639.

e residenza dei suoi genitori e nonni; informazioni che, come si dedurrà, costituiscono una fonte preziosissima, seppur da vagliare criticamente, per ricostruzioni prosopografiche o genealogiche sul casato del potenziale cavaliere. Il teste doveva inoltre dichiarare se era un parente e in che grado, se fosse stato avvicinato prima della deposizione, minacciato o corrotto per coprire verità sconvenienti; se il candidato o i suoi "quarti" fossero figli legittimi nati da legittimo matrimonio oppure no; se fossero «hijosdalgo segun costumbre y fuero de España» e se tale fosse la loro «fama y limpieza»; se fossero *christianos viejos*, ossia non discendenti da ebrei (*conversos*) o musulmani convertiti (*moriscos*); se il candidato o suo padre avessero mai esercitato, in passato o al presente, «oficios viles»; se fosse in grado di andare a cavallo o avesse mai subito accuse o condanne tali da averne macchiato la reputazione; infine, se lo stesso candidato, o uno dei suoi parenti fino al quarto grado, fossero mai stati accusati dall'Inquisizione come eretici.[4]

L'intero procedimento era rigorosamente segreto ma ciò non lo rendeva meno arbitrario: esso si basava principalmente su dichiarazioni orali di testimoni che, in alcuni casi, potevano essere intenzionati, magari per inimicizia personale, a macchiare la reputazione del pretendente con calunnie e maldicenze dalle quali egli non aveva la possibilità di difendersi, dilatando di diversi mesi, in alcuni casi di anni, la durata del procedimento, come vedremo meglio più avanti.

Anche per scongiurare situazioni di questo tipo, l'aspirante cavaliere poteva esprimere il desiderio, attraverso apposita richiesta inoltrata al monarca, che le *pruebas* non si effettuassero nella propria città natale, ma direttamente a corte: le cosiddette prove per *patria comune*, una pratica alla quale ricorrevano spesso candidati in debito di requisiti,[5] ma anche, tra i casi italiani esaminati, chi serviva come soldato sui fronti di guerra[6] o a corte come reggente del Consiglio d'Italia. In questi casi il sovrano tendeva ad

4. D'Avenia, *I processi di nobiltà*; M. Lambert-Gorges, *Le bréviaire du bon enquêteur, ou trois siècles d'information sur les candidats à l'habit des ordres militaires*, in «Mélanges de la Casa de Velázquez», 1 (1982), pp. 165-198.

5. D'Avenia, *I processi di nobiltà*, p. 1116; Postigo Castellanos, *Honor y privilegio*, pp. 156-160.

6. Nel decreto regio del 1° novembre 1641, già menzionato nel capitolo precedente, Filippo IV circoscrisse questa consuetudine esclusivamente agli aspiranti «italiani» che avevano militato nei teatri di guerra con reggimenti reclutati e mantenuti a proprie spese. AGS, SSP, *Nápoles*, Leg. 122, decreto del 1° novembre 1641.

accogliere le richieste dei candidati per accelerare la concessione dell'abito e premiare con più celerità coloro che erano impegnati direttamente sui campi di battaglia. Filippo IV ordinò, ad esempio, che le prove per l'abito concesso al capitano Filippo Filangeri con *merced* del 23 giugno 1639, allora impegnato in Catalogna, si tenessero a corte,[7] così come le *pruebas* del maestro di campo Carlo d'Azzia, in servizio nelle Fiandre[8] o quelle per l'abito al tarantino Giovanni Liponti, anch'egli maestro di campo.[9]

In linea generale questa pratica era invisa al Consiglio degli Ordini poiché ciò rischiava di essere un modo per «esconder una sangre dudosa, una nobleza nueva o unos oficios innobles»,[10] meno facile da celare nelle città d'origine dei parenti del pretendente.[11] Si pensi, a tal proposito, all'abito concesso a Francesco Zevallos: suo padre Giovanni, primo duca di Ostuni, di umili origini, era «venuto quasi che nudo dalla Spagna»[12] e si era trasferito a Napoli agli inizi del Seicento dove guadagnò un'ingente fortuna grazie ad attività mercantili e finanziarie.[13] Le prove, non a caso, si tennero a corte, verosimilmente per nascondere dettagli compromettenti che avrebbero potuto precludergli l'accesso all'Ordine di Santiago.[14]

Si poteva chiedere di condurre le *pruebas* a corte, ad ogni modo, anche semplicemente per ridurre i tempi del procedimento o per cause contingenti. Nel novembre 1630, Margherita Visconti, che si trovava a Madrid dove aveva seguito il marito Pietro Francesco Corio, defunto reggente del Consiglio d'Italia, chiese al sovrano la possibilità che le *pruebas* per gli abiti concessi

7. AHN, OM, Lib. 41, c. 26r. Le prove a corte si tennero dal dicembre 1639 al febbraio 1640. Ivi, *Santiago*, Exp. 2843.

8. Ivi, Lib. 41, c. 230r.

9. Ivi, Lib. 43, c. 28r.

10. Postigo Castellanos, *Honor y privilegio*, pp. 160-161.

11. D'Avenia, *I processi di nobiltà*, pp. 1114-1117.

12. B. Candida Gonzaga, *Memorie delle famiglie nobili delle province meridionali d'Italia*, 6 voll., Napoli, Gennaro De Angelis e figlio, 1875, II, p. 149.

13. Sui Zevallos cfr. K. Di Rocco, *"Zevallos para vencellos": le dispute ducali nella storia del monastero di San Pietro in Ostuni*, in *La Città e il Monastero*, a cura di E. Novi Chavarria, Napoli, Edizioni Scientifiche Italiane, 2005.

14. AHN, OM, *Santiago*, Exp. 1961. Il padre di Francesco, Giovanni Zevallos, acquistò la giurisdizione della città demaniale di Ostuni, nel 1639, e il titolo di duca sulla stessa, nel 1644, innescando, anche per la sua condotta spesso violenta, frequenti scontri con gli abitanti della città. Cfr. A. Carrino, *Città, patriziati, fazioni. La politica locale nel Mezzogiorno spagnolo: tre studi di caso*, in «Società e Storia», 113 (2006), pp. 559-598: 584-587.

ai figli si tenessero a corte, non solo poiché lì si trovavano molti milanesi e genovesi che avrebbero reso le *pruebas* complete come se si fossero svolte nel suo luogo natale, ma anche perché a Milano, in quei mesi, imperversava la peste.[15] Il sovrano, viste le oggettive difficoltà dettate dalla situazione, il 28 febbraio 1631 accolse la richiesta della Visconti.[16] Non fu così, al contrario, per Maria Paladini che, nel 1636, domandò che le prove per l'abito di Santiago del primogenito Gabriele si tenessero a Madrid poiché condurle in Italia avrebbe inevitabilmente dilatato i tempi.[17] L'iniziale mancata risposta di Filippo IV spinse la tenace marchesa a scrivere nuovamente pochi mesi dopo,[18] questa volta ricevendo chiaramente parere negativo da parte del re.[19]

Il Consiglio degli Ordini espresse non poche riserve anche sulla semplificazione all'accesso ai tre Ordini militari castigliani stabilita dal sovrano negli anni Venti del Seicento il quale, ampliando di fatto la platea di coloro che potevano accedervi, incluse membri di famiglie che non potevano vantare un blasone di antica data e la cui fortuna era legata ad attività finanziarie e mercantili, di norma considerate «oficios viles». Rientravano in questa schiera, com'è evidente, famiglie della media nobiltà con alle spalle un successo sociale recente per le quali provare l'assenza di qualsivoglia attività indecorosa su più generazioni, e dunque il prestigio della propria ascendenza, era fondamentale, ma non sempre facile da dimostrare. Tali ostacoli furono aggirati dalla Corona puntando sui legami di parentela del pretendente, i cosiddetti *actos positivos*, solitamente riportati negli *expedientes de pruebas* dopo la genealogia del candidato. Tale agevolazione fu regolata da una prammatica regia emanata da Filippo IV nel 1623 e confermata l'anno successivo da Urbano VIII, che stabiliva il requisito minimo di tre *actos positivos* per il riconoscimento dello *status* nobiliare e l'accesso all'abito cavalleresco:[20] un

15. «En Milan por causa de la peste ha faltado la comunicacion y en los Tribunales los negocios, y el Visitador tambien avisa que por lo mismo han cesado los de su comision por los muchos que han muerto y estar los que ay vivos encerrados en sus casas por este contagio y haver salido huyendo del peligro lo que han podido». AGS, SSP, *Milán*, Leg. 1803, 288, consulta dell'11 novembre 1630.

16. BNE, ms. 2447, c. 83r. Cfr. *infra*, p. 74.

17. AGS, SSP, *Nápoles*, Leg. 18, consulta del 28 febbraio 1637.

18. Ivi, consulta del 2 aprile 1637.

19. «He mandado sea el avito de Santiago y lo que toca a las pruebas se escuse». *Ibidem*.

20. Cfr. R. López Vela, *Antijudaísmo, pruebas de limpieza y la pragmática de actos positivos de 1623*, in *Nobleza hispana, nobleza cristiana*, I, pp. 795-830; S. Muñoz Martín, *La "pragmática de los actos positivos". Exhortaciones, consultas y debates del Consejo de*

candidato che potesse dimostrare che nella sua genealogia ci fossero già stati tre pareri favorevoli su *nobleza* e *limpieza de sangre* attestati o da uno stesso tribunale o da tre tribunali diversi, poteva utilizzarli a proprio vantaggio, senza aver bisogno di ulteriori verifiche di nobiltà.[21] A partire dall'entrata in vigore di tale prammatica, i legami parentali con altri cavalieri, fossero questi di Malta o di un Ordine castigliano, e dunque le politiche matrimoniali di un casato, poterono avere una rilevanza decisiva per l'ottenimento dell'onorificenza, mettendo in evidenza, al contempo, quanto le donne fossero risorsa imprescindibile per le ambizioni e le strategie di ascesa sociale della propria famiglia, come si è avuto modo di osservare nel primo capitolo e come si dirà più avanti trattando del caso concreto della famiglia napoletana dei Brancia di Sant'Elia.

Per *actos positivos* si svolsero, ad esempio, le prove per la concessione dell'abito di Santiago a Carlo Mariconda, nel 1639, probabilmente per evitare gli stessi inconvenienti che il padre Francesco Maria aveva avuto, a causa della dubbia *limpieza* della linea materna, per superare le verifiche di nobiltà e conseguire la sua croce cavalleresca nel 1616, come diremo in seguito. Carlo poteva infatti vantare diverse verifiche positive su nobiltà e purezza delle linee paterna e materna: dalla prima, il padre, lo zio Giuseppe e il fratello Andrea erano già cavalieri di Santiago, mentre un altro suo fratello, Tommaso, era cavaliere di Malta; dalla seconda, il fratello di sua nonna, Antonio Miroballo, era cavaliere di Santiago, mentre lo zio materno, Vespasiano Longo, era cavaliere di Malta.[22]

Sia le prove per *patria comune*, sia il ricorso alla verifica dei requisiti per *actos positivos*, furono strumenti a cui ricorse la Corona per superare gli ostacoli posti dalla severa ortodossia del Consiglio degli Ordini, nonché uno degli elementi della tensione tra flessibilità e conservazione che caratterizzò la dialettica tra le due istituzioni, ancor più evidente nei momenti di maggior necessità di uomini e di risorse da parte della Monarchia.[23]

Castilla para cumplir la ley, in *De la nobleza y la caballería. Privilegio, poder y servicio en la articulación de la sociedad moderna, ss. XVI-XVII*, a cura di E.M. García Guerra, H. Linares González, M. Perruca Gracia, Palermo, New Digital Press, 2019, pp. 469-485.

21. I tribunali competenti al rilascio di queste certificazioni erano, oltre al Consiglio degli Ordini, quelli dell'Ordine di Malta, dell'Inquisizione, della chiesa di Toledo e dei *Colegios Mayores* di Salamanca, Alcalà e Valladolid. D'Avenia, *I processi di nobiltà*, p. 1116. Cfr. anche Lambert-Gorges, *Le bréviaire du bon enquêteur*, pp. 170-171.

22. AHN, OM, *Santiago*, Exp. 4897, c. n.n.

23. Postigo Castellanos, *Honor y privilegio*, p. 156.

Una volta terminati gli interrogatori, gli *informantes* redigevano un rapporto conclusivo nel quale riassumevano l'esito del procedimento svolto. L'intera documentazione veniva trasferita al Consiglio degli Ordini che esaminava il processo e, in caso di giudizio positivo, informava il sovrano del buon esito dell'inchiesta, dando il la al passaggio successivo, vale a dire la concessione, o *despacho*, dell'abito. Qualora le *pruebas* rilevassero mancanze nella *limpieza* o nella nobiltà dell'aspirante cavaliere, ciò non portava necessariamente a una sua bocciatura. Casi di questo tipo, ossia di *pruebas reprobadas*, almeno per i *reinos* italiani, furono assai rari, come vedremo. Più di frequente, al contrario, si optava per una soluzione dilatoria (*pruebas retenidas*), meno traumatica rispetto alla *reprobación*, ma assai più dispendiosa poiché allungando i tempi per l'espletamento delle prove, lievitava anche il costo della procedura che, lo ricordiamo, era a carico del candidato. Per cui dilazioni e conseguenti spese si configuravano *de facto* come un altro mezzo di selezione poiché non tutti i pretendenti disponevano delle risorse economiche per sostenere lunghe istruttorie.[24]

In altri casi era il sovrano a forzare la procedura richiedendo una dispensa al pontefice, per il tramite dell'ambasciatore spagnolo a Roma, che consentisse di superare le difficoltà emerse nel corso delle *pruebas*. Nell'estate del 1615, ad esempio, Filippo III scrisse al suo ambasciatore presso la Santa Sede, Francisco Ruiz de Castro, perché chiedesse a Paolo V una dispensa per il napoletano Francesco Maria Mariconda, prima menzionato, dalle cui *pruebas* erano emerse difficoltà nel provare la nobiltà della madre, Elisabetta de Palo.[25] Simile richiesta fu inviata da Filippo IV al cardinale Gian Giacomo Teodoro Trivulzio, ambasciatore spagnolo a Roma, il 10 novembre 1653, a favore di Giovanni Battista Villani, duca di Roscigno e pretendente l'abito di Santiago, in possesso di tutte le qualità previste «menos la nobleza del abuelo materno».[26]

Anche in caso di positiva conclusione delle *pruebas*, inoltre, i tempi che intercorrevano tra la definitiva approvazione in Consiglio e il *despacho* dell'abito potevano non essere brevi. L'attesa, a volte anche di diversi mesi, generava incertezze e preoccupazioni nel richiedente, alimentando voci e

24. D'Avenia, *Nobiltà allo specchio*, p. 48.

25. AHN, Exteriores, *Santa Sede*, Leg. 134, c. 231r, Filippo III a Francisco Ruiz de Castro (Valladolid, 22 agosto 1615).

26. Ivi, c. 300r, Filippo IV al cardinale Trivulzio (Madrid, 10 novembre 1653).

pettegolezzi sulla possibile mancanza dei requisiti richiesti che potevano gettare discredito sull'intero casato. Non va dimenticato che il procedimento era rigorosamente segreto e l'esito ignoto agli interessati, fattori che potevano creare non pochi imbarazzi in caso di dilazioni. In altre parole, più tempo passava dalla conclusione dell'istruttoria al *despacho* dell'abito, più aumentava il dubbio che le prove non avessero avuto esito positivo, sicché anche tale ritardo poteva costituire agli occhi dell'aspirante un duro colpo per la propria reputazione e per quella del proprio casato. Nel 1639 Francesco Brancaccio, premiato con una *merced* dell'abito di Alcántara, lamentò al sovrano che le sue *pruebas*, concluse da settimane, erano ancora ferme in Consiglio e che, essendo nota a tutti la nobiltà del suo lignaggio, «esta padeciendo grande detrimiento».[27] Per velocizzare le operazioni, nel timore che gli *informantes* avessero potuto incontrare dei "difetti", Brancaccio allegò al suo sollecito anche una certificazione che attestava l'appartenenza di due suoi fratelli all'Ordine di San Giovanni. Ancor più significativa la lamentela che giunse a Madrid nel 1670 da parte di Giulio Caracciolo, dei duchi di Miranda, le cui prove di nobiltà si erano concluse da ormai nove mesi senza che alcuna notizia fosse ancora giunta sull'esito delle stesse. A sollecitare la concessione dell'abito fu il viceré Pedro Antonio de Aragón con una lettera indirizzata al presidente del Consiglio degli Ordini, Pedro Portocarrero, conte di Medellin, il 6 febbraio 1670, nella quale emergeva tutto l'imbarazzo che tali ritardi potevano generare in un grande casato come quello dei Caracciolo:

> Primo amigo y Señor. Haviendose servido S.M. hacer merced de havito de una de las tres ordenes militares a Don Julio Caracholo hijo del Duque de Miranda, se hicieron las pruebas en conformidad de los despachos que se me imbiaron y se remitieron nueve meses ha al consejo, y haviendo causado (con razon) no poco desconsuelo al Duque la dilacion de su despacho entrando en summo cuidado siendo la materia de tanta importancia y que no deja de ocasionar alguna novedad en esta nobleza mayormente quando es esta casa de las familias mas illustres del Reyno, os suplico dispongais con Vuestra autoridad el breve despacho desta materia assigurando os que me hareis sumo favor y os quedare en todo reconocimiento.[28]

27. Ivi, OM, Leg. 7022, 118.

28. Ivi, 119, Pedro Antonio de Aragón al conte di Medellin (Napoli, 6 febbraio 1670). Sul conte di Medellin cfr. S. Martínez Hernández, *Pedro Portocarrero Fernández de Córdoba y Aragón*, in DBe, *ad vocem*.

Al di là delle lungaggini causate dalla macchina amministrativa del Consiglio degli Ordini, ve ne furono altre provocate da espliciti tentativi di sabotare la concessione di un abito per inimicizie personali.[29] Si pensi a quanto avvenne ad Antonio Barrile, figlio del duca di Caivano e segretario del Regno di Napoli,[30] il quale aveva ottenuto la *merced* dell'abito di Calatrava il 7 aprile 1634.[31] Si trattava di uno degli abiti che il sovrano aveva concesso al viceré conte di Monterey perché li distribuisse a suo piacimento a figure meritevoli del viceregno; ed è facile capire perché fu proprio Barrile a riceverlo dal momento che suo padre, Giovannangelo, fu uno dei personaggi più potenti su cui poté contare Monterey durante il suo governo a Napoli.[32] Stando a quanto scrisse quest'ultimo a Filippo IV e a Juan Chaves y Mendoza, presidente del Consiglio degli Ordini,[33] Francesco Albrizzi e Carlo Frangipane della Tolfa avevano fatto circolare maldicenze sul conto di Barrile a Napoli e a Madrid per bloccare l'assegnazione dell'abito di Calatrava. Tali voci sarebbero state dettate dall'inimicizia di questi verso suo padre Giovannangelo, reo di non aver contrastato, a loro avviso, le accuse «de assesinios, falsedades y otros delictos graves» per le quali erano inquisiti.[34] Le loro manovre non avrebbero comunque impedito a Barrile di

29. Sui rapporti interni alla nobiltà del Regno di Napoli cfr. E. Papagna, *Avversari, nemici, ... anzi parenti. I rapporti tra famiglie della nobiltà napoletana nella prima età moderna*, in «Società e Storia», 116 (2007), pp. 273-291; Sodano, *Le aristocrazie napoletane*.

30. Su Antonio Barrile cfr. Filamondo, *Il genio bellicoso di Napoli*, II, pp. 23-29. Sul padre Giovannangelo e sul suo ruolo politico nella Napoli del tempo cfr. G. Mrozek Eliszezynski, *Nobili inquieti. La lotta politica nel regno di Napoli al tempo dei ministri favoriti (1598-1665)*, Roma, Viella, 2023, *passim*.

31. BNE, ms. 2447, c. 95r.

32. Cfr. Mrozek Eliszezynski, *Nobili inquieti*, p. 130.

33. Su Chaves de Mendoza cfr. R. Gómez Rivero, *Juan de Chaves y Mendoza*, in DBe, *ad vocem*.

34. «De los habitos que Su Magestad mando despachar a mi instacia para algunos cavalleros desta Ciudad, di uno de Calatrava a d. Antonio Barril hijo del Duque de Cayvano [...]. Y haviendo hecho las pruebas, y remitidolas al Consejo de las Ordenes se ha entendido que Don Francisco Albricio y el duque de Grumo don Carlos de la Tolfa han hecho malos officios al dicho don Antonio por causa que hallandose inquisidos de assesinios, falsedades y otros delictos graves, no pudiendo el dicho duque de Cayvano escusar al cumplir con las obligaciones de su officio en lo que se le ha ordenado, han quedado disgustados y enemigos del dicho duque». ASNa, *Segreteria dei viceré, Corrispondenza estera*, n. 1292, cc. 32r-33v, il conte di Monterey a Juan de Chaves y Mendoza (Napoli, 8 ottobre 1634). Albrizzi e Frangipane della Tolfa erano accusati, tra le altre cose, di aver battuto moneta falsa. Ivi, c. 33v.

vestire l'abito di Calatrava l'anno successivo, nel 1635,[35] potendo contare sull'appoggio del viceré Monterey che scrisse personalmente a Madrid di concedere quanto prima l'abito ad Antonio e di non dare ascolto a «gente mal afecta que habla tan fuera de proposito, y ayena de la verdad».[36]

Calunnie, voci e inimicizie personali e familiari, elementi ricorrenti nella dialettica interna alle nobiltà, potevano anche prolungare a tal punto i tempi delle *pruebas* – con tutto ciò che questo comportava in termini non solo di reputazione ma anche economici – da impedire a un candidato l'approdo all'abito militare. Si pensi, ad esempio, alle vicissitudini patite dal siciliano Antonio Ansalone, *segreto* della città di Messina, premiato con la *merced* di un abito di Santiago nel 1662: le accuse sulla dubbia *limpieza* della nonna materna, poi rivelatesi false, i passati contrasti tra lo zio Ascanio, reggente del Consiglio d'Italia, e l'ex viceré di Sicilia, Juan Tellez-Girón, duca di Ossuna,[37] a cui si aggiunse anche lo scoppio della rivolta di Messina ostacolarono e ritardarono per vent'anni la conclusione delle sue *pruebas*.[38] Repressa l'insurrezione e ripristinato nel suo posto di *segreto* della città, Ansalone vanamente supplicò negli ultimi anni della sua vita che si sbloccasse il suo procedimento per poter finalmente indossare «la insigne de la merced que V.M. le tiene hecha»:[39] morì prima della definitiva conclusione del suo processo di nobiltà e non vestì mai il tanto desiderato abito militare. Non riuscirono a far valere le proprie ragioni neppure i fratelli Angelo Maria e Giovanni Battista Schittini, figli del duca di Vizzini, nel catanese, di origini genovesi ma residenti a Palermo, dove la famiglia si era stabilmente trasferita sin dagli inizi del XVII secolo. Al termine delle *pruebas* effettuate nel 1676 per il conferimento dell'abito di Calatrava, le maldicenze sul loro conto fatte circolare a corte dal genovese Costantino de Franchi, «movido de rancor y enemistad capital»,[40] riuscirono a precludere ai due fratelli l'ingresso nell'Ordine di Calatrava.[41]

35. AHN, OM, *Calatrava*, Exp. 252.

36. ASNa, *Segreteria dei viceré, Corrispondenza estera*, n. 1292, c. 33v.

37. Sul viceré duca di Ossuna cfr. F.J. Gutiérrez Núñez, *Juan Tellez-Girón y Enríquez de Ribera*, in DBe, *ad vocem*. Sui contrasti tra lo zio di Antonio e il viceré di Sicilia cfr. D'Avenia, *Nobiltà allo specchio*, pp. 48-49.

38. AHN, OM, *Santiago*, Exp. 456.

39. Ivi, Leg. 7022, 138. Cfr. anche ivi, 164.

40. Ivi, 133.

41. Le *pruebas* di entrambi risultano, infatti, negli elenchi di Vignau e Uhagón, incomplete. Vignau, Uhagón, *Índice de pruebas de los caballeros que han vestido el hábito de Calatrava, Alcántara y Montesa*, p. 155.

2. «*Si eran nobles y en que consistia*»

Lontano dai territori iberici, lo *status* di *hijosdalgo*, essenziale per accedere agli Ordini militari, poteva assumere un significato sfumato, difficile da adattare alle diverse realtà italiane e che, di conseguenza, poteva essere differente a seconda del territorio di origine dell'aspirante cavaliere. Se a Napoli, ad esempio, tale condizione era facilmente riscontrabile con la verifica dell'ascrizione o meno del candidato a uno dei seggi nobili della città[42] – i cui membri, peraltro, erano convinti di possedere la forma perfetta di nobiltà[43] –, diversa era la situazione allorché le prove si svolgessero in luoghi diversi dalla capitale, così come avveniva anche nelle città del Ducato di Milano o del Regno di Sicilia.

La nobiltà costituiva il fulcro della struttura sociale di antico regime e come tale era celebrata dalla trattatistica del tempo che nella virtù, nell'onore e nell'antichità dell'ascendenza individuava gli elementi fondamentali per definire e attribuire tale *status*.[44] In questo senso, i processi di

42. Nella relazione conclusiva degli *informantes* che condussero le *pruebas* di Carlo d'Azzia nel 1639 è riportata una definizione di cosa significasse essere considerato nobile a Napoli: «en el dicho Reyno dicen [i testimoni interrogati] [...] que solo hay distincion y diferencia de nobles y de plebeyos, y que la nobleça se prueba por la antiguedad de las familias, fama y reputacion en que han vivido, y por los oficios, sin mezclarse los nobles con los de la plebe; y que entre los nobles hay diferencia porque unos son de sejo y otros no, y que los de sejo generalmente tienen mas estimacion, y la raçon es porque los sejos de Napoles son muy antiguos, tanto que no hay noticia de quando començaron y gozan demas honores que los otros cavalleros que no son de sejos». AHN, OM, *Santiago*, Exp. 709, c. n.n. Sulla nobiltà di seggio napoletana il rinvio d'obbligo è a G. Muto, *Gestione politica e controllo sociale nella Napoli spagnola*, in *Le città capitali*, a cura di C. De Seta, Bari, Laterza, 1985, pp. 68-94; Id., *Napoli capitale e corte*, pp. 199-217. Cfr. anche G. Sodano, *Il governo della città: Napoli nell'età spagnola*, in *Capitali senza re nella Monarchia spagnola. Identità, relazioni, immagini (secc. XVI-XVIII)*, a cura di R. Cancila, 2 voll., Palermo, Associazione Mediterranea, 2020, I, pp. 79-102.

43. Muto, *Napoli capitale e corte*, p. 166.

44. Sul concetto di nobiltà e sulla sua evoluzione in Età moderna, rimane fondamentale, per il caso italiano, lo studio di Donati, *L'idea di nobiltà in Italia*. Cfr. anche M. Domenichelli, *Cavaliere e gentiluomo. Saggio sulla cultura aristocratica in Europa (1513-1915)*, Roma, Bulzoni, 2002; Nobilitas. *Estudios sobre la nobleza y lo nobiliario en la Europa moderna*, a cura di J. Hernández Franco, J.A. Guillén Berrendero, S. Martínez Hernández, Madrid, Doce Calles, 2012; J.A. Guillén Berrendero, *La edad de la nobleza. Identidad nobiliaria en Castilla y Portugal (1556-1621)*, Madrid, Polifemo, 2012; *Identità nobiliare tra monarchia ispanica e Italia. Lignaggi, potere e istituzioni (secoli XVI-XVIII)*, a cura di C. Sanz Ayán, S. Martínez Hernández, M. Aglietti, D. Edigati, Roma, Edizioni

nobiltà previsti per l'ammissione a qualunque Ordine cavalleresco fungevano da strumento di verifica oltre che essere mezzo per preservare e cementare le gerarchie sociali esistenti. Data la natura "nazionale" degli Ordini militari castigliani, l'ammissione di cavalieri originari della penisola italiana implicava la necessità di adeguare l'ideale di *nobleza* castigliano, richiesto dagli statuti dei tre Ordini, alle molteplici e specifiche peculiarità presenti nei territori italiani. Gli *informantes*, implicitamente veicolo e artefici della diffusione e creazione di un archetipo di nobiltà transnazionale, interrogavano i testimoni non solo riguardo alla nobiltà del pretendente e della sua famiglia, ma anche alle sfumature e alle interpretazioni di quello stesso concetto nel contesto territoriale specifico: «si eran nobles y en que consistia y que excepciones tenia en dicho lugar el que era noble», come si legge in uno degli *expedientes de pruebas* esaminati.[45] Il requisito della separazione di ceto rimase a lungo un riferimento generico che venne co-

di Storia e Letteratura, 2019; M. Rivero Rodríguez, *Nobleza, Cristiandad y Monarquía. La construcción de una idea y un arquetipo social*, in *Nobleza hispana, nobleza cristiana*, I, pp. 9-52. Cfr. anche, per quanto riguarda il Regno di Napoli, M.A. Visceglia, *Identità sociali. La nobiltà napoletana nella prima età moderna*, Milano, Unicopli, 1998; G. Muto, *I "segni d'Honore". Rappresentazioni delle dinamiche nobiliari a Napoli in Età moderna*, in *Signori, patrizi, cavalieri*, pp. 171-192; G. Cirillo, *Virtù cavalleresca e antichità di lignaggio. La Real Camera di S. Chiara e le nobiltà del Regno di Napoli nell'età moderna*, Roma, Ministero per i beni e le attività culturali, 2012. Per la Sicilia, L. Scalisi, *"Dietro à tal Colombo". Ser noble entre Sicilia y España: historias de conflictos y nobleza*, in Nobilitas. *Estudios sobre la nobleza*, pp. 113-135. Cfr. anche R. Cancila, *Las noblezas del reino de Sicilia (1556-1720)*, in *Las noblezas de la monarquía de España*, pp. 237-266. Per Milano, C. Cremonini, *Las élites lombardas y el sistema español*, in *Las noblezas de la monarquía de España*, pp. 293-312.

45. AHN, OM, *Santiago*, Exp. 2044, c. n.n. L'universo aristocratico italiano di Età moderna era caratterizzato da una distinzione interna tra nobili, in senso generico, e patrizi, ossia coloro, all'interno del primo gruppo, che avevano assunto in passato cariche civili o erano in condizioni di assumerle. La nobiltà di seggio a Napoli, ad esempio, aveva il privilegio di poter concorrere agli uffici del governo cittadino, preclusi alla nobiltà fuori seggio, secondo una distinzione che è riscontrabile anche in altre città del Regno di Napoli e che mostra un mondo nobiliare meridionale molto più articolato di quello tradizionalmente appiattito sull'immagine indistinta della grande feudalità titolata. Sull'argomento, mi limito a citare qui: Muto, *Napoli capitale e corte*, pp. 139 e ss.; P. Ventura, *La capitale e le élites urbane nel regno di Napoli tra XVI e XVIII secolo*, in «Mélanges de l'École française de Rome. Italie et Méditerranée», 1 (2009), pp. 261-296; M. Berengo, *Città italiana e città europea: ricerche storiche*, Roma, Viella, 2017; C. Mozzarelli, *Antico regime e modernità*, Roma, Bulzoni, 2008; D. Ligresti, *Feudatari e patrizi nella Sicilia moderna (Secoli XVI-XVII)*, Catania, C.U.E.C.M., 1992.

dificato solo nella seconda metà del Seicento,[46] quando iniziò a comparire anche nelle istruzioni consegnate agli *informantes* incaricati di condurre istruttorie fuori dalla penisola iberica. In esse si specificava, inoltre, che laddove il criterio discriminante fosse stato il possesso o meno di determinate cariche politiche, allora l'indagine avrebbe dovuto verificare se queste cariche, generalmente destinate ai nobili, fossero state ottenute attraverso mezzi fraudolenti.

Le istruttorie degli *informantes* configuravano, in sostanza, un ideale di nobiltà transnazionale che adeguasse i singoli peculiari modelli delle diverse realtà italiane a quello di *nobleza* di matrice castigliana.[47] In esso un attributo fondamentale era quello dell'onore, termine con il quale, usando le parole di John Elliott, gli spagnoli «intendevano qualcosa di concreto, distinto dalla stessa persona, il cui valore era calcolato dagli altri».[48] Se nel luogo d'origine del candidato non erano presenti istituzioni che connotassero oggettivamente l'affiliazione di un individuo e della sua famiglia alla nobiltà di quel territorio – come nel caso, appunto, dei *seggi* a Napoli –, allora l'appartenenza a un lignaggio, la sua antichità e soprattutto la reputazione pubblica e il riconoscimento sociale della propria presenza e del proprio ruolo nello spazio urbano diventavano elementi discriminanti che identificavano la nobiltà di un individuo, differenziandolo dal resto della società. Vediamo alcuni esempi.

Le *pruebas* per l'abito di Santiago di Diego de Brizuela Nicastro, *capitan de coraças*, frutto di un matrimonio misto italo-spagnolo, quello tra Juan de Brizuela e Lucrezia de Nicastro, si svolsero, negli anni Trenta del Seicento, a Montalbán, in Aragona, per verificare la nobiltà del lato paterno, e a Manfredonia per quello materno. I de Nicastro erano una delle principali famiglie del centro portuale pugliese, che godevano dello *status* di nobiltà anche a Barletta,[49] ma non a Napoli, in quanto non ascritti ad alcun seggio nobiliare. Era dunque necessario conoscere quali elementi

46. D'Avenia, *I processi di nobiltà*, pp. 1111-1113.

47. J.A. Guillén Berrendero, *Otros territorios, mismos discursos. La formación de una idea de nobleza transnacional en los territorios italianos de la Monarquía española: tres ejemplos*, in *Centros de poder italianos en la Monarquía Hispánica*, II, pp. 1311-1336. Cfr. anche Id., *Nobleza, genealogía y opinión en la monarquía de España*, in *Las noblezas de la monarquía de España*, pp. 685-708.

48. J.H. Elliott, *La Spagna imperiale. 1469-1716*, Bologna, il Mulino, 2006, p. 254.

49. Così riporta una dichiarazione del sindaco di Barletta, Vincenzo della Marra, sottoscritta il 9 luglio 1630. AHN, OM, *Santiago*, Exp. 1254, c. n.n.

distinguessero a Manfredonia una famiglia nobile. Il doganiere della città, ad esempio, sostenne la nobiltà del quarto materno di Diego perché i de Nicastro possedevano «caballos y criados» e contraevano regolarmente matrimoni con le principali famiglie del territorio; dichiarò, inoltre, che da più di duecento anni la famiglia deteneva il «derecho del arbolagio de todos los nabios que entran en el puerto [...] que es prueba bastante de su antiguedad y nobleza».[50] Un altro testimone affermò che membri del casato godevano dello *status* nobiliare anche in altre città pugliesi, quali Barletta, Bari e Giovinazzo.[51]

Altro esempio significativo è quello relativo alle *pruebas* di Marco Fisicaro, capitano di *cavallos coraças*, anch'egli nato da un matrimonio misto italo-spagnolo, quello tra Francesco e Maria Garcia Ravanal. Siamo a Trapani, luogo originario della famiglia Fisicaro, dove il nonno materno del nostro aspirante cavaliere, il capitano Marco Garcia Ravanal, originario del regno di León, ricopriva la carica di governatore e aveva sposato una nobildonna siciliana, Laura del Monaco. Uno dei testimoni, deponendo su quanto conosceva della *nobleza* delle due famiglie, sostenne che entrambe erano reputate nobili «por su sangre como por los puestos que han ocupado en esta ciudad de jurado como de la compañia de los blancos que en ellas no se rezive sino a caballeros y el de jurado no se da sino a personas nobles y que siempre se an tratado con lustre».[52] I testimoni interrogati per provare il possesso dei requisiti d'ingresso all'Ordine di Santiago di Gaspare Romeo, originario di Messina, invece, dichiararono che la nobiltà delle famiglie materna e paterna era chiara perché tutte erano ascritte nel «libro seu Mastra», ossia facevano parte del patriziato cittadino che deteneva il monopolio delle cariche municipali, precluse a chi non godeva di tale *sta-*

50. Ivi, c. 12r.

51. Ivi, c. 15v. Quasi tutti i testimoni ricordavano che la maggior parte delle scritture attestanti l'antichità e la nobiltà della famiglia, oltre che i privilegi della stessa città di Manfredonia, andarono distrutte con la «ynbasion de los turcos del año 1620». Sull'attacco turco a Manfredonia del 16 agosto 1620 cfr. A. La Cava, *Il sacco di Manfredonia*, in ASPN, XXVI (1940), pp. 66-104; C. Serricchio, *Il sacco di Manfredonia tra storia e storiografia*, in *Storia di Manfredonia*, vol. II., *L'età moderna*, a cura di S. Russo, Bari, Edipuglia, 2009, pp. 199-214. Cfr. anche A. Spagnoletti, *Un mare stretto e amaro. L'Adriatico, la Puglia e l'Albania (secc. XV-XVII)*, Roma, Viella, 2014.

52. AHN, OM, *Santiago*, Exp. 3088, c. n.n. La «compañia de los blancos» citata nel passo è la Confraternita della Carità della Santa Croce, detta anche dei Bianchi, fondata nel 1555. Vi erano ammessi solo coloro in grado di provare l'antichissima nobiltà del proprio casato. Sull'argomento cfr. Emanuele e Gaetani, *Della Sicilia nobile*, III, pp. 423-425.

tus.[53] Non diverse le risposte ricevute dagli *informantes* che si recarono, nel 1697, a Cammarata, nell'agrigentino, per verificare il possesso dei requisiti di Geronimo Landolina. La nobiltà della sua famiglia era, secondo l'ottantatreenne sacerdote della chiesa del Carmine della città siciliana, tale per «publica voz y fama». Inoltre, il padre di Geronimo, Felice Landolina, aveva ricoperto il ruolo di *jurado* nella vicina San Giovanni Gemini, riservato a esponenti della nobiltà, ed era ascritto nella *Mastra*, il libro della nobiltà cammaratese, «en la qual tan solamente pueden entrar cavalleros muy calificados y de la esfera superior, y no de la plebeya».[54]

Spostiamoci ora in Lombardia, a Como, città natale di Tolomeo Gallio, nipote del cardinale omonimo,[55] dove nel 1596 si svolsero le *pruebas* per l'abito di Santiago per il quale il sovrano gli aveva concesso la *merced* nel 1587.[56] Il casato dei Gallio era annoverato nel patriziato di Como già alla fine del XV secolo e aveva fatto fortuna grazie al commercio nei territori imperiali.[57] Uno dei testimoni interrogati dagli *informantes*, Giovanni Battista Odescalchi, esponente di un'altra delle principali famiglie del patriziato comasco, dichiarò la nobiltà dei Gallio adducendo come prova evidente il loro privilegio di poter accedere alle principali cariche governative della città.[58] A Candia, nella Lomellina, si svolsero invece, nel 1696, le prove di Giovanni Matteo Confalonieri, figlio di Giulio Geronimo e Margherita Massa. Qui Giovanni Battista Arduino dichiarò che le famiglie del padre e della madre del candidato erano nobili in quanto godevano di privilegi ed esenzioni anche di natura fiscale.[59] I teste ascoltati per verificare i requisiti d'accesso all'Ordine di Santiago del cremonese Giovanni Battista Ariberti non specificarono, al contrario, cosa connotasse nella città padana la nobiltà di un individuo, limitandosi a riferire che i parenti del candidato

53. AHN, OM, *Santiago*, Exp. 7212, c. n.n.

54. Ivi, *Santiago*, Exp. 4298, cc. 12rv.

55. Sul cardinale Tolomeo Gallio cfr. G. Brunelli, *Gallio, Tolomeo*, in DBI, vol. 51 (1998), *ad vocem*. Sul mecenatismo del cardinale e della sua famiglia cfr. anche M. Rizzini, *Note sul collezionismo seicentesco: la famiglia Gallio di Como*, in «Arte Lombarda», 3-4 (1991), pp. 151-154.

56. AHN, OM, *Santiago*, Exp. 3225.

57. C. Castelli, *Tolomeo Gallio, cardinale di Como*, in «Periodico della Società storica comense», L (1983), pp. 9-85; Cfr. anche E. Riva, *Appunti sulla formazione dell'identità urbana e politica. I ceti dirigenti comaschi nell'età di Filippo II*, in «Mélanges de l'École française de Rome. Italie et Méditerranée», 2 (2006), pp. 357-378.

58. AHN, OM, *Santiago*, Exp. 3225, c. n.n.

59. Ivi, *Santiago*, Exp. 2044, c. n.n.

fossero tra coloro che «aqui llaman nobles» e «que siempre los ha visto tratar y reputar como tales en esta ciudad».[60] Vale a dire nobili per «publica voz y fama», la stessa menzionata ad Alessandria dai testimoni ascoltati nel marzo 1575 per verificare il possesso dei requisiti necessari ad entrare nell'Ordine di Santiago da parte di Ludovico Guasco. I genitori, Giovan Giacomo e Caterina Motafia, così come i nonni paterni e materni, erano qui considerati «muy nobles y de los mas principales desta tierra que es lo que equibale a los nobles hijosdalgo en España».[61] O ancora, nelle *pruebas* di Giovanni Acerbo, svolte a Castelnuovo Scrivia, nel *Milanesado*, nel 1619, la nobiltà delle famiglie era tale perché «cosa muy publica y notoria» e l'opinione comune sul pretendente, la sua famiglia e il suo lignaggio era «muy buena y honrada».[62]

«Pubblica voz y fama», ricchezza, prerogativa nel ricoprire cariche civili e riconoscimento pubblico del proprio *status* sociale erano, pertanto, fattori discriminanti in tutti e tre i *reinos* italiani della Corona di Castiglia per definire nobile un individuo e la propria famiglia. Tutto ciò, ad ogni modo, poteva non essere sempre sufficiente per superare un processo di nobiltà. Anche l'antichità della propria ascendenza rivestiva un ruolo fondamentale così come l'assenza di tracce di «oficios viles» nelle generazioni precedenti o, quantomeno, nella memoria collettiva dei teste ascoltati nel proprio luogo d'origine. Specie per famiglie di recente ascesa, però, non era sempre agevole dimostrare il possesso di tali requisiti. Ad offrire un aiuto agli aspiranti cavalieri appartenenti a famiglie con un recente successo sociale giunse però, a partire dagli anni Venti del Seicento, come si è detto, la prammatica *de actos positivos*: le unioni matrimoniali realizzate con l'aiuto del denaro accumulato grazie ad attività considerate indecorose dalla ortodossa concezione nobiliare perseguita dal Consiglio degli Ordini, strumento e mezzo per aprire un varco e accedere nella cerchia della nobiltà più prestigiosa, costituirono una preziosa risorsa immateriale che poteva consentire l'ingresso a un Ordine militare e, di conseguenza, il pubblico e formale riconoscimento dello *status* nobiliare recentemente acquisito.

60. Ivi, *Santiago*, Exp. 606, c. n.n.
61. Ivi, *Santiago*, Exp. 3349, c. n.n.
62. Ivi, *Santiago*, Exp. 27, c. n.n.

3. *L'importanza della parentela: il caso dei Brancia di Sant'Elia*

Con l'entrata in vigore della prammatica *de actos positivos*, come si è detto, le strategie matrimoniali di un casato acquisirono una rilevanza decisiva nell'*iter* per il conseguimento di una croce cavalleresca. La vicenda che nel Seicento vide protagonista il gruppo familiare dei Brancia di Sant'Elia consente di apprezzare appieno l'importanza di tale provvedimento regio per quelle famiglie che, sebbene facoltose e abili nello sfruttare il proprio denaro per contrarre oculate alleanze matrimoniali, non potevano tuttavia vantare illustri e antichi natali. Tale provvedimento offrì loro la *chance* di poter accedere a una delle onorificenze che meglio potesse soddisfare la propria ambizione e consacrare il possesso di uno *status* nobiliare.

Studiando i quattro membri del casato napoletano dei Brancia premiati con un abito cavalleresco nella prima metà del Seicento, ci si imbatte nella concessione di un abito di Santiago fatta, nel 1643, ad Antonio: l'analisi dell'*expediente de pruebas* svela non solo la sua estraneità al ramo più celebre dei Brancia di Sorrento, ma anche una vicenda che, se non può essere considerata del tutto insolita nella storia delle concessioni di abiti cavallereschi, è quantomeno singolare per quanto indagato nel corso della presente ricerca oltre a essere esemplare di quanto esposto sopra. Il modo in cui egli riuscì a conseguire la tanto ambita croce cavalleresca spiega bene come si potessero scardinare i rigidi requisiti d'ingresso agli Ordini militari sfruttando proprio l'*escamotage* offerto dalla Corona con la prammatica *de actos positivos*.

Ma partiamo dal ramo più noto del casato, quello di Sorrento, città dove i Brancia «furon sempre annoverati fra i primi, e più principali»[63] e dove erano ascritti al seggio nobile di Porta, mentre a Napoli godevano nobiltà in quello di Capuana. Il Brancia più noto del tempo era Ferrante (1564-1645): avvocato, membro del Sacro Regio Consiglio nel febbraio del 1612, privato dell'incarico nel 1619 per sospette cospirazioni antigovernative, scagionato e reintegrato pochi mesi dopo, svolse con abilità incarichi anche di natura finanziaria e, nel 1629, fu nominato reggente del Consiglio d'Italia, trasferendosi per diversi anni a Madrid dove Filippo IV

63. F. Campanile, *L'armi, overo insegne de' Nobili*, Napoli, Tarquinio Longo, 1610, p. 259.

gli concesse il titolo di duca di Belvedere e, nel 1634, l'abito di Calatrava.[64] Tornato a Napoli, nel 1636 entrò nel Consiglio Collaterale. Morì nove anni più tardi. Dal matrimonio con Olimpia Capece Bozzuto, nel 1594, nacque Francesco, per il quale ottenne l'abito di Santiago nel 1616.[65] La sua brillante carriera giuridica e il servizio prestato al sovrano tra la penisola italiana e quella iberica facilitarono le concessioni di abiti militari in seno alla famiglia anche nelle generazioni successive.[66]

Il "nostro" Antonio Brancia, cavaliere di Santiago nel 1643, come si è accennato, era estraneo alla prestigiosa parentela con Ferrante. La sua è la storia di un'ascesa sociale che l'abito cavalleresco doveva sancire e rendere visibile, per evitare che in futuro la nobiltà del casato potesse essere messa in discussione. Un'ascesa favorita e sostenuta non da meriti militari o da brillanti carriere giuridiche, come per i Brancia di Sorrento, ma esclusivamente dal denaro. Fu Antonio, omonimo bisnonno del nostro pretendente, a investire per primo l'ingente fortuna di cui disponeva per elevare lo *status* sociale della famiglia. Molti dei teste ascoltati dagli *informantes* durante le *pruebas* per l'abito di Santiago del nipote, infatti, rimarcarono proprio le sue grandi disponibilità economiche – che gli avevano permesso di acquistare titoli e feudi tra la Capitanata e il Contado di Molise – e la sua abilità nell'unire in matrimonio le figlie con rampolli della nobiltà regnicola, consentendo così alla famiglia di penetrare nel cuore dell'aristocrazia titolata meridionale.[67] Ulteriore conferma, questa, di un'abituale strategia

64. AHN, OM, *Calatrava*, Exp. 338.

65. L'antica linea dei Brancia, tuttavia, era destinata a estinguersi. Morto nel 1624, Francesco lasciò tre figli, Fernando, deceduto senza eredi nel 1632, Giovanna e Beatrice, avuti da Ippolita Carbone Frangipane della Tolfa, che portò in dote anche i titoli di marchese di Paduli e di San Mauro: il primo trasmesso maritali nomine ai Cantelmo duchi di Popoli, in seguito al matrimonio di Beatrice con Fabrizio Cantelmo, e il secondo ai Pignatelli, per via delle nozze di Giovanna con Agnello Pignatelli.

66. Ferrante riuscì, infatti, a ottenere l'abito di Santiago sia per il figlio Francesco, nel 1616 (AHN, OM, *Santiago*, Exp. 1216), sia per il nipote Ferrante, nel 1625 (ivi, *Santiago*, Exp. 1214), ancor prima di ricevere egli stesso, nel 1634, quello di Calatrava.

67. AHN, OM, *Santiago*, Exp. 1215. Anche le testimonianze contenute nell'*expediente* di uno dei cugini di Antonio, Giacomo Caracciolo Brancia, ricordavano che il suo bisnonno fu un uomo ricco che acquistò diverse terre e dotò bene le sue figlie facendole sposare con esponenti della nobiltà napoletana. Ivi, *Santiago*, Exp. 1515, c. 27r. Antonio comprò le terre e i titoli di Barone di Sant'Elia e Monacilione, di Vulgano, Larino, San Felice, San Leucio, Gaviglia, Sant'Elena e Castelpagano. Cfr. G. Magliano, *Larino. Considerazioni storiche sulla città di Larino*, Campobasso, Giovanni e Nicola Colitti, 1895, pp. 264 e ss.

messa in atto da famiglie venute recentemente alla ribalta, facoltose ma estranee all'élite nobiliare.

Il processo di nobiltà di Antonio, iniziato nel 1625, si protrasse però per ben diciotto anni – una delle istruttorie di maggior durata tra i casi esaminati – per via della mancanza di alcuni requisiti necessari, tra i quali quello della *nobleza* dei nonni paterni e materni. Il 9 febbraio 1626 i cavalieri di Santiago Juan Osorio de Figueroa e Giulio del Giudice, designati per condurre il procedimento, iniziarono gli interrogatori di rito a Napoli e in poco meno di un mese ascoltarono diciassette testimoni, alcuni dei quali faticarono a risalire le generazioni e a stabilire anche il luogo d'origine dei suoi antenati. La pratica necessitava, dunque, di ulteriori approfondimenti: nel febbraio dell'anno successivo, i due *informantes* si recarono prima a Foggia e dopo a Sant'Elia, luogo d'origine del padre, per ascoltare altre testimonianze, ventiquattro in questa seconda tornata. Nella relazione stilata il 29 maggio 1627, del Giudice e Osorio de Figueroa rilevarono problematiche che impedivano la positiva conclusione dell'istruttoria: oltre ai dubbi sulla nobiltà dei quarti materno e paterno, alcuni dei teste riferirono che il cognome di Antonio fosse in realtà Onofrio e che quello di Brancia fosse stato assunto dalla famiglia da quando un antenato del pretendente, Bernardino, abruzzese trasferitosi a Foggia, aveva lì sposato Adriana Brancia. Dalla loro unione nacque Antonio, bisnonno del pretendente, «el qual [dejo] el apelido de Onofrio de su padre, se tomo el de Brancha de su madre y assi lo han continuado sus descendientes».[68] I due *informantes* ascoltarono sulla questione anche Ferrante Brancia, di cui si è detto in precedenza, il quale confermò

> que estos no son Branchas mas Onofrios y que los proprios Branchas de Foza no sabe que sean de su linaje, y que los tiene por diferentes y habla muy mal de la nobleza del apelido de Onofrio y no ha querido dezirlo por escrito, y dize que ha tenido en sus manos un processo y pleyto hecho en el Consejo de Santa Clara, entre estos donde se bè las bassezas, y que esto processo le ha sido urtado, y en la misma opinion de vilania tiene a Juana del Vequio madre del dicho pretensor.[69]

Solo nel 1643, diciotto anni dopo l'avvio del procedimento, Antonio riuscì a ottenere la croce cavalleresca, potendo sfruttare a quella data gli *actos positivos* della sua parentela. L'esito sperato, infatti, si ottenne grazie ai prestigiosi matrimoni contratti dalle zie Porzia e Aurelia: nel 1642, il cugino Tommaso Caravita, nipote della zia Porzia, ottenne l'abito di San-

68. AHN, OM, *Santiago*, Exp. 1215, c. 45v.
69. Ivi, cc. 46rv.

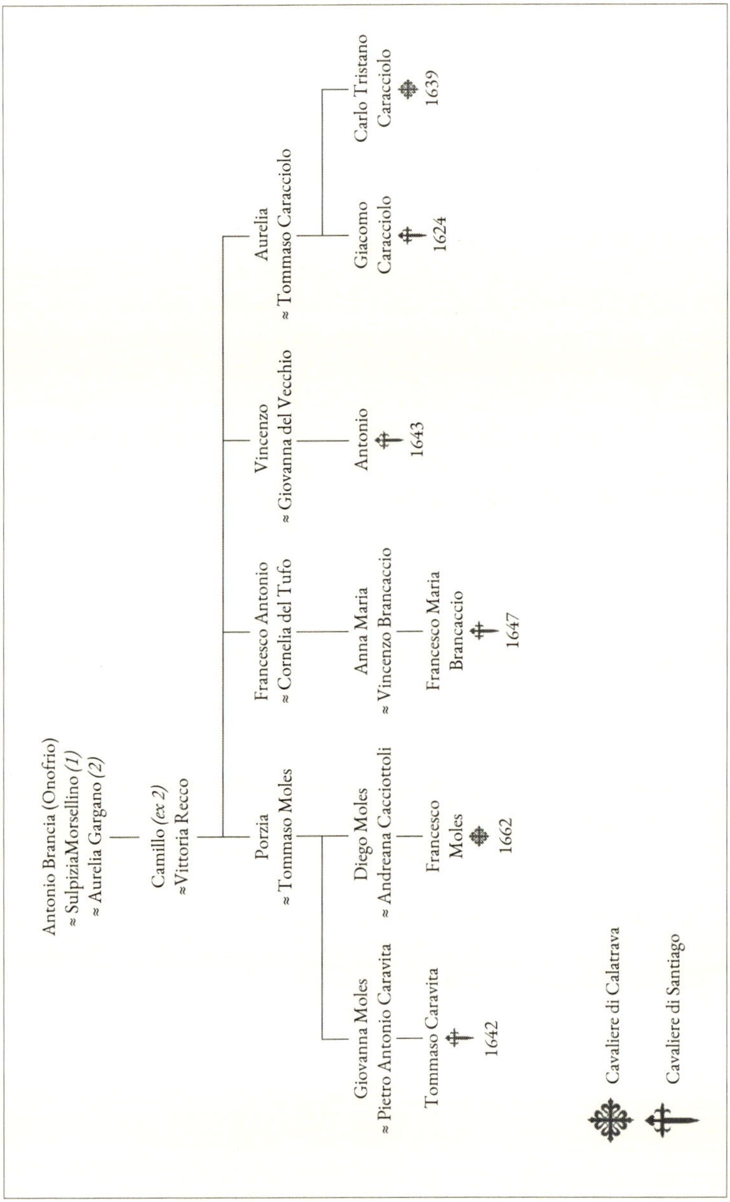

Fig. 7. Genealogia sintetica della famiglia Brancia di Sant'Elia (secc. XVI-XVII).

tiago che andò ad aggiungersi a quelli concessi ai cugini Giacomo (1624) e Carlo Tristano Caracciolo (1639), figli della zia Aurelia. In questo modo, raggiunta la soglia minima di tre *actos positivos* prevista dalla prammatica regia del 1623, Antonio poté finalmente essere ammesso nell'Ordine militare di Santiago (fig. 7).

4. *Le* pruebas reprobadas

Il lavoro degli *informantes* raramente si concludeva con esito negativo; la stragrande maggioranza dei processi di nobiltà si chiuse, infatti, positivamente anche se, talvolta, prima della loro definitiva conclusione potevano passare anche diversi anni, come per la vicenda di Antonio Brancia sopra descritta. Non mancarono comunque casi, sebbene isolati, di ingressi negli Ordini negati per mancanza dei requisiti richiesti i quali, proprio per la loro rarità, rappresentano un interessante oggetto d'indagine, meritevole di un'analisi più approfondita. Tra gli aspiranti originari dei tre *reinos* castigliani della penisola italiana, solo quattro si videro precluso l'accesso all'Ordine militare cui erano destinati, o solo di essi si conserva la relativa documentazione nel fondo archivistico madrileno degli *expedientes reprobados*. Nella maggior parte dei casi l'impedimento fu la nobiltà di uno dei quattro quarti di parentela del candidato o la difficoltà, meglio, di identificare tale *status*.

Partiamo dal Ducato di Milano. Nel 1688 il processo di nobiltà di Pietro Paolo Corbella, primogenito di Carlo Felice e Cecilia Gallia, aspirante all'abito di Calatrava, giunse al vaglio del Consiglio degli Ordini che lo rigettò per «nobleza y officios».[70] Non sembra, tuttavia, leggendo la relazione conclusiva degli *informantes*, che questi avessero incontrato dei "difetti" nel candidato, fatta eccezione per la difficoltà di definire con certezza la *nobleza* della sua parentela. I Corbella basavano la loro fortuna sui capitali accumulati nel commercio milanese seicentesco, più specificamente nel settore serico,[71] che permise loro di elevarsi socialmente seguendo un percorso battuto anche da altre famiglie mercantili

70. Ivi, *Reprobados*, *Calatrava*, Exp. 25, c. n.n.

71. Cfr. G. Tonelli, *Affari e lussuosa sobrietà: traffici e stili di vita dei negozianti milanesi nel XVII secolo (1600-1659)*, Milano, FrancoAngeli, 2012.

del Ducato, come i Clerici, i Durini, gli Airoldi, solo per citarne alcune: vale a dire acquisire un feudo e conseguire un titolo nobiliare. Il nostro Pietro Paolo Corbella acquistò i feudi di Affori (1686) e San Giuliano (1690),[72] entrambi nel *Milanesado*, ottenendo sul primo, nel 1687, anche il titolo marchionale.[73]

Il 17 settembre di quello stesso anno, ottenuta la *merced* di un abito di Calatrava, furono nominati dal presidente del Consiglio degli Ordini gli *informantes* che avrebbero condotto il suo processo di nobiltà a Milano: Juan de Maldonado e Antonio de Rozas, entrambi cavalieri di Santiago. I due svolsero gli interrogatori di rito tra il 10 ottobre e l'11 novembre 1687, raccogliendo le deposizioni di venti testimoni e concludendo che le famiglie paterna e materna del pretendente «son i an sido tenidas i reputadas en la publica voz i fama i comun estimacion de esta ciudad por delas primeras casas que ai en ella».[74] Tra le domande poste, come si è visto in precedenza, vi fu anche quella relativa a quale aspetto rendesse possibile differenziare un uomo nobile da uno che non lo era. Tutti risposero che a Milano non c'era alcun libro di nobiltà, né alcun segno distintivo che ne permettesse una identificazione formale, fatta eccezione per l'aver accesso alla massima istituzione municipale, il Consiglio generale dei Sessanta Decurioni.

Creato agli inizi del Cinquecento da Massimiliano Sforza, col tempo tale istituzione aveva subito notevoli riforme: nel 1518 si era passati dai 900 membri iniziali a soli 60, designati a vita dal sovrano tra le famiglie nobili della città, che avrebbero rappresentato, data la trasmissibilità della carica di padre in figlio, quella ristretta cerchia di famiglie che per tutta l'età spagnola e oltre, fino alla fine del Settecento, detenne il potere municipale.[75] La difficoltà di entrare a far parte della massima assemblea cittadina milanese si riflette nelle parole di alcuni dei testimoni ascoltati dagli *informantes*. Tra questi il conte Giuseppe Arcona, la cui famiglia – dichiarò – deteneva il posto nell'assemblea dai tempi del suo bisnonno; o Fran-

72. F. Guasco di Bisio, *Dizionario feudale degli antichi Stati Sardi e della Lombardia*, 5 voll., Pinerolo, Tipografia già Chiantore-Mascarelli, 1911, I, pp. 8; 1475.

73. AGS, SSP, *Milán*, Lib. 1407, 17. Titolo concesso il 15 settembre 1687.

74. AHN, OM, *Reprobados*, *Calatrava*, Exp. 25, c. n.n.

75. D. Sella, C. Capra, *Il Ducato di Milano dal 1535 al 1796*, Torino, UTET, 1999, pp. 24-25; C. Donati, *Il patriziato e le sue istituzioni*, in *Storia illustrata di Milano*, IV, *Milano moderna*, a cura di F. Della Peruta, Milano, E. Sellino, 1993, pp. 1041-1060; F. Arese, *Nobiltà e patriziato nello Stato di Milano, in Dallo Stato di Milano alla Lombardia contemporanea*, Milano Cisalpino-goliardica, 1980, pp. 71-96.

cesco Litta, il cui nonno fu il primo del casato a entrare a farne parte. I due cavalieri di Santiago, nella loro relazione finale, sottolinearono pertanto che

> por esta raçon asi las familias de las naturalcças del pretendiente como otras muchas de gran lustre i estimacion no havian entrado a ocupar este puesto como por su calidad merecian i haviendoles preguntado que requisitos eran necesarios en este estado para entrar en la comune estimacion de gentil hombres an respondido todos conformes que no se necesitaba de otra circunstancia que la de haver vivido su casa de sus rentas i haciendas cien años con poca diferencia sin haver exercido oficio alguno con lustre i estimacion de todos que es lo que todos los testigos afirman an tenido todas las naturaleças del pretendiente.[76]

Le *pruebas* entrarono nel Consiglio degli Ordini il 18 gennaio 1688 e furono esaminate da Melchor de Zevallos el Cavallero, Baltasar de Mendoza, il marchese di Castrofuerte e il conte di Montezuma, i quali «aprobaron en la legitimidad y limpieza y en quanto a la nobleza y exercicios la reprobaron».[77] La mancata presenza della famiglia tra quelle appartenenti al Consiglio generale fu probabilmente l'elemento che pregiudicò l'accesso a Corbella nell'Ordine militare. D'altra parte, nonostante le difficoltà, evidenziate anche dagli *informantes*, di entrare nella massima assemblea cittadina milanese a causa della natura vitalizia e trasmissibile della carica, non va dimenticato che, per via dell'attività mercantile del padre, tale ingresso non sarebbe probabilmente stato possibile. Dalla fine del Cinquecento, infatti, si dispose che l'ammissione al decurionato, che equivaleva a dire al patriziato, fosse appannaggio esclusivo del ceto nobiliare, oltre a divenire incompatibile con l'esercizio dell'alta mercatura e degli affari.[78]

Legato alla controversa *limpieza* di uno dei propri parenti è anche il respingimento delle *pruebas* del napoletano Gisulfo Pappacoda, figlio del marchese di Capurso, in Terra di Bari; singolare perché la mancata assegnazione dell'abito di Calatrava fu dovuta a mancanze dello stesso pretendente. Il processo di nobiltà, tenuto nel 1670 da Marcello Bonito e Giovan-

76. AHN, OM, *Reprobados*, *Calatrava*, Exp. 25, c. n.n.

77. Gli stessi multarono anche gli *informantes* detraendo una somma di denaro dal salario loro spettante. Non sono chiari i motivi della punizione. Nel frontespizio dell'incartamento, difatti, si riporta la seguente dicitura: «es preciso que para el auto referido hubiesse papeles: porque las pruebas estan corrientes, y dellas no resulta culpa a los informantes». *Ibidem*.

78. Arese, *Nobiltà e patriziato nello Stato di Milano*.

ni Battista Caracciolo, cavalieri di Calatrava, non ebbe esito positivo e il giudizio su Pappacoda fu sospeso nel 1672 «por faltar instrumentos para la filiacion de los padres, dice el Auto; pero no es asì; porque solo faltan para la filiacion de la madre por no quererlos entregar el Pretendiente segun dice los informantes».[79]

Simile la questione che interessò Giovanni Battista Pignatelli, al quale fu negato l'abito di Santiago nel 1631. Giovanni Battista era nato a San Marco La Catola, in Capitanata, da Pompeo e Violante Gaetano. Il nonno paterno, Carlo, cavaliere di Santiago, aveva sposato la genovese Virgilia Giustiniano, mentre quello materno, Giovanni Battista, si era unito in matrimonio con Vittoria de Palma, appartenente a una famiglia di origini portoghesi stabilitasi a Napoli da diverse generazioni. Oltre agli *informantes* nominati per svolgere a Napoli le *pruebas*, ne furono nominati altri due che le svolsero a Genova sul conto della nonna materna di Pignatelli, dal 28 dicembre 1621 al 12 gennaio 1622.[80] Le prove nella Repubblica di San Giorgio si conclusero senza alcun problema, seguite da quelle a Napoli condotte dai cavalieri di Santiago Lorenzo de Vargas Zapata e Orazio d'Afflitto.

I due ascoltarono ben trentadue testimoni, numero che rivela l'insorgere di alcuni problemi già nelle fasi iniziali dell'istruttoria. Difatti, è già il quinto dei testimoni ascoltati, Ascanio Caracciolo, a esporre riserve sulla *limpieza de sangre* della parentela materna di Pignatelli, nello specifico della nonna Vittoria de Palma:

> Violante Gaetano madre del dicho Juan Baptista Piñatelo que pretende no la a oydo tener en buena opinion de cristiana bieja y limpia de sangre por la parte de su madre la dicha Vitoria de Palma por que a oydo decir que el padre u la madre de dicho Ferrante de Palma padre de la dicha Vitoria de Palma era judio y que por su pie se fue a la pila.[81]

Incalzato dagli *informantes*, desiderosi di conoscere come e da chi avesse avuto tali notizie e chi altri ne fosse al corrente, il testimone rivelò di aver appreso queste informazioni, comunque pubbliche, a suo dire, a Napoli, dalla madre e dalla sorella in occasione di un matrimonio tra un

79. AHN, OM, *Reprobados*, *Calatrava*, Exp. 24, c. n.n.

80. Ivi, *Reprobados*, *Santiago*, Exp. 6.

81. Ivi, c. 7v. L'espressione «irse con su pié a la pila» allude al battesimo ricevuto in età adulta. Cfr. L. Franciosini, *Vocabulario español e italiano*, Venezia, Por el Barezzi, 1640, *ad vocem*.

fratello di Vittoria de Palma e una donna di casa Caracciolo che aveva suscitato «muchos rumores» tra i parenti della sposa.[82] Sulla "purezza" di casa de Palma furono esposte perplessità anche da Gabriel Sanchez de Luna del Consiglio Collaterale, ex cappellano Maggiore,[83] Fulvio di Costanzo, marchese di Corleto,[84] Giulio del Giudice,[85] Marcello e Orazio Blanch,[86] Andrea de Salazar, ex segretario del Regno, Orazio e Giovan Francesco Sanfelice, ossia il gotha del ceto politico napoletano del tempo.

Gli *informantes* si spostarono dunque a San Marco La Catola, dove ascoltarono altri cinque testimoni. Al termine di questa ulteriore fase di indagine redassero la relazione finale in cui non poterono che rilevare la dubbia *limpieza de sangre* di Giovanni Battista Pignatelli:

> Abiendo visto los testigos que de suso ban jurados y demas diligencias fechas nos parecieron bastantes y dar por acabada la dicha informacion en la que lo que se nos ofrece adbertir a V.A. es que de mas de los testigos que dicen mal de la linea materna del dicho pretendiente sobre falta de nobleza y de limpieza emos conocido que aunque no tenian mas claro fundamento algunos sentian mas mal de lo que decian y otros no parece decian todo lo que sabian u por amistad u temor de que se supiesse que de semejantes ocasiones an quedado algunos escarmentados por el poco secreto que entre los italianos se guarda en estas materias y de los papeles que se presentan por don Ferrante de Palma duque de Santolia no consta ser este apellido de Palma de que se trata y el de Lisboa todo uno y por la misma copia de la informacion parece vinieron alli de otra parte y aunque no nos an parecido papeles de mucha sustancia para desmentir la malafama que tienen en la dicha ciudad de Napoles los de este apellido de Palma los embiamos asi originales a V.A. para que si fuere servido se agan mas diligencias en Lisboa puedan llevar alguna luz los informantes. [...] y en quanto al apellido de Gaetano que toca al dicho pretendiente aunque un testigo no siente bien del en materia de limpieza y otro en la lijitimidad lo cierto es que aunque no goçaba de sejio el dicho Juan Baptista Gaetano abuelo materno ni los de su familia por lo que emos podido entender

82. AHN, OM, *Reprobados*, *Santiago*, Exp. 6, c. 8r.

83. Ivi, c. 16r.

84. Ivi, cc. 18v-19r.

85. Ivi, cc. 55v-56v. Del Giudice ricordava di aver appreso alcune voci sul conto dei De Palma dai fratelli Orazio e Marcello Blanch che furono perciò interrogati subito dopo dai due *informantes*.

86. Citato da Giulio del Giudice e quindi interrogato successivamente, Orazio confermò le dubbie voci sulla purezza dei de Palma, sebbene tale reputazione, sostenne, fosse andata col tempo scemando grazie a un'oculata politica matrimoniale. Ivi, c. 58r.

asi de los testigos que aqui ban jurados como de otros que berbalmente emos examinado tienen buena opinion de limpieça y de nobleza y an sido señores de esta tierra de Santo Marco que demas de las deposiciones de los testigos que lo dicen nos consta por los libros de la Regia Camara [...] y nos parecio venir a esta dicha tierra de Santo Marco a probar la naturaleça del dicho Juan Baptista Piñatelo pretendiente por no dar sospecha a las partes y que no pudiessen conocer en esto el mal estado de la informacion.[87]

Ancor più significativo è il diniego dell'abito di Alcántara al siciliano Placido Fardella agli inizi del Seicento: i dubbi sulla *limpieza* del pretendente furono alimentati anche dalle inimicizie presenti tra alcuni membri del Consiglio d'Italia e il viceré di Sicilia, parente di Fardella, che diffusero maldicenze sulla sua famiglia a tal punto da spingere il Consiglio degli Ordini a condurre interrogatori aggiuntivi a Madrid che fecero difatti naufragare definitivamente il suo approdo all'abito di Alcántara.

Figlio di Gaspare, barone di San Lorenzo, e di Caterina Torongi, di Palermo,[88] Placido apparteneva a una prestigiosa famiglia dell'aristocrazia trapanese, che si era distinta in città sin dalla fine del Trecento e aveva costruito la propria fortuna dedicandosi al commercio degli schiavi, controllando le saline sulla costa tra Trapani e Marsala, gestendo anche una banca privata alla metà del Cinquecento.[89] Placido aveva percorso, agli inizi del Seicento, una brillante e fulminea carriera grazie al sostegno di personaggi assai noti alla corte vicereale come Antonio del Bosco e Aragona, terzo marito della madre dal 1606, o la stessa Caterina Torongi, donna di indubbie capacità e vicina alla corte palermitana,[90] ma soprattutto grazie all'ottimo matrimonio contratto il 25 marzo 1607 con Maria Paceco, nipote del marchese di Villena e viceré di Sicilia Juan Fernandez Paceco.[91] Il prestigioso legame stabilito attraverso le nozze gli fruttò, nel 1606, il titolo di marchese di San Lorenzo,[92] quindi, l'anno successivo, il privilegio di poter edificare la città di Paceco, nel trapanese, sulla quale, nel 1609, ot-

87. Ivi, cc. 67r-68r.

88. Sulla famiglia Fardella cfr. P.L. Nocella, *Tradición, familias y poder en Sicilia (siglos XVIII-XX)*, Tesi di Dottorato, Universidad de Alcalà de Henares, 2006, pp. 235-341.

89. F. D'Avenia, *From Spain to Sicily after the Expulsion: Conversos between Economic Networks and the Aristocratic Elite*, in «Journal of Early Modern History», 22 (2018), pp. 421-445: 436.

90. Nocella, *Tradición, familias y poder*, p. 304.

91. San Martino de Spucches, *La storia dei feudi*, V, p. 338.

92. AGS, SSP, *Sicilia*, Lib. 958, 234. Titolo concesso il 19 novembre 1606.

tenne anche il titolo di principe.[93] Nel contratto matrimoniale stipulato nel marzo 1607 era infatti previsto che il viceré spendesse la propria influenza a Madrid perché fosse concesso al marito della nipote un titolo di principe e un abito dei tre Ordini militari.[94] Placido ottenne la *merced* dell'abito di Alcántara, infatti, il 14 agosto 1609.

Quattro giorni dopo la concessione della *merced*, il Consiglio degli Ordini nominò i due *informantes* incaricati di eseguire il processo di nobiltà a Palermo: Ottavio d'Aragona e fra Geronimo Paceco, l'uno cavaliere e l'altro religioso dell'Ordine di Alcántara. Entrambi, tuttavia, dovettero rinunciare all'incarico: il primo perché in quel momento lontano dalla Sicilia, il secondo «per le occupationi che tiene appresso S.E. di Secretario di Stato»; furono dunque sostituiti dai cavalieri di Santiago Cesare d'Afflitto e Cesare d'Aragona i quali condussero l'*información* sul pretendente a Palermo tra il 26 novembre e l'8 dicembre del 1609.[95]

Dalle deposizioni dei testimoni ascoltati nella città siciliana non sorsero particolari dubbi sulla *limpieza* del pretendente o dei suoi parenti. I più, certo, sostennero di non sapere molto dei genitori di Placido poiché erano «strangeros desta ciudad» – la famiglia si era infatti stabilita a Palermo da Trapani – ma ammisero che tutti erano conosciuti «por hijosdalgos segun costumbre y fuero de Espana»[96] e che il nonno materno era stato titolare di «officios honrosos y que no le toca raça de judio ni moro ni converso ni hereje ni villano en ningun grado por remoto que sea».[97] Lo stesso Placido, concordavano i teste, era sempre stato reputato e trattato da «caballero e signor titulado», adducendo a prova di ciò l'aver sempre avuto «muchos creados».[98]

Sebbene dall'*expediente de pruebas* di Fardella non appaia alcun impedimento che potesse precludergli il conseguimento della croce cavalleresca, un ulteriore giro di interrogatori venne condotto a corte tra il 1610 e il 1612 da Juan Serrano, consigliere del Consiglio degli Ordini, per via di una segnalazione giunta a Madrid che metteva in dubbio la purezza della famiglia di sua madre, Caterina Torongi.

93. Ivi, *Sicilia*, Lib. 960, 173. Titolo concesso il 12 settembre 1609. Cfr. F. Benigno, *Una casa, una terra. Ricerche su Paceco, paese nuovo nella Sicilia del Sei e Settecento*, Catania, Cooperativa Universitaria Editrice Catanese di Magistero, 1985, pp. 28-43.
94. Nocella, *Tradición, familias y poder*, p. 308.
95. AHN, OM, *Reprobados*, *Alcántara*, Exp. 1, cc. 1r-20v.
96. Ivi, c. 6v.
97. Ivi, c. 5r.
98. Ivi, c. 16r.

In linea di massima, al Consiglio degli Ordini si raccomandava, come si è detto, di non procedere con eccessiva speditezza ad una *reprobación* qualora il processo di nobiltà presentasse delle evidenti difficoltà, ma piuttosto di prolungare la fase di verifica in modo da portare il pretendente, stanco di aspettare o di sostenere eccessive spese, a desistere; e ciò allo scopo di salvaguardarne, per quanto possibile, immagine e reputazione sociale.[99] In questi casi, come per la vicenda di Antonio Ansalone esaminata nelle pagine precedenti o quella riguardante il nostro Placido Fardella, le *pruebas* potevano essere trattenute (*pruebas retenidas*) e, in caso di nuove prove giunte al Consiglio, si poteva dare avvio a una nuova fase probatoria conosciuta come *diligencia secreta*.[100]

Il 6 marzo 1610 Serrano iniziò questo supplemento di indagine raccogliendo la deposizione di Pietro Spinola, cavaliere di Alcántara, palermitano. Questi sostenne che la madre di Fardella e la sua linea materna «no son limpios sino descendientes de judios» e che il nome dei Torongi era «mal opinionado», confessando di aver appreso tali voci dallo spagnolo Antonio Quintana Dueñas, reggente del Consiglio d'Italia, già protettore del Real patrimonio di Sicilia e consigliere dell'ex viceré dell'isola, Lorenzo Suárez de Figueroa.[101] Due settimane dopo, però, Pietro Spinola si ripresentò spontaneamente al cospetto del consigliere Serrano dicendo, «por descargo de lo que sentia en conciencia», di sentire il dovere di aggiungere che Quintana Dueñas e altri del Consiglio d'Italia erano in contrasto col viceré marchese di Villena «que es quien favoresce al pretendiente». «No se llevan bien – confessava Spinola – por enquentros que en sus officios an tenido» e sebbene non fosse a conoscenza di contrasti personali tra Fardella e alcuni membri del Consiglio d'Italia, tuttavia non poteva non rilevare che questi «como estan mal con el virrey estaran mal con todas sus cosas».[102]

99. In casi analoghi, anche per l'ingresso nell'Ordine di Santo Stefano, in Toscana, si preferiva evitare una delibera di aperto respingimento. Cfr. M. Aglietti, *Cavalieri mancati, strategie interrotte: i reprobati iberici nella Toscana del primo Seicento*, in *Identità nobiliare tra monarchia ispanica e Italia*, pp. 185-202.

100. Nel frontespizio del fascicolo su Placido Fardella si legge infatti: «hubo cartas contra la limpieza del apellido Torongi, que es la linea materna del pretendiente y se hicieron diligencias secretas en Madrid el año 1612 por un Ministro del Consejo». AHN, OM, *Reprobados*, *Alcántara*, Exp. 1.

101. Ivi, c. n.n. Su Quintana Duenas cfr. M. Rivero Rodríguez, *Antonio de Quintana Dueñas*, in DBe, *ad vocem*.

102. AHN, OM, *Reprobados*, *Alcántara*, Exp. 1, c. n.n.

Serrano interrogò in seguito Lorenzo de Aguirre, segretario del Consiglio d'Italia, il quale confermò le voci su Fardella, senza ricordare, tuttavia, da chi le avesse apprese.[103] Serrano chiese apertamente, ma senza ottenere risposta, se l'avesse saputo dal contestabile di Castiglia, Juan Fernández de Velasco, il successivo dei testimoni da lui interrogati. Anch'egli ammise di aver sentito, senza però ricordare da chi, che Fardella «por la parte que tiene de su madre Torongi no esta bien opinionado de limpio», di sapere che la famiglia materna veniva da una delle isole di Mallorca e di essere a conoscenza dei contrasti tra il viceré marchese di Villena e il reggente Quintana Dueñas. Questi, tuttavia, interrogato, vagamente ammise di aver sentito parlare della parentela di Fardella dopo la concessione della *merced de habito* e in seguito alle difficoltà sorte durante le *pruebas*, ma affermò significativamente che «rara cosa seria que en Sicilia uviese cavallero que no tuviese enemigos. Porque siempre andan todos encontrados y que el Principe tiene muchos pleitos y importantes. Pero en particular no save quien le desee hacer mal».[104] Dichiarò qualcosa in più Giovanni Battista Celeste, anch'egli reggente del Consiglio d'Italia, siciliano, il quale confermò le voci circolanti sul cognome materno e il fatto che Fardella si fosse fatto dei nemici in Sicilia – «dijo que en Trapana tiene muchos contrarios que le pleitan su mala jurisdicion de Pacheco y tiene alghunos enemigos, los nombres de los quales no los save»;[105] aggiunse poi di sapere che l'amministratore dell'Ospedale degli italiani a Madrid[106] curava la vertenza sulla giurisdizione di Paceco che Fardella aveva con la città di Trapani, senza tuttavia sapere se gli fosse personalmente nemico.

Placido non ottenne l'abito di Alcántara cui aspirava: nonostante l'ascesa sociale dei Torongi nel corso del Cinquecento, le origini sefardite della famiglia della madre che già sul finire del Medioevo avevano attirato l'attenzione dell'Inquisizione,[107] costituivano, agli inizi del Seicento, un ostacolo evidentemente ancora troppo grande e facilmente sfruttabile dai suoi detrattori. Il riscatto sarebbe avvenuto alcuni decenni dopo, quando

103. «Dijo que le paresce aver oydo que el pretendiente no es de mucha calidad sin que se acuerde aver oydo en particular que le falta de calidad ni a quien lo a oydo ni en que occasiones». *Ibidem*.

104. *Ibidem*.

105. *Ibidem*.

106. Sull'ospedale S. Pietro degli italiani a Madrid, anche come spazio di rappresentazione politica, cfr. Novi Chavarria, *Accogliere e curare*, pp. 141 e ss.

107. D'Avenia, *From Spain to Sicily after the Expulsion*.

suo figlio Emanuele ottenne l'abito di Alcántara negato al padre poco più di cinquant'anni prima. Nella relazione redatta dagli *informantes* che condussero le *pruebas* a Palermo tra l'aprile e il maggio del 1668, parlando di casa Torongi i due, infatti, scrissero:

> hemos visto que venga [la famiglia Torongi] de la ciudad de Palma en la Isla de Mallorca adonde fueron governadores y despues que passaron aqui casaron muy noblemente [...] y en fin por todas partes hemos allado nobleza y limpieza muy grande tanto en la familia Fardela como en la de Torongi.[108]

5. *Il cerimoniale: investitura,* toma de hábito, profesión

Conclusasi l'istruttoria e approvato il processo di nobiltà condotto dagli *informantes*, si apriva l'ultima fase del procedimento di concessione di un abito militare, quella che portava alla cerimonia solenne di vestizione da cavaliere, il momento culminante di tutto l'*iter*, in molti casi iniziato diversi anni prima con l'invio del memoriale di richiesta di una croce cavalleresca a Madrid.

Poiché gli Ordini militari nacquero come ordini religiosi e consacrati alla lotta contro gli infedeli, la funzione si teneva in una chiesa nel corso di una messa solenne celebrata da un religioso e presieduta da un cavaliere professo, alla presenza di altri cavalieri che fungevano da testimoni e di un notaio incaricato di redigere una relazione che ne provasse a Madrid l'effettivo svolgimento.[109] Tale resoconto, da inviare al Consiglio degli Ordini entro quattro mesi dalla cerimonia, permetteva in seguito di effettuare la *profesión*, il rito durante il quale il cavaliere giurava di osservare i voti e le regole dell'Ordine nel quale entrava a far parte. Il neofita aveva la possibilità di scegliere il religioso che avrebbe officiato la cerimonia, normalmente del suo stesso Ordine, sebbene ci furono delle eccezioni. Figure cardine del rito solenne erano inoltre il suo padrino e colui che era incaricato di vestirlo dell'abito, entrambi cavalieri professi.

108. AHN, OM, *Alcántara*, Exp. 502, c. n.n.

109. A livello documentario tali relazioni costituiscono la serie *Datas de hábito y profesiones* del Consiglio degli Ordini. Per quanto riguarda i cavalieri italiani, si sono conservate solo alcune di queste relazioni, tutte relative a cerimoniali di vestizione di cavalieri di Santiago.

Sul piano teorico, era il gran maestro, ossia il re, ad avere il compito di presiedere la celebrazione sebbene l'ampiezza territoriale dei possedimenti della Monarchia ispanica rendesse impossibile al sovrano presenziare personalmente al cerimoniale. Nei tre *reinos* italiani della Corona di Castiglia, pertanto, era di norma il suo rappresentante a svolgere tale funzione: i viceré a Napoli e in Sicilia, il governatore nel Ducato di Milano. Come vedremo osservando da vicino alcuni casi specifici, tuttavia, poiché colui che investiva il neo cavaliere doveva appartenere allo stesso Ordine nel quale questi era stato ammesso, mancando tale requisito nelle persone dei viceré o del governatore, era spesso il cavaliere più anziano presente in città o nel luogo in cui si trovava il neofita o quello più alto in grado o legato al futuro cavaliere da particolari vincoli di amicizia o parentela a fare le veci del monarca.[110]

L'invio del titolo di cavaliere da parte del re segnava dunque il momento a partire dal quale l'aspirante poteva ricevere pubblicamente l'abito nel corso di una cerimonia che, com'è ovvio, aveva un indubbio valore simbolico e sociale dal momento che consentiva di esibire apertamente l'onorificenza regia ricevuta. Come altri cerimoniali di Età moderna, il rito di vestizione era infatti un mezzo per rappresentare in maniera tangibile valori e gerarchie sociali.[111]

110. Spagnoletti, *Cerimoniali napoletani di investitura.*

111. Tra la vasta bibliografia relativa all'uso politico e alla funzione sociale dei cerimoniali, cfr. i contributi in *Power and Ceremony in European History: Rituals, Practices and Representative Bodies since the Late Middle Ages*, a cura di A. Kalinowska, J. Spangler, London, Bloomsbury, 2021; *Rito, ceremonia y protocolo. Espacios de sociabilidad, legitimación y transcendencia*, a cura di F. Barrios Pintado, J. Alvarado Planas, Madrid, Dykinson, 2020; N. Bazzano, *Palermo fastosissima. Cerimonie cittadine in età spagnola*, Palermo, Palermo University Press, 2016; D. Carrió-Invernizzi, *El gobierno de las imágenes. Ceremonial y mecenazgo en la Italia española de la segunda mitad del siglo XVII*, Madrid, Iberoamericana Vervuert, 2008; M.A. Visceglia, *La città rituale. Roma e le sue cerimonie in età moderna*, Roma, Viella, 2002; *Rituals of Royalty. Power and Ceremonial in Traditional Societies*, a cura di D. Cannadine, S. Price, Cambridge, Cambridge University Press, 1987. Sul cerimoniale siciliano in età spagnola cfr. anche F. Benigno, *Favoriti e ribelli*, pp. 121-146. Per quanto riguarda il viceregno spagnolo di Napoli, cfr. I. Mauro, *Spazio urbano e rappresentazione del potere. Le cerimonie della città di Napoli dopo la rivolta di Masaniello (1648-1672)*, Napoli, FedOA Press, 2020; E. Novi Chavarria, *Dentro e fuori di Palazzo. Cerimonie e pratiche religiose degli spagnoli a Napoli, secc. XVI-XVII*, in *Napoli vicereale e le altre corti spagnole in Italia*, a cura di A. Antonelli, F. Chiantore, E. Mazzola, Napoli, FedOA, 2023, pp. 167-180; i contributi raccolti in *Fiesta y ceremonia en la corte virreinal de Nápoles*; Muto, *Napoli capitale e corte*, pp. 389-415; C.J. Hernando Sánchez, *Teatro del honor y ceremonial de la ausencia. La corte virreinal de Nápoles en el siglo XVII*, in *Calderón de la Barca y la*

Immerse in un'atmosfera intrisa del forte odore di incenso, alla luce delle fiamme di diverse candele, le chiese presso cui si svolgeva la cerimonia erano caratterizzate dalla predominanza del colore bianco, quello dei manti dei tanti cavalieri d'abito presenti alla messa solenne. I momenti che contrassegnavano il rito erano pressoché simili per tutti e tre gli Ordini militari.[112] Seguiamo, ad esempio, quello di *toma de habito* dell'Ordine di Calatrava.[113] Durante la cerimonia, il padrino del pretendente si allontanava dalla schiera dei cavalieri presenti, salutava l'altare con un inchino, scoprendosi il capo, quindi si recava dal novizio; i due si avvicinavano all'altare e, mentre il padrino ritornava al suo posto, il pretendente consegnava la *cedula real* al cavaliere che presiedeva la cerimonia il quale, a sua volta, consegnava il certificato regio al notaio che lo leggeva integralmente ad alta voce. Durante la lettura, ogniqualvolta venivano nominati il re o la regina, il patrono dell'Ordine o i nomi di Gesù o della Vergine, tutti i Cavalieri presenti si scoprivano il capo, facendo un inchino. Il cavaliere officiante baciava poi la cedola e, ponendosela sul capo, giurava di obbedire a quanto in essa contenuto. In seguito si portava davanti al sacerdote una spada dorata che veniva benedetta e consegnata al padrino il quale vi cingeva il pretendente, inginocchiato, mentre altri due cavalieri dell'Ordine gli ponevano una coppia di speroni dorati. Colui che presiedeva il rito armava il novizio estraendo dal fodero la spada benedetta, ponendola sulla sua testa e ripetendo tre volte: «Dios Todopoderoso os haga buen Caballero; y Señor San Benito, y Señor San Bernardo sean vuestros Abogados».[114]

España del Barroco, a cura di J. Alcalá-Zamora y Queipo de Llano, E. Belenguer Cebrià, 2 voll., Madrid, Centros de Estudios Politicos y Constitucionales, 2001, I, pp. 591-674; i volumi dedicati ai cerimoniali del viceregno napoletano a cura di Attilio Antonelli: *Cerimoniale del viceregno spagnolo di Napoli, 1503-1622*, Napoli, Arte'm, 2015; *Cerimoniale del viceregno spagnolo di Napoli, 1535-1637*, Napoli, Arte'm, 2019; *Cerimoniale del viceregno spagnolo e austriaco, 1650-1717*, Soveria Mannelli, Rubbettino, 2013.

112. Sul cerimoniale di investitura dei cavalieri e sulla sua evoluzione nel tempo cfr. J. Alvarado Planas, *La ceremonia de armar caballero y otros estudios*, Madrid, Sanz y Torres, 2021.

113. A. Álvarez de Araujo y Cuéllar, *Ceremonial de las órdenes militares de Calatrava, Alcántara, Montesa*, Madrid, Luis Aguado, 1893, pp. 92-105.

114. Ivi, p. 96. La cerimonia di investitura dell'Ordine di Santiago era, in questo punto, leggermente diversa: chi armava il neo cavaliere poneva, sempre per tre volte, la domanda «vos queréis ser cavallero?», alla quale il pretendente rispondeva: «si quiero ser cavallero». Per la cerimonia di investitura dei cavalieri di Santiago cfr. A. de Zulueta Sanchiz,

Quanto appena descritto costituiva il primo momento della celebrazione, quello che potremmo definire laico, mentre il secondo culminava con la vestizione dell'abito vera e propria ed era officiato dal religioso presente. Il cerimoniale rispecchiava pertanto la duplice natura, militare e monastica, degli Ordini militari. Per descrivere questa seconda parte del rito, prendiamo il resoconto fatto dal notaio Domenico Medea della cerimonia di investitura e vestizione dell'abito di Santiago di Cesare de Gennaro, principe di San Martino, avvenuta l'11 settembre 1631 nella chiesa di San Giacomo degli Spagnoli di Napoli.[115] De Gennaro fu armato cavaliere, nelle modalità sopra descritte, dal viceré conte di Monterey, anch'egli cavaliere di Santiago. A fargli da padrino fu il Visitatore generale del Regno di Napoli, Francisco Antonio de Alarcón. Al termine dell'investitura, il notaio presente lesse ad alta voce una seconda cedola regia, quella indirizzata al religioso che avrebbe dovuto porre l'abito al pretendente, nel caso specifico il padre Francisco de Vargas, vicario generale del convento degli agostiniani spagnoli di Santa Maria della Speranza.[116] Vargas dichiarò di obbedire all'ordine regio, quindi

> tomò el dicho señor don Cesar por la mano, y delante del Altar mayor de dicha yglesia, y del dicho Excelentisimo señor Conde, y Padrino y de otros Cavalleros, hiço posar en el suelo el dicho señor don Cesar, y le ley por un libro de la dicha orden ciertas preguntas y le hiço hinchiar de rodillas, y le bestio un manto blanco con un havito e ynsignia de dicha orden de Santiago con ciertas bendiciones, y le besaron todos en el carillo al dicho señor don Cesar los dichos señores Padrino, commendatores, y cavalleros del havito que estavan presentes.[117]

A Napoli l'edificio principalmente deputato alle cerimonie di investitura dei cavalieri di Santiago era proprio la chiesa di San Giacomo degli Spagnoli, luogo simbolo, insieme al vicino ospedale omonimo, della presenza spagnola in città, fondata dal viceré Pedro de Toledo nel 1540, perché «i cavalieri di S. Giacomo della Spada vestissero le insegne dell'Ordine,

Ceremonial de cruzamiento y toma de hábito en la Orden de Santiago, in *Rito, ceremonia y protocolo*, pp. 459-476.

115. AHN, OM, *Expedientillos*, n. 16123, c. n.n.

116. Il convento agostiniano di Santa Maria della Speranza, o Speranzella, fu una delle principali istituzioni ecclesiastiche della nazione spagnola a Napoli. Cfr. Novi Chavarria, *Accogliere e curare*, p. 119.

117. *Ibidem*.

che prima vestivano in S. Giacomo degl'Italiani a Porto».[118] La chiesa era anche il luogo in cui si riunivano i titolari dell'abito di Santiago a Napoli e in cui si festeggiava la ricorrenza del santo, il 25 luglio.[119] I cavalieri napoletani di Calatrava e di Alcántara si riunivano, invece, nella chiesa di San Severino, officiata dai benedettini,[120] là dove venivano celebrate anche molte delle loro cerimonie di investitura, come quella del reggente Giovanni Battista Torello, cavaliere di Calatrava, avvenuta il 9 gennaio 1680 e presenziata dal reggente della Vicaria, in qualità di commendatore dell'Ordine, e da un «concorso di assai cavalieri».[121] San Severino era anche il luogo in cui si svolgeva il rito della comunione nel giorno di Pasqua alla presenza del viceré e dei cavalieri d'abito napoletani, a qualunque dei tre Ordini appartenessero.[122] Altro luogo deputato ai cerimoniali di investitura era la chiesa di San Pietro a Maiella dove, il 25 maggio 1672, fu armato

118. G.A. Galante, *Guida sacra della città di Napoli*, Napoli, Stamperia del Fibreno, 1842, p. 342. Sulla presenza spagnola a Napoli, anche sul piano urbanistico, cfr. C.J. Hernando Sánchez, *Corte y ciudad en Nápoles durante el siglo XVI: la construcción de una capital virreinal*, in *Las cortes virreinales de la Monarquía española*, pp. 337-423; C. Belloso Martín, *El "barrio español" de Nápoles en el siglo XVI (I Quartieri Spagnoli)*, in *Guerra y sociedad en la monarquía hispánica*, II, pp. 179-223. Su San Giacomo e altri istituti della nazione spagnola a Napoli cfr. Novi Chavarria, *Accogliere e curare*, pp. 117-127.

119. La festa di San Giacomo era una delle cinquanta feste religiose celebrate a Napoli in data fissa. Cfr. G. Muto, *Spazio urbano e identità sociale: le feste del popolo napoletano nella prima età moderna*, in *Le regole dei mestieri e delle professioni. Secoli XV-XIX*, a cura di M. Meriggi, A. Pastore, Milano, FrancoAngeli, 2000, pp. 305-325: 307.

120. Spagnoletti, *Cerimoniali napoletani di investitura*, p. 274. A San Severino si riunivano per le sacre funzioni religiose i cavalieri di Calatrava e Alcántara, a volte alla presenza del viceré se questi apparteneva a uno dei due Ordini militari. Per la Pasqua del 1667, ad esempio, il viceré fu «a San Severino a tener cappella con li cavalieri di Calatrava, essendo egli di quell'ordine». I. Fuidoro, *Giornali di Napoli. Volume II: 1666-1671*, a cura di A. Padula, Napoli, Deputazione Napoletana di Storia Patria, 1938, p. 44. Lo stesso avvenne per la Pentecoste del 1671, il 17 maggio, quando «il viceré tenne cappella a San Severino con li cavalieri dell'ordine d'Alcántara, essendo egli dell'istesso abito: sogliono li viceré venire in questa chiesa; però quelli che non sono dell'ordine de' cavalieri di san Giacomo». Ivi, p. 203. Ancora, in occasione del Natale dello stesso anno, il viceré presenziò alla solenne funzione religiosa tenuta a San Severino per i cavalieri napoletani dell'Ordine di Calatrava «come hanno costumato tutti li vicerè, c'hanno abito militare di cavaliero» sebbene nell'occasione, come scrisse nei suoi giornali Vincenzo D'Onofrio (Innocenzo Fuidoro), «ve ne sono stati pochissimi». Ivi, p. 244.

121. D. Confuorto, *Giornali di Napoli. Volume I: 1679-1691*, a cura di N. Nicolini, Napoli, Società Napoletana di Storia Patria, 1930, p. 29.

122. *Cerimoniale del viceregno spagnolo e austriaco, 1650-1717*, p. 146.

cavaliere di Alcántara, ad esempio, Giovanni Pisani, figlio del barone di Pascarola.[123]

La chiesa di San Giacomo aveva, ad ogni modo, un suo valore peculiare in quanto «luogo simbolico dell'iniziativa politica della nobiltà spagnola insediata a Napoli»,[124] ma anche di quella non spagnola che aspirava a integrarsi nel sistema degli onori della *Monarquía*.[125] Qui fu armato cavaliere, ad esempio, Francesco Dentici, figlio di Paolo, maestro di campo, l'8 dicembre 1639 per mano del cavaliere di Santiago Gregorio Caetani,[126] o Andrea de Gennaro, il 29 marzo del 1631, da Francisco Antonio de Alarcón, già incontrato prima.[127] Non tutti i napoletani, tuttavia, furono armati cavalieri di Santiago nella chiesa di San Giacomo degli Spagnoli. La cerimonia di investitura del quattordicenne Giovan Giacomo Coppola avvenne, ad esempio, il 17 ottobre 1617, nella chiesa della Santissima Trinità delle monache, fresca di ultimazione, situata «debaxo de la Pedementina de San Martin»,[128] la celebre scalinata che congiunge la Certosa di San Martino, sulla collina del Vomero, con il centro storico a valle.[129]

In Sicilia il luogo principale delle cerimonie dell'Ordine di Santiago era la chiesa di San Giacomo la Mazzara, a Palermo, almeno fino al febbraio 1627, quando il re dispose che funzioni e riti solenni si tenessero nell'Ospedale di Santiago degli spagnoli allo scopo di assicurare, rispetto al passato, una maggiore partecipazione dei cavalieri residenti in Sicilia alle sacre festività religiose, come il Natale, la Pasqua, o la ricorrenza del Santo.[130] L'ospedale fu fondato nel 1560, ma risultò presto inadeguato e fu ricostruito, poco meno di trent'anni dopo, per volere del viceré Diego En-

123. G. De Blasiis, *Frammento di un diario inedito napoletano*, in ASPN, XIII (1888), pp. 788-829; XIV (1889), pp. 34-68, 265-352: 307.

124. Visceglia, *Identità sociali*, p. 197.

125. Spagnoletti, *Cerimoniali napoletani di investitura*, p. 275; Novi Chavarria, *Accogliere e curare*; Mauro, *Spazio urbano e rappresentazione del potere*.

126. AHN, OM, *Expedientillos*, n. 16286, c. n.n.

127. Ivi, *Expedientillos*, n. 16138, c. n.n.

128. Ivi, *Expedientillos*, n. 16027, c. n.n.

129. Presiedette la cerimonia il nonno materno, Fabrizio de Sangro, duca di Vietri, figlio di Ferrante e di Vittoria Leonessa, premiato con l'abito di Santiago nel 1563. Ivi, *Santiago*, Exp. 7590.

130. Ivi, Lib. 83C, cc. 433rv. Sull'Ospedale di San Giacomo degli Spagnoli di Palermo cfr. Novi Chavarria, *Accogliere e curare*, pp. 129-135.

riquez de Guzmán, conte d'Alba de Liste,[131] nei pressi della stessa chiesa di San Giacomo la Mazzara, dove ancora oggi è visibile sulla facciata la conchiglia e la spada simboli dell'Ordine santiaghista.[132] Anche la cappella di San Francesco Borgia, situata presso la Casa Professa dei Gesuiti a Palermo, costituiva un altro importante luogo di culto per l'Ordine, specie a partire dal 1662, quando ai cavalieri siciliani fu concesso di riunirsi e celebrare qui la festa del santo.[133] Scarne o del tutto assenti sono invece le notizie che abbiamo sui luoghi deputati, in Sicilia, alle cerimonie degli altri due Ordini di Calatrava e Alcántara.

A Milano il luogo principale deputato per le cerimonie di vestizione degli abiti militari era invece la chiesa di San Marco, casa generalizia dell'Ordine agostiniano, l'edificio religioso più grande della città prima del completamento del Duomo.[134] Qui furono armati cavalieri, ad esempio, Alessandro Panigarola, nel 1634, e Antonio Aliprandi, nel 1655, di entrambi dei quali si conserva la relazione della cerimonia redatta rispettivamente dai notai Giovanni Battista Castiglione e Carlo Sancassano Annone. Alessandro fu armato cavaliere di Santiago giovedì 29 giugno 1634 dal conte Valeriano Sfondrati, commendatore dell'*encomienda* santiaghista di Guadalcanal, e da Paolo de Borsa, priore della chiesa di San Marco, alla presenza di numerosi cavalieri dell'Ordine tra i quali Giacomo Mandelli, Boniforte Garofalo, Angelo Trivulzio, Agostino Litta, Giacomo Maria Stampa. Fu Mandelli a fargli da padrino, prendendolo per mano durante il rito per condurlo «ante el dicho senor Conde don Valeriano Sfondrati, que estava sentado en una silla vestido con su manto blanco de saya con cruz en el pecho de la dicha orden ante el dicho altar mayor», mentre lo stesso Mandelli e Angelo Trivulzio gli posero i due tradizionali speroni dorati.[135]

131. *Diari della città di Palermo dal secolo XVI al XIX*, I, in *Biblioteca Storica e Letteraria di Sicilia*, I, a cura di G. di Marzo, Palermo, Luigi Pedone Lauriel, 1869, p. 275.

132. G. Arlotta, *Santiago e la Sicilia: Pellegrini, Cavalieri, Confrati*, in *Santiago e l'Italia*, a cura di P. Caucci von Saucken, Perugia, Edizioni Compostellane, 2005, pp. 41-99: 73.

133. «Nella cappella magnifica di s. Francesco Borgia di questa chiesa [Casa Professa] intervenivano ogni anno nella festa di questo Santo li cavalieri di s. Giacomo, come per carta reale data in Madrid a 5 di agosto del 1662». F.M. Emanuele e Gaetani, *Il Palermo d'oggigiorno*, in *Biblioteca Storica e Letteraria di Sicilia*, XIII, a cura di G. di Marzo, Palermo, Luigi Pedone Lauriel, 1873, p. 349.

134. G. Mongeri, *L'arte in Milano. Note per servire di guida nella città*, Milano, Società Cooperativa fra Tipografi, 1872, pp. 78-97.

135. AHN, OM, *Expedientillos*, n. 16196, c. n.n.

Fu invece il governatore Luis Francisco de Benavides, marchese di Fromista e Caracena, in quanto anch'egli cavaliere di Santiago, ad armare Antonio Aliprandi il 24 gennaio 1655.[136] Padrino fu Gaspar de Rosales, mentre a porgere gli speroni dorati durante il rito furono il questore Carlo Sirtori e il maestro di campo generale Blasco de Colmonero, entrambi, curiosamente, gli *informantes* che avevano condotto le *pruebas* sul conto di Aliprandi a Milano dal 13 al 21 luglio del 1654.[137]

Se si era impegnati in campagne militari sui diversi fronti aperti in Europa, si poteva ricevere l'abito lontano dalla propria terra di origine, come nel caso di Carlo Roma, Giuseppe Mariconda o Filippo Filangeri. Il primo chiese e ottenne, nell'agosto 1626, di poter essere armato cavaliere nelle Fiandre, dove si trovava al servizio del re;[138] il secondo, del quale riportiamo in appendice il resoconto della cerimonia di investitura, fu armato cavaliere a Bruxelles nel novembre 1634; Filangeri ricevette invece l'abito di Santiago nel 1640 a Tortosa, nella chiesa cattedrale di Santa Maria.[139] Durante le operazioni militari in Catalogna, la città aveva preso il posto di Barcellona come porto per l'accoglienza delle truppe o l'invio di rifornimenti militari. Tortosa si ribellò il 21 luglio 1640 ed espulse le truppe castigliane, episodio che indusse il conte duca di Olivares a usare la mano pesante contro i ribelli, mettendo in piedi un esercito di 35.000 uomini tra spagnoli, portoghesi e italiani che avrebbe dovuto condurre una vera e propria spedizione punitiva. A capo dell'esercito fu posto Pedro Fajardo de Requeséns-Zúñiga, quinto marchese de Los Velez, il quale, nominato nell'autunno 1640 viceré di Catalogna ad Alcañiz, marciò verso Tortosa e vi entrò col suo esercito, senza grossi problemi, il 23 novembre.[140] Filangeri, commissario generale della cavalleria di Napoli, presente a Tortosa come comandante di cinque compagnie di cavalleria,[141] ricevette l'abito proprio dalle mani del marchese de los Velez, il 26 novembre, il giorno prima della presa della città di Cherta.[142]

136. Ivi, *Expedientillos*, n. 16377, c. n.n.
137. Ivi, *Santiago*, Exp. 278.
138. Ivi, Lib. 83C, cc. 285rv.
139. Ivi, *Expedientillos*, n. 16299, c. n.n.
140. V. Vázquez de Prada, *Pedro Fajardo de Requeséns-Zúñiga y Pimentel*, in DBe, *ad vocem*.
141. AHN, OM, *Santiago*, Exp. 2843.
142. J. Sanabre, *La acción de Francia en Cataluña en la pugna por la hegemonía de Europa (1640-1659)*, Barcelona, Distribuidor Libreria J. Sala Badal, 1956, p. 114.

Il rito di investitura poteva svolgersi anche fuori dal proprio territorio di origine perché si risiedeva altrove, come nel caso del napoletano Carlo Eustachi. Carlo aveva sposato la romana Ortensia Cecchini, figlia di Giulio e Flaminia d'Avila, e dagli anni Trenta del Seicento risiedeva nel palazzo della famiglia della moglie, assieme alla madre, Silvia d'Afflitto. A Roma intraprese la carriera politica: dapprima conservatore, poi caporione a Campo Marzio e Borgo, quindi nel quartiere Colonna.[143] Entrato a servizio, come maestro di camera, del cardinale Francesco Maidalchini, nipote dell'influente Olimpia Maidalchini,[144] si ritagliò un ruolo nei negoziati per le nozze di Eugenio Spada con Domenico Maidalchini, intavolate nella primavera del 1656 e in cui importanza fondamentale ebbero proprio Olimpia e il nipote cardinale.[145] I Maidalchini, pertanto, favorirono l'ascesa politica di Carlo[146] e, non è da escludere, anche l'ottenimento dell'abito. Carlo Eustachi fu armato cavaliere nella chiesa di San Giacomo e Sant'Ildefonso degli Spagnoli, l'attuale chiesa di Nostra Signora del Sacro Cuore, in Piazza Navona, il 25 aprile del 1661, nel tardo pomeriggio, «a horas veinte y una poco mas o menos quenta de Italia», per mano del nobile romano Baldassarre Caffarelli.[147]

La celebrazione poteva anche avvenire lontano dai centri di potere, come nel caso emblematico del siciliano Federico Spadafora, figlio del marchese di San Martino, Giuseppe, e di Guiomar Ruffo,[148] armato cavaliere il 27 maggio 1629 nella chiesa di San Nicola a Venetico, nel messinese,

143. C. De Dominicis, *Membri del senato della Roma pontificia. Senatori, Conservatori, Caporioni e loro Priori e Lista d'oro delle famiglie dirigenti (secc. X-XIX)*, Roma, Fondazione Marco Besso, 2009.

144. Olimpia Maidalchini, detta la «Pimpaccia», raggiunse l'apice del suo potere in seguito all'elezione del cognato Giovanni Battista Pamphili al soglio pontificio nel 1644. Sul personaggio cfr. Visceglia, *Le donne dei papi*, pp. 301-342. Cfr. anche M. D'Amelia, *Nepotismo al femminile. Il caso di Olimpia Maidalchini Pamphili*, in *La nobiltà romana*, pp. 353-399; S. Tabacchi, *Olimpia Maidalchini*, in DBI, vol. 67 (2006), *ad vocem*.

145. B. Borello, *Trame sovrapposte. La socialità aristocratica e le reti di relazioni femminili a Roma (XVII-XVIII secolo)*, Napoli, Edizioni Scientifiche Italiane, 2003, pp. 133; 139. Sulle strategie matrimoniali della famiglia Spada cfr. anche C. Casanova, *Le donne come "risorsa". Le politiche matrimoniali della famiglia Spada (secc. XVI-XVIII)*, in «Memoria. Rivista di storia delle donne», 21 (1987), pp. 56-78.

146. E. Canepari, *La Construction du pouvoir local. Élites municipales, liens sociaux et transactions économiques dans l'espace urbain. Rome, 1550-1650*, Roma, École française de Rome, 2022, pp. 129-131.

147. AHN, OM, *Expedientillos*, n. 16427, c. n.n.

148. Ivi, *Santiago*, Exp. 7891. Sugli Spadafora principi di Venetico cfr. Emanuele e Gaetani, *Della Sicilia nobile*, VIII, pp. 226-231.

terra di cui era barone. A presiedere la cerimonia fu, non a caso, Niccolò Placido Branciforti, conte di Raccuja: la nonna del nostro cavaliere, Beatrice Spadafora, zia del conte di Raccuja, era stata sua tutrice, insieme con il marito Federico Spadafora, negli anni della sua minore età, quando Niccolò Placido, orfano di padre dall'età di tre anni, ne ereditò titoli e feudi.[149]

Le cerimonie, come si è detto, avevano un'intensa valenza simbolica. L'ampia partecipazione di membri della nobiltà locale e di vertici politici e militari, italiani e spagnoli, accentuava il sontuoso scenario di queste celebrazioni, ancor più amplificato dalla musica, che di certo aggiungeva un tocco di magnificenza all'atmosfera già solenne che permeava l'evento. Abbiamo testimonianza di ciò almeno per il Ducato lombardo grazie alle notizie presenti nella «Gazzetta di Milano», sebbene sia difficile immaginare che musica e cori non accompagnassero anche i riti solenni di vestizione dei cavalieri napoletani e siciliani.[150] Il 13 settembre 1656 nella chiesa di San Vittore si tenne, ad esempio, la cerimonia di conferimento dell'abito di Calatrava al conte Giulio Arese accompagnata da «musica a più cori».[151] Il 29 ottobre 1670, nella chiesa di San Marco, il rito solenne di vestizione dell'abito santiaghista al napoletano Antonio Minutillo fu invece celebrato, si sottolineava nella Gazzetta, «al concerto della più isquisita musica».[152]

Se la cerimonia di investitura rappresentava il momento culminante di tutto l'*iter* di concessione che abbiamo descritto fin qui, al neo cavaliere restava comunque ancora da compiere l'anno di noviziato, al termine del quale avveniva la professione religiosa, necessaria perché questi svestisse gli abiti di cavaliere secolare e diventasse a tutti gli effetti un cavaliere religioso. Come sottolineato da Elena Postigo Castellanos, peraltro, è proprio in questo *status* conseguito al termine del noviziato che va individuata l'origine dei privilegi più significativi che godeva un cavaliere d'abito.[153] Il neofita era tenuto a recarsi presso il convento principale del proprio Ordine di ap-

149. G. Macrì, *Logiche del lignaggio e pratiche familiari. Una famiglia feudale siciliana fra '500 e '600*, in «Mediterranea-Ricerche Storiche», 1 (2004), pp. 9-30.

150. Cfr. E. Novi Chavarria, *Suoni, odori ed emozioni. Esperienze sensoriali e spazi urbani*, in *Sensibilità moderne. Storie di affetti, passioni e sensi (secoli XV-XVIII)*, a cura di A. Arcangeli, T. Plebani, Roma, Carocci, 2023, pp. 23-36.

151. A. Magaudda, D. Costantini, *Un periodico a stampa di antico regime: la «Gazzetta di Milano» (sec. XVII-XVIII). Spoglio delle notizie musicali per gli anni 1642-1680*, in «Fonti Musicali Italiane», 3 (1998), pp. 65-129: 86.

152. Ivi, p. 94.

153. Postigo Castellanos, *Honor y privilegio*, p. 210.

partenenza e risiedervi per un anno durante il quale, sotto la guida del padre generale, ne avrebbe appreso valori e doveri. Per il mutamento che gli Ordini militari ebbero, come si è detto nel primo capitolo, nel corso dell'Età moderna tali antiche consuetudini erano, nei fatti, fortemente ridimensionate. Si veniva regolarmente dispensati dal sovrano, infatti, a svolgere la professione religiosa nel convento previsto dagli statuti di ogni Ordine (ad Uclés per Santiago, Almagro per Calatrava, presso il convento di San Benito di Alcántara per l'omonimo Ordine), ottenendo senza grossi problemi il consenso a poterla compiere nel proprio territorio di origine o in quello nel quale ci si trovava in quel determinato momento, a volte per problemi di salute o semplicemente per comodità. Così, solo per fare alcuni esempi, Alessandro Panigarola, già incontrato prima, svolse la sua professione nel convento di San Marco di Milano, sabato 23 agosto 1636, nello stesso luogo nel quale era stato armato cavaliere;[154] Pietro de Bologna, marchese di Altavilla, professò il 10 gennaio 1638 nel convento di San Nicola di Tolentino, a Palermo, con «habito e insigna de la orden de Santiago»;[155] Pietro Bellacera presso il convento di San Gregorio, a Palermo, il primo dicembre 1655;[156] il napoletano Carlo Caracciolo fece la sua professione ad Alessandria, lì dove si trovava in servizio, il 29 dicembre 1635, nella chiesa agostiniana di San Martino;[157] Antonio Sebasto, cavaliere di Calatrava, professò a Napoli, nella chiesa di San Pietro a Maiella, il 25 maggio 1672;[158] Baldassarre Pignatelli, sempre a Napoli, il 22 settembre 1635, nella chiesa di San Agostinello, dopo aver trascorso nella stessa quattro giorni di clausura.[159]

A partire dal 1644, inoltre, la facoltà di professare in un luogo diverso da quello stabilito negli statuti dei tre Ordini militari fu legata al versamento di una somma in denaro, la denominata «limosna de las monjas», introdotta come provvedimento temporaneo per sostenere i monasteri dei tre Ordini castigliani maggiormente in difficoltà e presto divenuta prelievo ordinario.[160] Si trattava di un deposito di 100 ducati che il cavaliere versava a mo' di cauzione prima della professione e che gli veniva restituito solo se avesse effettivamente svolto il rito nel convento previsto dal suo Ordine. Carlo Eu-

154. AHN, OM, Leg. 210/28.
155. Ivi, Leg. 210/209.
156. BNE, ms. 11313, c. 48r.
157. AHN, OM, Leg. 210/29.
158. De Blasiis, *Frammento di un diario inedito napoletano*, p. 307.
159. AHN, OM, Leg. 210/206.
160. Giménez Carrillo, *Los caballeros de las órdenes militares*, pp. 199-200.

stachi, di cui si è detto prima, ad esempio, depositò «los cientos ducados de la profesion en lugar de la fianza que debia dar a favor de los combentos», professione che poi fece presso l'Ospedale di San Giacomo a Roma il 13 ottobre 1663.[161]

Nonostante il ridimensionamento di alcuni degli obblighi previsti nell'anno di noviziato, rimase comunque vivo per tutta l'Età moderna il loro formale adempimento, sebbene questi furono spesso sostituiti da un contributo in denaro. Il neo cavaliere, ad esempio, aveva degli obblighi di natura militare nei confronti del sovrano: nell'anno successivo alla sua investitura doveva servire per sei mesi nelle galere del re, impegno dal quale, tuttavia, si veniva facilmente esentati, per l'appunto, tramite il versamento di una somma di denaro che si aggirava intorno ai 400 ducati.[162] Tali obblighi militari, com'è facile immaginare, nel caso di cavalieri impegnati sui campi di battaglia nelle guerre del re, erano automaticamente oggetto di dispensazione senza che fosse necessario un versamento in denaro. Fu così, ad esempio, per Gregorio Gaetani che ottenne la dispensa *de galeras* il 4 giugno 1627 perché «ha servido con 600 hombres alemanes a su cargo»;[163] per il capitano Mario Capece Galeota che ottenne la dispensa, nel 1626, per i servizi militari che svolgeva nelle Fiandre;[164] o per il già incontrato Filippo Filangeri, sollevato dall'obbligo del servizio nelle galere, nel 1640, «en consideracion de hallarse ocupado en servicio de su Magestad y de haver pagado el derecho de la media annata que le toco».[165] Diversi sono

161. BNE, ms. 11313, c. 7r.
162. Postigo Castellanos, *Honor y privilegio*, p. 211.
163. AHN, OM, Lib. 84C, c. 52r.
164. Ivi, Lib. 83C, c. 263r.
165. Ivi, Lib. 93, c. 137v. «La obtención de la cédula de caballero de orden militar importaba 100 ducados por Media Anata si bien una vez pagada, los titulares quedaban exentos de navegar en galeras los seis meses a los que estaban obligados». C. Sanz Ayán, *El canón a la nobleza en la Monarquía Hispánica: la media annata de mercedes*, in *Hacer historia desde Simancas. Homenaje a José Luis Rodríguez de Diego*, a cura di A. Marcos Martín, Valladolid, Junta de Castilla y León, 2011, pp. 705-726: 707. La somma è espressamente citata, ad esempio, nella dispensa dal servizio nelle galere concessa al cavaliere di Santiago Francesco Merlino, consigliere di Santa Chiara a Napoli e futuro reggente del Consiglio d'Italia, «a causa de hallarse ocupado en servicio de su Magestad y por haver pagado cien ducados del derecho de la media annata». AHN, OM, Lib. 94, c. 130v. Sul canone della media annata legata alla concessione di *mercedes* cfr. anche B. Cárceles de Gea, *La Junta de la Media Annata: presión fiscal y honor en el siglo XVII castellano*, in «Cuadernos de investigación histórica», 15 (1994), pp. 177-192.

poi i casi incontrati nella documentazione esaminata di dispensazione dal servizio nelle galere anche per motivi di salute[166] o per altre occupazioni specifiche, non necessariamente di natura militare.[167]

Altra dispensa regolarmente chiesta e concessa era poi quella di poter vestire abiti colorati (*cedula de colores*) e «ropas preciosas», in deroga a quanto previsto da regole e statuti dei tre Ordini. Il 15 novembre 1625 ottenne tale dispensa, ad esempio, Giovanni Lanza, siciliano, cavaliere di Santiago.[168] Così come Gennaro de Ponte, al quale fu concessa licenza regia, nel novembre 1641, «para que pueda vestir colores y ropas preciosas».[169]

Ottenuto l'abito e fatta la professione, la vita da cavaliere di un Ordine militare prevedeva l'assolvimento di impegni strettamente religiosi prescritti negli statuti dei vari Ordini come quello di confessarsi e comunicarsi più volte l'anno e partecipare alle funzioni religiose in occasione delle feste di precetto, quali l'Assunzione della Vergine, il Natale, la Pasqua o la Pentecoste oltre a feste cittadine e processioni pubbliche, in particolare quella del *Corpus domini*. Va da sé che anche queste occasioni solenni erano un modo per rendere visibili gerarchie sociali e distinzioni che l'abito, di cui si fregiavano i titolari in tutti questi eventi, sfilando in corteo con i loro manti bianchi, rendeva manifeste. Come in occasione, ad esempio, della festa per la canonizzazione di Francesco Borgia, organizzata dai gesuiti sabato 17 ottobre 1671, partita dalla chiesa di San Francesco Saverio di Napoli con la partecipazione di «ventiquattro cavalieri di san Giacomo a due a due, e vestiti con la cappa grande del color bianco con li fiocchi, che fu bellissima vista».[170]

166. Gennaro de Ponte fu dispensato, nel gennaio 1641, «en consideracion de hallarse con poca salud y de haver pagado la media annata que le toco». AHN, OM, Lib. 93, c. 241r. Identiche le motivazioni alla base della *dispensa de galeras* concessa a Tiberio Brancaccio, maestro di campo, nel novembre 1640 (ivi, c. 209v) e a Francesco Mastrilli, nell'agosto 1639 (ivi, c. 48v).

167. Pietro Minutillo fu dispensato dal servizio di sei mesi nelle galere «en consideracion de hallarse con algunas ocupaciones precisas». Ivi, c. 51v. Allo stesso modo, nel luglio 1641, Carlo Capecelatro, fu esentato «por hallarse con algunas ocupaciones» (ivi, c. 280v), così come Tommaso Caravita, nell'ottobre 1643, «en consideracion de hallarse con precizas ocupaciones». Ivi, Lib. 94, c. 249v.

168. Ivi, Lib. 83C, c. 111r.

169. Ivi, Lib. 94, c. 21r.

170. Fuidoro, *Giornali di Napoli. Volume II*, p. 235. Cfr. Carrió-Invernizzi, *El gobierno de las imágenes*.

6. *Ercole II Sfondrati, cavaliere di Santiago (1635-1684)*

Ripercorriamo ora le vicende, e il percorso che portò al conseguimento dell'abito di Santiago, di uno dei cavalieri milanesi del XVII secolo: Ercole II Sfondrati. Nato a Mandello nel 1635, Ercole apparteneva a una delle più importanti famiglie della Milano spagnola, trasferitasi nella città ducale nella seconda metà del Quattrocento da Cremona, là dove aveva costruito la sua fortuna grazie alle attività mercantili.[171] Fu Giovanni Battista, nel XV secolo, a introdurre la famiglia negli ambienti della corte sforzesca, favorendo i primi passi della scalata sociale del casato che si fondò, nel Cinquecento, sull'esercizio dell'attività diplomatica[172] e fu sancita poi, nel secolo successivo, dalle brillanti carriere militari percorse da diversi suoi membri negli eserciti degli *Austrias*.[173] La nostra ricostruzione ha inizio da Francesco Sfondrati, figlio di Giovanni Battista e marito di Anna Visconti, che alla morte della moglie, nel 1543, indossò l'abito ecclesiastico entrando al servizio di papa Paolo III che lo creò prima vescovo di Sarno, quindi lo inviò nunzio in Germania, tra il 1543 e il 1548, periodo nel quale ottenne anche la porpora cardinalizia (1544).

La vera e propria consacrazione del casato giunse però alla generazione successiva. I figli di Francesco, Niccolò e Paolo, si distinsero infatti l'uno a Roma, l'altro a Torino e, soprattutto, presso la corte cattolica, dan-

171. Nelle rassegne familiari cinque-seicentesche non compare nessuno dei *mercatores* di famiglia. Ciò rispecchia il probabile tentativo di eliminare ogni riferimento all'esercizio di arti vili nel passato più o meno recente del casato che avrebbe potuto causare non pochi problemi all'ora di presentare prove di nobiltà per l'ingresso in magistrature, ordini cavallereschi, collegi. G. Riitano, *L'archivio della famiglia Sfondrati: analisi, riordinamento, descrizione e studio dell'intero complesso archivistico della famiglia*, Tesi di Dottorato, Università degli Studi di Milano, 2006. Sulla nobiltà milanese in Età moderna rinvio a C. Cremonini, *Il «Gran Teatro» della nobiltà. L'aristocrazia milanese tra Cinque e Settecento*, in *Teatro genealogico delle famiglie nobili milanesi. Manoscritti 11500 e 11501 della Biblioteca Nacional de Madrid*, 2 voll., a cura della stessa Autrice, Mantova, Arcari, 2003, I, pp. 11-48. Sugli Sfondrati cfr. anche A. Cogné, *Les propriétés urbaines du patriciat (Milan, XVII*e*-XVIII*e *siècle)*, Roma, École française de Rome, 2017, pp. 115-120.

172. M. Giuliani, *Il barone Paolo Sfondrati tra Milano, Torino e Madrid. Diplomazia e affari di famiglia*, in *Lombardia ed Europa. Incroci di storia e cultura*, a cura di D. Zardin, Milano, Vita e Pensiero, 2014, pp. 169-187.

173. Cfr. Maffi, *Soldatino dell'impero*; M. Rizzo, *«Ottima gente da guerra». Cremonesi al servizio della strategia imperiale*, in *Storia di Cremona. L'età degli Asburgo di Spagna (1535-1707)*, a cura di G. Politi, Cremona, Banca Cremonese, 2006, pp. 126-145.

do ufficialmente il la all'ascesa definitiva della famiglia. Paolo aveva sposato Sigismonda d'Este, figlia del marchese di San Martino, matrimonio che contribuì alla sua brillante carriera: grazie al cognato, già al servizio del duca di Savoia Emanuele Filiberto, Paolo si avvicinò alla corte sabauda divenendo agente del duca a Milano. Cruciali furono gli anni Ottanta del Cinquecento: il nuovo duca di Savoia, Carlo Emanuele I, succeduto al padre nel 1580, tentò di avvicinarsi a Madrid sostenuto dalla fazione filospagnola di corte che vedeva tra le sue fila lo stesso Paolo Sfondrati e il cognato Filippo d'Este. Un peso rilevante in tal senso ebbero le trattative per il matrimonio del duca Carlo Emanuele che, desideroso di imparentarsi con gli Asburgo di Spagna, trattò segretamente con Filippo II tramite lo stesso Sfondrati.[174] Nel 1584, grazie all'importante ruolo avuto nella preparazione delle nozze con l'infanta spagnola Caterina Micaela,[175] Paolo accompagnò il duca e futuro sposo, insieme al figlio Ercole, a Saragozza. Le nozze furono motivo d'orgoglio per il barone Sfondrati il quale, destreggiandosi abilmente tra la corte sabauda e quella spagnola, ottenne inevitabili benefici per sé e per la sua famiglia: nel 1585 fu nominato maggiordomo dell'infanta Caterina,[176] stesso anno in cui fu insignito anche dell'abito militare di Santiago.[177] Nel mentre, con l'appoggio del duca Carlo Emanuele di Savoia, il fratello Niccolò ottenne, nel 1583, la porpora cardinalizia. Sette anni dopo, nel conclave che si aprì alla morte di Urbano VII, scenario di aspri scontri tra la fazione filo-francese e quella filo-spagnola, Niccolò risultò eletto con il nome di Gregorio XIV, chiaro omaggio al pontefice omonimo che lo aveva creato cardinale.[178]

174. Alcune lettere sulle trattative per le nozze Asburgo-Savoia, seguite dal barone Sfondrati, sono in AGS, *Patronato real*, Leg. 46, 9; 11; 14. Cfr. anche BCCo, *Archivio Sfondrati*, b. 2, fasc. 2, cc. 21r-22v.

175. Cfr. i contributi in *L'infanta Caterina d'Austria, duchessa di Savoia (1567-1597)*, a cura di B.A. Raviola, F. Ravallo, Roma, Carocci, 2013.

176. BCCo, *Archivio Sfondrati*, b. 2, fasc. 2, cc. 14rv. Su tale ruolo, cfr. J. Martínez Millán, *La Casa y los servidores de la infanta Catalina Micaela en Turín*, in *L'infanta Caterina d'Austria, duchessa di Savoia*, pp. 391-480; M.S. Sánchez, *"She Grows Careless": The Infanta Catalina Micaela and Spanish Etiquette at the Court of Savoy*, in *Early Modern Dynastic Marriages and Cultural Transfer*, a cura di J.L. Palos, M.S. Sánchez, Aldershot, Ashgate, 2016, pp. 21-43.

177. AHN, OM, *Santiago*, Exp. 7748bis.

178. A. Borromeo, *Gregorio XIV*, in *Enciclopedia dei papi*, Roma, Istituto della Enciclopedia Italiana, 2002, III, pp. 230-240. Cfr. anche L. Castano, *Gregorio XIV. Niccolò Sfondrati, 1535-1591*, Torino, SEI, 1957.

Il nuovo papa chiamò al suo fianco i nipoti Francesco, Ercole e Paolo Camillo, figli del fratello Paolo, morto nel 1587: il primo fu nominato castellano di Castel Sant'Angelo e generale delle galere pontificie, il secondo capitano delle forze armate pontificie,[179] l'ultimo, eletto cardinale, fu segretario di stato. La politica spiccatamente filo asburgica del pontificato gregoriano suscitò però non poche critiche negli ambienti interni alla curia, alimentate anche dalla dispendiosa politica estera del pontefice che, nel 1591, incaricò il nipote Ercole di riunire un esercito da spedire in Francia a sostegno delle forze cattoliche impegnate nelle guerre di religione contro gli ugonotti con il titolo di capitano generale dell'esercito pontificio in Francia.[180] Del breve pontificato di Gregorio XIV, morto nell'ottobre del 1591, rimasero soprattutto i favori e le onorificenze di cui godette la famiglia e che giunsero dalla corte spagnola, la Corona che più aveva beneficiato del papato gregoriano:[181] arrivarono così gli abiti di Santiago e di Calatrava rispettivamente per Ercole, nel 1589,[182] e per Francesco, nel 1595.[183] L'abile strategia di Paolo e il nepotismo del fratello pontefice[184] decretarono così la definitiva affermazione di casa Sfondrati nel novero della nobiltà italiana.[185]

Ercole abbandonò ben presto la carriera militare per dedicarsi alla gestione della famiglia e occuparsi della sua non facile successione,[186] trasfe-

179. BCCo, *Archivio Sfondrati*, b. 2, fasc. 5, c. 5rv. Su Ercole Sfondrati cfr. G. Brunelli, *Sfondrati, Ercole*, in DBI, vol. 92 (2018), *ad vocem*; K. Visconti, *Il commercio dell'onore. Un'indagine prosopografica della feudalità nel Milanese di età moderna*, Milano, Cuem, 2008, pp. 251-252.

180. BCCo, *Archivio Sfondrati*, b. 2, fasc. 5, cc. 7r-8v.

181. Cfr. T.J. Dandelet, *Spanish Rome, 1500-1700*, New Haven, Yale University Press, 2001, pp. 87-90.

182. AHN, OM, *Santiago*, Exp. 7748.

183. Ivi, *Calatrava*, Exp. 2463. Francesco fu il capostipite della linea dei marchesi di Montafia. Rinunciò all'abito di San Maurizio e Lazzaro per poter vestire quello di Calatrava. BCCo, *Archivio Sfondrati*, b. 2, fasc. 7, cc. 1r-6r. Anche il figlio Sigismondo ricevette, nel 1612, l'abito di Calatrava. AHN, OM, *Calatrava*, Exp. 2463. Su di lui cfr. Maffi, *Soldatino dell'impero*.

184. Cfr. A. Menniti Ippolito, *Il tramonto della Curia nepotista. Papi, nipoti e burocrazia curiale tra XVI e XVII secolo*, Roma, Viella, 1999.

185. Giuliani, *Il barone Paolo Sfondrati tra Milano, Torino e Madrid*.

186. Il primogenito Paolo intraprese la carriera ecclesiastica contro la volontà paterna; il secondogenito Francesco, irrequieto e refrattario a qualunque disciplina, giunse alla rottura definitiva con il padre che lo obbligò a prendere i voti e a cedere le sue prerogative di primo erede al fratello minore Valeriano.

rendo solo negli ultimi anni della sua vita a uno dei suoi cadetti, Valeriano, beni, pensioni, rendite e la commenda santiaghista di Guadalcanal.[187] Valeriano fu educato alla corte spagnola come *menino* del futuro re Filippo IV, ottenendo favori e appoggi che si sarebbero rivelati preziosi in futuro. Questo ruolo consentiva alle famiglie delle élite italiane di avvicinare i propri rampolli e futuri eredi al sovrano, nel tentativo di instaurare così un legame di intimità e fiducia.[188] Peraltro, tale pratica era favorita anche dal governo spagnolo: già alcuni anni prima, nel 1640, il conte duca di Olivares e il Consiglio di Stato si erano espressi favorevolmente all'ipotesi di introdurre a corte come «meninos y pajes» vassali dei *reinos* italiani ancora «muy pequeños», poiché «en menor edad podran aprehender buenas costumbres y amor al servicio de Vuestra Magestad».[189]

Nominato prefetto delle cacce dello stato di Milano nel 1624, Valeriano ottenne la chiave di gentiluomo di camera di Filippo III e fu inviato, nel 1636, dal cardinale Infante in Ungheria e in Germania per una missione presso l'imperatore. La sua vita fu caratterizzata da una brillante carriera militare percorsa soprattutto durante la Guerra dei Trent'anni, in particolare lungo i confini piemontesi. Rientrato dalla Germania, partecipò alla difesa di Valenza sul Po, nel 1636, ottenendo la nomina a membro del consiglio segreto di sua maestà, quindi fu nominato commissario generale dell'esercito dello stato di Milano nel 1637. Morì mentre si trovava in Germania, per una febbre terzana, il 20 settembre 1645.[190]

Alla sua morte, il figlio Ercole II aveva solo undici anni. Come il padre, che «fin da' teneri anni fu allevato nella corte di Madrid servendo alla Persona del Re Filippo IV»,[191] anch'egli ricevette l'incarico di *menino*, entrando nella casa della regina Maria Anna d'Asburgo, seconda sposa del *rey planeta*.[192] Non sappiamo, tuttavia, se Ercole mise mai piede a

187. BCCo, *Archivio Sfondrati*, b. 3, fasc. 6, cc. 1r-5v. Valeriano aveva già ottenuto la croce di Santiago nel 1613. AHN, OM, *Santiago*, Exp. 7747.

188. Franganillo Álvarez, Álvarez García, *Movilidad e integración de las élites italianas*.

189. AGS, *Estado*, Leg. 3263, 100, consulta del 30 agosto 1640. Tale risoluzione spinse Madrid a scrivere ai viceré di Napoli e di Sicilia e al governatore di Milano chiedendo di segnalare alcuni nomi tra le famiglie di quei territori che avrebbero meritato tali incarichi. Le lettere del re sulla risoluzione relativa a *meninos* y *pajes* inviate in Sicilia, a Milano e a Napoli sono, rispettivamente, ivi, 102; 103; 106.

190. Sui servizi di Valeriano Sfondrati cfr. BCCo, *Archivio Sfondrati*, b. 3, fasc. 2/1, cc. 2v-3r.

191. Ivi, b. 3, fasc. 2/2, c. 4v.

192. Ivi, b. 3, fasc. 2/1, c. 18r.

Madrid per svolgere tale incarico.[193] In quegli anni si trovava infatti a Milano dove aveva intrapreso la carriera militare servendo, giovanissimo, dapprima in una compagnia di fanteria franca italiana arruolata dal padre Valeriano e aggregandosi, due anni dopo, al *tercio* di Carlo Sfondrati, suo parente, prima che gli venisse affidata, nel 1648, la guida della *Compañia de Ordenanças* rimasta vacante per la morte del marchese Paolo Lonati. Nel corso della sua vita seguì dunque le orme del padre e dei suoi antenati, partecipando a diverse campagne d'armi, in particolare contro l'esercito franco-piemontese, tra le quali le occupazioni di Trino, Masino, Crescentino e Casale (1652) oltre all'assedio di Pavia nel 1655[194] e rivestendo fino alla morte, avvenuta nel 1684, anche diversi incarichi diplomatici e a corte.[195]

Appare evidente che l'abito militare ottenuto da Ercole nel 1646 fosse il riflesso del lealismo del casato alla Corona cattolica e del prestigio del padre, nonché conseguenza di una sua scelta ben precisa, divenuta quasi una tradizione familiare: oltre a sollecitare il conferimento della *merced* di *menino* per il figlio, Valeriano, alcuni anni prima, chiese anche a Filippo IV di poter trasmettere al primogenito l'*encomienda* santiaghista di Guadalcanal della quale era titolare e che, a sua volta, aveva ricevuto dal padre Ercole I, in una sorta di passaggio ereditario che, da statuti dell'Ordine, non era consentito se non dietro, appunto, licenza regia, ottenuta il 10 agosto 1642.[196] Per poter prendere possesso della commenda, però, bisognava necessariamente vestire l'abito militare: nel gennaio 1646, Filippo IV concesse dunque a Ercole Sfondrati la *merced* dell'abito di Santiago.[197]

Due mesi dopo, il 23 marzo 1646, conferita la procura ad Ambrogio Monti,[198] residente a Madrid, furono depositati presso il Consiglio degli Ordini sia la genealogia sia i 200 ducati necessari a coprire le spese per le *pruebas* che vennero condotte a Milano nei mesi successivi e che si conclusero, con l'approvazione del Consiglio degli Ordini, il 23 novembre

193. Franganillo Álvarez, Álvarez García, *Movilidad e integración de las élites italianas*.

194. BCCo, *Archivio Sfondrati*, b. 3, fasc. 2, c. 3r.

195. Maffi, *Soldatino dell'impero*, p. 257.

196. AHN, OM, *Expedientillos*, n. 2902.

197. BCCo, *Archivio Sfondrati*, b. 3, fasc. 6.

198. Ambrogio Monti, residente a Madrid, fu procuratore della famiglia in diverse occasioni. Cfr. Ivi, b. 26, fasc. 7.

1646.[199] La cedola col titolo di cavaliere venne concessa da Filippo IV il 16 dicembre di quello stesso anno.[200]

Ercole Sfondrati fu armato cavaliere nella chiesa agostiniana di San Marco a Milano lunedì 22 aprile 1647, giorno successivo alla Pasqua, dopo aver ottenuto licenza per poter essere vestito dell'abito di Santiago da qualunque religioso presente nel Ducato lombardo.[201] La cerimonia solenne fu presenziata dal governatore di Milano, Bernardino Fernández de Velasco y Tovar, contestabile di Castiglia[202] e da padre Carlo Cesare Marasca, priore del convento agostiniano. A fargli da padrino fu Dionisio Guzmán, maestro di campo generale dello stato di Milano.[203] Presenziò alla messa solenne anche un numeroso concorso di cavalieri di Santiago, «los quales todos estavan vestidos de mantos blancos de saya con cruces en ellos de la dicha Orden».[204]

Come si è detto nelle pagine precedenti, gli statuti dell'Ordine prevedevano che, prima di poter professare come cavaliere religioso, Ercole prestasse servizio per sei mesi nelle galere del re. Tale obbligo, tuttavia, rimase un aspetto puramente formale venendo sostituito da un pagamento in denaro; peraltro si era interamente dispensati nel caso ci si trovasse già impegnati in attività militari al servizio del sovrano, come appunto avvenne per lo stesso Ercole.[205] Il giovane dovette attendere però il compimento del sedicesimo anno di età, nel 1651, prima di ottenere tale dispensa[206] e poter fare la propria professione religiosa da cavaliere di Santiago, nel corso di una cerimonia che si tenne il primo luglio 1651, sempre nella chiesa di San Marco a Milano, là dove era stato armato cavaliere cinque anni prima.[207] Il 6 marzo 1649 aveva già ottenuto licenza di poter indossare «colores y ropas preciosas», nonostante le regole degli Ordini proibissero l'uso di gioielli, seta e vesti colorate.[208] Queste restrizioni, come si è detto,

199. AHN, OM, *Expedientillos*, n. 2902. Del processo di nobiltà di Ercole II Sfondrati non si è conservato l'*expediente de pruebas*.

200. BCCo, *Archivio Sfondrati*, b. 6, fasc. 1, c. 27r.

201. Ivi, cc. 28r-29r.

202. S. Martínez Hernández, *Bernardino Fernández de Velasco y Tovar*, in DBe, *ad vocem*.

203. J.L. Sánchez Martín, *Dionisio Guzmán y González*, in DBe, *ad vocem*.

204. BCCo, *Archivio Sfondrati*, b. 6, fasc. 1, c. 8r.

205. Ivi, c. 36r.

206. Ivi, cc. 33r-35v.

207. Ivi, cc. 13r-18v.

208. Ivi, c. 30r.

non venivano più applicate nella pratica e le deroghe venivano concesse senza obiezioni.

Negli anni successivi, Ercole, come cavaliere di Santiago, partecipò a diverse cerimonie, presenziò all'investitura di altri cavalieri milanesi – fu lui, ad esempio, ad armare il conte Galeazzo Trotti, il 20 ottobre 1661, presso il convento di Sant'Agostino di Milano[209] – e fu soggetto a diversi obblighi, specie di natura religiosa, come quello di avere un confessore dell'Ordine[210] o di ricevere l'Eucarestia nelle feste di precetto canoniche. A tal proposito, un significativo elemento religioso si aggiunse proprio a partire dall'anno successivo alla sua professione, nel 1652, quando nel Capitolo generale degli Ordini si aggiunse ai voti canonici di povertà, castità e obbedienza, anche quello della difesa dell'Immacolata Concezione.[211] Non a caso, il 2 novembre 1653, il marchese di Caracena, governatore di Milano, inviò a Sfondrati il nuovo giuramento da osservare, a stampa, accompagnato da una lettera nella quale gli rammentava l'obbligo di ricevere l'Eucarestia anche l'8 dicembre:

> Con el papel que va con esta, vera V.S. el juramento que nuestra sagrada Religion de Santiago ha hecho al misterio de la siempre pura e inmaculada Concepcion de la Virgen Santissima, con obligacion de comulgar una vez mas al año, que sera el dia de su santissima fiesta que cae a ocho de Diziembre. [...] Doi aviso a V.S. para que el dicho dia de la Concepcion por la mañana se halle en Palacio donde concurriran los demas cavalleros de la Orden para hazer el juramento contenido en la Capilla y recivir el Santissimo Sacramento a honra y gloria de Dios.[212]

Per dimostrare l'assolvimento di questi obblighi era necessario certificare l'avvenuta comunione o confessione nei giorni previsti dalla regola.

209. BNE, ms. 11313, c. 44r.

210. Nell'archivio Sfondrati si trovano diverse licenze concesse a Ercole dal priore del convento di Uclés perché potesse scegliere nel proprio territorio di residenza un confessore. Si conservano le licenze degli anni 1648, 1652, 1655, 1661, 1663, 1666, 1670, 1673, 1676. BCCo, *Archivio Sfondrati*, b. 6, fasc. 1, cc. 49r-59v.

211. Postigo Castellanos, *Caballeros del Rey Católico*, pp. 201-202. Il giuramento dei cavalieri di Santiago, a stampa, si trova tra le carte dell'Archivio Sfondrati. BCCo, *Archivio Sfondrati*, b. 6, fasc. 1, cc. 39r-41v. Sulla pratica del giuramento di fedeltà all'Immacolata Concezione introdotta dalla Monarchia cattolica nel XVII secolo, cfr. *La Vergine contesa. Roma, l'Immacolata Concezione e l'universalismo della Monarchia Cattolica (secc. XVII-XIX)*, a cura di M. Merluzzi, G. Sabatini, F. Tudini, Roma, Viella, 2022.

212. BCCo, *Archivio Sfondrati*, b. 6, fasc. 1, c. 38r.

Tra le carte dell'Archivio Sfondrati relative al cavalierato di Ercole II, si conservano alcune di queste certificazioni, come quella del 9 aprile 1662 firmata da Luis Ruiz de Ortega, religioso di Santiago, che attestava di aver «sommistrado los sacramentos de la Confesion y eucarestia al señor don Hercules Sfondrato» nella chiesa di Santiago a Madrid «oy domingo dia de Pasqua de Resurreccion».[213] Numerose sono anche le richieste di licenza per poter amministrare i propri beni e il proprio patrimonio conservatesi tra la documentazione dell'archivio familiare. Si trattava, anche in questo caso di una pura formalità, un residuo ormai desueto di più rigide regole medievali relative al voto di povertà che si erano andate attenuando già nel corso del XV secolo e che si riducevano, oramai, all'ottenimento di una dispensa annuale.[214]

Tra questi voti rientrava anche quello di castità, che equivaleva all'essere leali e fedeli alla propria sposa più che al rispetto rigido del celibato: nella sostanza, si trattava di un impegno morale, in linea con le norme cui tutti i fedeli cristiani dovevano attenersi. Esisteva, tuttavia, una procedura specifica per i matrimoni dei cavalieri degli Ordini militari castigliani che prevedeva una verifica delle qualità della futura sposa. Questo passaggio, necessario per ottenere il consenso al matrimonio, era condotto da un ecclesiastico appartenente allo stesso Ordine dello sposo.[215] Ercole Sfondrati ottenne infatti le licenze per entrambi i suoi matrimoni: la prima, datata 1663, per le nozze con Barbara Schinchinelli, figlia del conte Matteo e vedova del marchese Trecchi;[216] e la seconda, rilasciata nel 1677, per il matrimonio con Laura Caimo.[217]

Il quadro descritto attraverso il caso concreto di Ercole II Sfondrati mostra dunque come i cavalieri degli Ordini militari, benché fossero tenuti a rispettare gli stessi voti dei religiosi, nella pratica quotidiana sottostavano, a differenza di questi ultimi, a norme più permissive che *de facto* differivano poco da quelle a cui doveva attenersi ogni cristiano. Pur essendo soggetti, rispetto al resto dei fedeli laici, a normative speciali e a controlli annuali da parte del Consiglio degli Ordini, ciò non garantiva automaticamente l'adempimento di tali obblighi. Va anzi sottolineato che a fronte delle numerose de-

213. Ivi, c. 45r.

214. Nell'archivio Sfondrati si conservano le richieste inoltrate a Madrid da Ercole negli anni 1648-1652; 1654-1660; 1662-1682; 1683. Ivi, cc. 60r-131v.

215. Giménez Carrillo, *Los caballeros de las órdenes militares*, p. 205.

216. BCCo, *Archivio Sfondrati*, b. 6, fasc. 1, c. 157r.

217. Ivi, c. 132r.

roghe descritte, rispetto alle quali i doveri di un cavaliere d'abito castigliano si riducevano in sostanza a lettera morta, i privilegi e i benefici che gli stessi godevano «eran considerados por las gentes de la época como una de las más funestas manifestaciones del régimen de privilegios».[218]

L'esempio di Ercole Sfondrati evidenzia, inoltre, come la croce cavalleresca non fu l'elemento che gli aprì la strada verso una carriera prestigiosa, quanto l'evidente consacrazione di uno *status* già posseduto dal suo casato. L'abito militare che egli ottenne nel 1646 a soli undici anni non fu evidentemente un premio per servizi personali, né giunse per una sua richiesta, quanto per quella del padre in virtù dei servizi che lui e altri membri del casato nelle generazioni precedenti avevano prestato al sovrano. La carriera di Ercole, pur percorsa sulla falsariga di quella di altri Sfondrati nell'esercizio delle armi sotto le bandiere degli *Austrias*, non fu dunque propiziata dall'abito, ma da questo consacrata in virtù della sua nascita, del suo sangue, della sua appartenenza, più che di meriti individuali.

218. Postigo Castellanos, *Honor y privilegio*, p. 212.

Conclusioni

30 novembre 1634. Nella chiesa di *Saint Jacques* a Bruxelles, adiacente al palazzo del Coudenberg, centro del potere politico spagnolo nei Paesi Bassi, si svolse il rito solenne di investitura a cavaliere di Santiago del maestro di campo napoletano Giuseppe Mariconda.[1] Alla cerimonia, officiata da Diego Messía Felípez de Guzmán, cugino del conte duca di Olivares, partecipò una folta schiera di cavalieri, figure di spicco del mondo militare e diplomatico spagnolo del tempo,[2] molti dei quali avevano combattuto insieme al Mariconda contro gli svedesi, appena tre mesi prima, nella celebre battaglia di Nördlingen, dalla quale il "nostro" era uscito «herido y estropeado de un brazo».[3] Giuseppe Mariconda raggiungeva così il culmine della sua carriera al servizio degli *Austrias*; l'abito ricevuto quel giorno legittimò il suo ingresso, sugellato dalla stessa presenza alla cerimonia di eminenti personalità, spagnole e fiamminghe, in una *koiné* privilegiata i cui membri si identificavano al suo interno ed erano riconosciuti all'esterno dalla croce gigliata rossa dell'Ordine di Santiago che campeggiava sui loro manti bianchi, simbolo del servizio e della fedeltà al sovrano cattolico. La

1. AHN, *Expedientillos*, n. 16190.

2. Tra i cavalieri presenti alla cerimonia vi furono: Anthonie II Schetz, barone di Grobbendonk, il borgognone Claude de Rye, barone di Valançon, Gaspar de Valdés, castellano di Gand, con il figlio Luis, anch'egli militare, Martín de Axpe, Esteban de Gamarra Contreras, Alberto Coloma, figlio del celebre militare Carlos Coloma, il maestro di campo Francisco Zapata, Diego de Silva y Mendoza, marchese di Orani, *sumiller de corps* del cardinale Infante. *Ibidem*.

3. È quanto dichiara lo stesso Mariconda nella relazione dei propri servizi presentata al sovrano nel 1644 per supportare la richiesta per un posto da reggente del Consiglio Collaterale di Napoli. AGS, SSP, *Nápoles*, Leg. 21, consulta del 19 luglio 1644.

carriera militare svolta negli anni precedenti gli aveva permesso di accedere a una dimensione superiore, transnazionale, che le insegne ricevute quel giorno a Bruxelles consacrarono per il resto della sua vita.

Come per Mariconda, anche per la maggior parte degli italiani premiati con un abito di Santiago, Calatrava e Alcántara tra Cinque e Seicento la croce cavalleresca segnò l'apice della propria carriera. Essa fu dunque un punto di arrivo, più che di partenza, nella scalata agli onori di un casato e un riconoscimento collettivo, più che individuale, tanto del lustro della propria famiglia quanto dei servizi resi alla Monarchia dai suoi membri anche nelle generazioni precedenti. Non mancarono, tuttavia, abiti che segnarono l'inizio di un percorso di ascesa sociale o, meglio, che consentirono di ufficializzare la nobiltà di famiglie venute recentemente alla ribalta, spesso facoltose ma prive dei requisiti d'ingresso richiesti dagli statuti dei tre Ordini. Le difficoltà sempre più evidenti della Monarchia nel corso del Seicento spinsero la stessa ad adottare *escamotages* (prove per *patria comune* e/o per *actos positivos*) che permettessero di superare le barriere imposte dalla severa ortodossia del Consiglio degli Ordini e di reclutare con maggior facilità uomini e risorse. Tali espedienti si poggiavano, come si è visto, sui legami parentali con altri cavalieri, fossero di Malta o di un Ordine castigliano, premiando così oculate politiche matrimoniali, ma anche carriere e percorsi che, se da un lato avevano favorito scalate sociali, dall'altro avevano bisogno di una legittimazione che la croce cavalleresca era in grado di offrire e rendere perpetua. Tali politiche esaltavano, è bene ribadirlo, il ruolo delle donne, risorse preziose per le ambizioni sociali di una famiglia, perni di alleanze che si potevano rivelare provvidenziali per l'ottenimento di un abito, come dimostra in modo significativo la vicenda esaminata dei Brancia di Sant'Elia e com'è possibile intuire anche guardando alle parentele dei titolari «italiani» di un abito castigliano riportati in appendice.[4]

Come è emerso dalla documentazione esaminata, le concessioni di croci cavalleresche sono una spia del rapporto nobiltà italiane-Monarchia ispanica, dello stato di salute di questa relazione. Gli abiti, specie quelli di Santiago, rappresentarono il riconoscimento più ambito dai militari. Il picco delle concessioni individuato tra secondo e quarto decennio del Seicento riflette sia il maggior sforzo bellico della Corona di quegli anni sia,

4. Cfr. anche l'ulteriore conferma dell'importanza del ruolo delle donne nelle strategie di un casato che emerge in Visceglia, *Le donne dei papi*.

e soprattutto, l'ampio coinvolgimento delle nobiltà e dei patriziati italiani nella politica "europea" della potenza spagnola che poteva esplicitarsi in maniera diretta – partecipando in prima persona alle campagne d'armi di tutta Europa – o indiretta – arruolando a proprie spese uomini da inviare sui campi di battaglia. Se non bastassero i numeri a indicare la larga partecipazione delle élite italiane ai fatti d'arme del XVII secolo, sono i memoriali inviati al sovrano a richiesta di una *merced* a fornire una testimonianza ancor più ricca con i loro dettagliati resoconti di campagne militari, assedi di città e battaglie a cui questi aspiranti cavalieri avevano partecipato in tutto il continente.

I dati sulla cronologia delle concessioni meritano però un'ulteriore, e a mio avviso significativa, riflessione. Essi fanno riferimento all'effettiva concessione di un abito militare, alla data finale di un procedimento che, come si è visto, iniziava con l'invio di un memoriale di richiesta a Madrid e terminava con la chiusura del processo di nobiltà e l'effettivo *despacho* della croce cavalleresca. Sebbene non sia possibile stabilire con esattezza per tutti i titolari di un abito il tempo intercorso tra il momento iniziale e quello finale di questo *iter*, è tuttavia evidente che l'acme registrata negli anni Trenta-Quaranta del Seicento premiò, nella maggior parte dei casi, meriti di carriera maturati perlopiù nei primi decenni del secolo, ossia negli anni dell'apogeo della *Monarquía universal*, culmine di quel tentativo di integrazione tra i vari domini volto alla realizzazione di una monarchia di stampo universalistico. Un disegno nato negli anni di Carlo V, alimentato da Filippo II[5] e perseguito almeno fino agli anni Venti del Seicento, quando mostrò in modo via via più evidente i suoi limiti e la sua irrealizzabilità.[6] Questi abiti sono dunque lo specchio di quel progetto di ampio respiro che si cercò di realizzare anche attraverso le risorse del patronato regio,[7] le stesse a cui la Corona attinse nei decenni successivi per cercare, al contrario, di compattare le proprie élite, di rinsaldare vecchie fedeltà e di cooptarne di nuove, di legittimare vecchio e nuovo consenso, di stringere le

5. G. Parker, *The Grand Strategy of Philip II*, New Haven-London, Yale University Press, 1998.

6. Sul concetto di monarchia universale cui qui ci si riferisce cfr. H.G. Koenigsberger, *La práctica del imperio*, Madrid, Alianza, 1969; A. Padgen, *Signori del mondo. Ideologie dell'impero in Spagna, Gran Bretagna e Francia. 1500-1800*, Bologna, il Mulino, 2005, pp. 65-114.

7. Oppure attraverso la fondazione di una fitta rete di ospedali ed enti di assistenza, come dimostra Novi Chavarria, *Accogliere e curare*.

maglie del sistema imperiale quando cominciò a palesare segni manifesti di cedimento.

Per ottenere la tanto ambita croce cavalleresca poteva non bastare sfoggiare un ricco curriculum militare; i memoriali vagliati nei *Consejos* a Madrid mostrano quanto fossero importanti anche i canali attraverso i quali l'aspirante faceva giungere la propria istanza al sovrano, così come la qualità e l'ampiezza delle proprie reti di clientela e parentela, delle pressioni e delle raccomandazioni di cui ci si poteva avvalere, del numero di istanze e padrini spirituali che un individuo poteva sfruttare per aumentare le proprie *chance* di ottenere l'agognata *merced*. Tali reti si rivelano, in alcuni casi, particolarmente "liquide", trascendono i confini dei *reinos* italiani della Monarchia e coinvolgono élite e principi sovrani, ecclesiastici e uomini di governo spagnoli, mostrando quanto fossero strette le trame relazionali tra i domini italiani della Corona e tra questi e gli stati indipendenti della penisola. Nella decisione finale del re sulla concessione o meno di una *merced*, inoltre, un peso non trascurabile aveva l'opinione delle autorità locali di governo, di viceré e governatori, anch'essi parte del processo decisionale che, pertanto, si finalizzava in seno ai *Consejos* a Madrid ma non si esauriva al loro interno.

Vale la pena rimarcare però anche il tono usato nelle richieste d'abito inviate a Madrid, che riflette la convinzione degli aspiranti cavalieri che le risorse del patronato regio fossero dovute dal monarca per i servizi a lui prestati: ricompensare meriti e servizi dei propri sudditi, conferire loro premi e *mercedes* era uno degli attributi principali della sua regalità; e fu proprio su questo scambio tra servizi e ricompense, su questa sorta di *do ut des*, come si è più volte ricordato, che si fondò anche il rapporto sinallagmatico tra nobiltà italiane e Monarchia cattolica tra Cinque e Seicento. La corsa agli onori da parte delle élite della penisola, tuttavia, e ciò non può essere trascurato, se da un lato rispecchiò il desiderio di avvicinarsi quanto più possibile al sovrano e ai centri di potere, dall'altro fu perseguito più che per sincero attaccamento alla Corona e alla dinastia asburgica, per sfruttare questa vicinanza a proprio vantaggio in termini sociali, politici ed economici. Gli stessi motivi che mossero, ad esempio, i maggiorenti del Regno di Napoli a partecipare alla repressione dei moti del 1647-48, ossia soprattutto per salvaguardare uno *status quo* che portava benefici, simbolici e materiali, ai singoli casati.[8] «Los

8. Sul comportamento ambiguo della nobiltà napoletana prima e dopo la rivolta del 1647-48 cfr. Mrozek Eliszezynski, *Nobili inquieti*.

nobles no tienen amor de patria, sino que cultivan el amor proprio», avrebbe affermato in maniera lapidaria Paolo Mattia Doria riferendosi proprio all'élite napoletana negli anni di transizione tra *Austrias* e Borbone all'alba del Settecento.[9]

Gli abiti furono strumenti di esaltazione dell'ideologia nobiliare, un capitale simbolico da sfruttare all'interno del campo aristocratico – per tornare alle categorie elaborate da Bourdieu a cui abbiamo fatto riferimento in apertura del volume – che non fu solo utile come elemento di distinzione locale, ma anche come mezzo per approssimarsi al potere spagnolo rappresentato dal viceré, a Napoli e in Sicilia, o dal governatore, a Milano. Ciò avveniva anche in occasione delle numerose cerimonie, a partire da quelle solenni di investitura, a cui i cavalieri d'abito avevano la prerogativa di partecipare, forme di comunicazione politico-sociale mediante le quali si esibivano valori e gerarchie sociali e che consentivano, allo stesso tempo, di ostentare l'appartenenza a un gruppo privilegiato e distinguersi da chi non aveva i requisiti per potervi accedere.

La dialettica interna al campo nobiliare, la disputa per l'accesso alle risorse simboliche elargite dal monarca, si riflette negli episodi esaminati di *pruebas* boicottate a causa di rivalità e inimicizie proprie o ereditate da questo o da quel parente, prove della latente conflittualità interna alla nobiltà, ma anche dei rischi a cui ci si esponeva in termini di reputazione e prestigio sociale. Le *pruebas* consentono anche di guardare al tentativo di adeguare il concetto di nobiltà richiesto dagli statuti dei tre Ordini ai molteplici modelli presenti nei vari territori della penisola e all'importanza di elementi discriminanti la nobiltà di un individuo quali il lignaggio e la sua antichità, il riconoscimento pubblico del proprio ruolo nello spazio urbano e, soprattutto, la «publica voz y fama» di cui godeva, ossia l'onore inteso come percezione che gli altri avevano del candidato e del suo casato, per cui ciò che un uomo era equivaleva a ciò che egli era nella società.[10] La necessità di adeguare il concetto di *nobleza* castigliano a realtà differenti, oltre a rendere gli *informantes* che conducevano le *pruebas* artefici inconsapevoli di un archetipo di nobiltà transnazionale, riflette anche la nuova vocazione che questi Ordini ebbero in Età moderna, sorti come "nazionali" ma proiettatisi oltre i confini iberici dopo il loro incorporamento alla Corona e la loro riconfigurazione a strumento di cooptazione del moderno sistema imperiale.

9. Spagnoletti, *El concepto de naturaleza, nación y patria*, p. 485.
10. Maravall, *Poder, honor y élites*, p. 27.

Indossando le croci cavalleresche, giuristi e militari, esponenti della vecchia e della nuova nobiltà, italiani, fiamminghi, spagnoli, portoghesi, abitanti della *Nueva España*, tutti condividevano uno spazio comune di privilegio i cui requisiti d'accesso erano rigidamente vagliati dal Consiglio degli Ordini ma che, come si è detto, furono anche forzati dalle necessità contingenti di uomini e risorse, che permisero di aprire brecce nel rigido impianto ortodosso del Consiglio consentendo a chi aveva le disponibilità economiche e i legami parentali migliori di potervi comunque accedere. Uno spazio di privilegio che fu comunque intermedio: non prestigioso come il più ristretto gruppo dei premiati con la *Grandeza de España* o un collare del Toson d'oro, ma comunque esclusivo e, soprattutto, "sovralocale". È anche tale proiezione a spiegare come, fuori dalla Spagna, fu proprio nei domini italiani della Corona che si conferirono più croci cavalleresche rispetto al resto del sistema imperiale, manifestazione, una volta di più, del forte legame esistente tra Monarchia ed élite della penisola; e ciò nonostante la presenza di altri Ordini dinastici (Santo Stefano, del Redentore, San Maurizio e Lazzaro) i cui abiti, però, non potevano offrire lo stesso prestigio e la stessa proiezione imperiale di quelli di Santiago, di Calatrava o di Alcántara.

I circa mille abiti conferiti, tra il 1556 e il 1700, dentro e fuori l'*Italia spagnola* ricompensarono una nobiltà di servizio, soprattutto di carattere militare: l'esercizio delle armi fu un punto di convergenza privilegiato tra *Monarquía* e aristocrazie italiane che facilitava non solo l'ottenimento di *mercedes*, ma promuoveva anche una diffusa mobilità. Gli individui coinvolti, vincolati dal servizio al sovrano, si spostavano agilmente attraverso il sistema imperiale, dall'Italia alle Fiandre, dai territori imperiali alla Catalogna. Il contatto con la nobiltà degli altri stati italiani o con quella spagnola impegnata sui campi di battaglia al servizio del re, seppur cagione di gelosie ed episodi di conflittualità, specie con quella castigliana, favorì, seppur indirettamente, un'integrazione anche di natura culturale e la formazione di una élite transnazionale che si riconosceva nel comune servizio al sovrano e che stringeva al suo interno alleanze matrimoniali, rafforzando così i legami con gli altri membri di quello stesso gruppo.

L'abito militare castigliano, alla pari di altre *mercedes* simboliche della Monarchia ispanica, fu dunque strumento di aggregazione delle nobiltà del sistema imperiale. La Corona svolse in tal senso, almeno fino a quando resse il progetto universalistico della *Monarquía*, un ruolo attivo sia promuovendo matrimoni misti sia distribuendo risorse del patronato regio, sebbene ciò non fosse tanto il risultato di una definita progettualità, quanto una conseguenza di pratiche politiche che contribuirono, pur implicitamente, ma in modo significativo, a delineare la formazione di un'élite dal respiro imperiale. Ciò che preme maggiormente sottolineare è che tanto la lettura dei memoriali inviati al Consiglio d'Italia dagli aspiranti cavalieri, quanto i dispositivi rituali, ossia l'insieme di elementi simbolici, gestuali e verbali che caratterizzavano le solenni cerimonie di investitura e professione, fanno emergere lo scarto tra forma giuridica-istituzionale (monarchia) e sua percezione (impero) nella mentalità degli attori coinvolti.[11] La Corona spagnola contribuì, seppur indirettamente, a sviluppare in questi cavalieri un senso di appartenenza imperiale: lo fece dapprima fornendo possibilità di carriera, specie negli eserciti, quindi premiando i propri sudditi con una delle principali onorificenze simboliche di cui disponeva. Cavalieri o aspiranti tali, fossero paggi del re a Madrid o reggenti del Consiglio d'Italia, reduci da una battaglia campale in Boemia o feriti da un colpo di moschetto in Estremadura, impegnati contro i turchi nelle acque del Mediterraneo o contro gli olandesi asserragliati a Salvador de Bahia, in Brasile, tutti percepivano di essere proiettati in una dimensione "altra", che travalicava differenze e particolarismi. È la loro percezione, si badi bene, che qui si intende rimarcare, il loro *sentire*. Se il servizio, specie quello di natura militare svolto in ogni angolo del continente, contribuì a internazionalizzare i membri di questa élite, l'abito cavalleresco, alla pari di altri onori simbolici della Monarchia cattolica, sugellò il loro senso di appartenenza a una *koiné* imperiale.

11. Musi, *Sistema imperiale spagnolo e sottosistemi*; dello stesso autore si vedano anche le riflessioni sul concetto di *impero* in *Corsi e ricorsi della forma impero*, in «Atti dell'Accademia Pontaniana», LXXII (2023), pp. 115-124. Sui concetti di *impero* e *civiltà* cfr. anche G. Galasso, *Il sistema imperiale spagnolo da Filippo II a Filippo IV*, in *Carlo V e Spagna imperiale*, Roma, Edizioni di Storia e Letteratura, 2006, pp. 253-282. Per una rassegna sul dibattito storiografico relativo al binomio impero/monarchia universale, cfr. M. Merluzzi, *Impero o monarchia universale? Il caso della Castiglia tra XVI e XVII secolo*, in *Comprendere le monarchie iberiche*, pp. 73-106.

Appendici

I

Propuesta del Señor Francisco Guasco
a la S.C.R.M. del rey Don Phelippe III Nuestro Señor

Para la Institucion de una nueva Milicia de Nobles Cavalleros en Italia
Traduzida de Italiano en Castellano por Pedro de Flores

En Alexandria
Por Dionisio Motti Librero y Estampador, MDCXII

Señor

Todas las actiones de los Principes, que pueden ser señaladas por su novedad, y grandeza, assi como merecen con aplauso universal ser alabadas, y que dellas quede en todos tiempos illustre, y celebre memoria; y esto tanto mas quanto con una mundana magnificenzia tienen conjunta la gloria de Dios, y el bien publico del pueblo Christiano; assi pareze, que no solo sea licito a qual quiera a proponer a los Principes cosas de las quales puedan seguir los dichos efectos, mas que esto sea particular obligacion de sus subditos; ni haver assi mismo de temer ninguno de hazerlo, viendose que Dios a las vezes ha movido empresas grandes, y dificultosas, y reducidolas a buen fin por medios debiles, porque el efecto que se siga dellas se atribuya a la virtud de Su Divina Magestad, y no a la de los hombres; y se conozca juntamente la grandeza de su potencia; a la qual no es dificil, queriendose servir de algun medio, a un con los mas viles, y flacos hazer grandes operaciones; de que ay muchos exemplos antiguos, y modernos, entre los quales es illustre el de un simple Hermitaño autor de una empresa la mas gloriosa, que nunca se ha hecho, que fue de la conquista de Tierra Santa, la qual estuvo ochenta, y ocho años en poder de Christianos que la perdieron despues por su culpa. Assi que movido yo de las susodichas razones, y de saber que es proprio del buen govierno de la Real Corona de V. Magestad, oyr de buena gana las propuestas, que con buen fin se le hazen, para considerarlas despues, y hazer la determinacion, que mas combiene; con que ha recebido servicios señalados, como se vee en la propuesta, que Christoval Colombo hizo a los Ginoveses, Ingleses, y Portugueses, y ultimamente a la Reyna Doña Ysabel, que la represento al Rey Don Fernando; que haviendo sido tenida de los primeros por fabulosa, y de los sigundos por ridiculosa, y burlada de los terceros, fue abraçada del dicho Rey, que con el descubrimiento de un nuevo Mundo, acrescio grandemente el Ymperio, y grandeza de dichos Reyes, y de su Real Corona; de mas de haver estendidose tan adelante la fe de Christo, y de tantas riquezas, y tesoros que de alla se han traydo, como es notorio a todos: ynduzido tambien de saber, que no tiene V. Magestad otro cuydado, que de emplear continuo sus fuerças contra los enemigos de Dios; me atrevo con parecer de personas Religiosas, doctas, prudentes, y zelosas de su servicio, y del de V. Magestad, a proponer una empresa la qual es endereçada a honra, y gloria de Dios; mira a la razon de Estado, y a la gloria de V. Mag. y se puede efectuar con facilidad.

Propuesta

La propuesta, que yo hago a V. Magestad es la Institucion de una nueva milicia de nobles Cavalleros en Italia, con la Cruz, Titulo, y Institutos que V. Magestad se sirviere establecer, los quales a semejança de los Cavalleros Hierosolomitanos, y de Sant Estevan ayan por instituto de su Orden de pelear de continuo contra los ynfieles, y por tal caso perder la vida, y la hazienda, y procurar con mucho cuydado de tener limpios los mares de Cossarios, que ordinariamente hazen en ellos ynfinitas presas de hombres, y de los bienes que llevan; y que dichos Cavalleros ayan de servir a V. Magestad en las ocasiones.

Que esta Propuesta es enderaçada al servicio, y gloria de Dios

Que la dicha Institucion sea endereçada al servicio, y gloria de Dios, es cosa manifiesta a quien considera el fin, al qual es para instituirse; haviendo de ayudar a tener limpios los Mares, para que no se hagan presas de animas Christianas, y segun las ocasiones pelear contra los ynfieles, y adquirir en sus Tierras; quien no vee, que todo esta ressulta a honra, y gloria de Dios? Pues que se abajan, y destruyen sus enemigos, se conserva, y aumenta la religion Christiana; y lo que sobre todo sera a Dios obra grata, y acepta es, que se ayudaran, y salvaran muchas animas Christianas, que cautivadas de Turcos passan miserable, y cruel servidumbre; y algunas vezes se reduzen a su malvada seta, y salen los mayores enemigos, que tenga nuestra santa fee. Assi que con mucha razon dixo un escritor moderno, tratando de las factiones de los dichos Cavalleros contra los ynfieles: que obra fue nunca mas pia? Que empresa mas Christiana que la libertad de cautibos? O que cautividad se puede imaxinar mas desdichada, y mas dura, que aquella en la qual son los cuerpos cruelissimamente atormentados, y las almas tentadas peligrosissimamente? Assi que desto, y de lo que sigue no ay duda, que la presente Propuesta, no sea de mucho servicio, y gloria de Dios.

Que mira a la Razon de Estado

Que la dicha Propuesta mire la razon de Estado; si consideramos el estado comun de la Christiandad es bien grande; y si consideramos el de V. Magestad se ha de dezir lo mismo. Por lo que toca al primer cavo demas de las razones, que se traen, los dichos Cavalleros, como personas nobles, pelearian por zelo del servicio, y gloria de Dios; bien, y honra del Mundo; serian mucho mas aptos que no los hombres estipendiarios, que al presente sirven sobre las Galeras; los quales Cavalleros por instituto de su Orden haviendo con continuo curso de exercitar la churma, y Marineros, y Soldados, y con la ganancia pudiendo sustentar mas Galeras, y mejor en orden, podrian despues en las ocasiones de empresas generales, que se hubiessen de hazer, servir mejor a la causa comun; y en tanto tomando el camino del corso, como se ha dicho, podrian de ordinario, como hazen los Cavalleros Hierosolomitanos, y de Sant Estevan, molestar al Turco, y hazer daño a los Cossarios; de los quales Cavalleros, escrive el mismo autor que ereferido arriba, que los Turcos, y Moros temen mas su nombre que las armadas enteras, y un Historico dize, que una de las causas, que movieron a Soliman el año de 1565 a hazer la empresa contra Malta fue el enojo, que siendo todas las otras armadas de Christianos despreciadas de los Turcos, solos los Vaxeles de los Cavalleros les metian miedo, y terror, como aquellos que yvan abundatemente proveydos de todos los aparejos de guerra, y con grande cantidad de valientes Cavalleros, y otras personas para el uso dellos; con que siempre en las Batallas Navales salian vencedores; y havian alcanzado tales vitorias de los Turcos, muchas vezes que sus armadas no osavan encontrarse mas con las de los Cavalleros; y encontradas que fuessen no podian turar con ellas, sino les sobrepuxavan de mucho numero. Assi que haviendo la esperiencia enseñado de quanto momento, y util ayan sido, y todavia son los dichos Cavalleros a la Republica Christiana; lo mismo se havia de esperar destos, que huvieran de militar debaxo los auspicios del mayor Rey, y Monarca de la Christiandad. De modo que en breve espacio de tiempo no ay duda, que no se hallasse en pronto una fuerça, y un niervo importante para qual quier menester; y con la union desta nueva milicia, en las ocasiones seria a un de mayor provecho a los otros Cavalleros por la emulacion entre ellos, y porque los unos acrecerian las fuerças de los otros; y viendose que en las empresas Maritimas los Christianos son superiores al Turco, el qual tiene gran dificultad en armar por Mar, ni tiene hombres tan habiles a las dichas empresas, como se hallan entre Christianos; y quedando biva la memoria que sera a perpetua gloria de la Real Corona de V. Magestad, de la mayor, y mas señalada vitoria contra tal enemigo, que se aya alcanzado en algun tiempo por la Mar; parece que toda razon quiere, que los Principes Christianos pongan mucho cuydado en sustentar tales fuerças en la Mar; con las quales puedan alomenos tener en freno semejante enemigo, quando no le puedan oprimir; paraque no se engolfe, ni salga de sus Mares, y para divertirlo quando tentasse alguna empresa contra nosotros. De manera que si es Superior por Tierra a los Principes Christianos, por la dificultad de juntarse, pareze que se havia de procurar de superarlo por la Mar; fuera de que pueden servir las armadas, tanto a las empresas de Tierra, como es notorio; por via de las quales se pueden conduzir las fuerças a todas partes, y los Principes, que tienen los Reynos, y las suyas desunidas, como V. Magestad, las juntan y esto baste para el Estado comun. Para el de V. Magestad pareze, que no se puede dessear cosa mas a proposito, pues que V. Magestad adquiria una Milicia de tanto provecho para las ocasiones particulares de su servicio, y con que tendria gratificados un numero ynfinito de nobles, y principales Cavalleros sus subditos, y de otros Estados, los quales podrian ser de mucho provecho en las ocasiones a las cosas de V. Magestad. Acerca de que no me parece fuera de proposito lo que se lee, que solia dezir Iuan Galeazo Vizconde, que no havia en el Mundo mas noble mercaduria de la con que se adquieren, y atraen a su servicio hombres excelentes: y assi no reparava en gastos para traerlos a su sueldo de todas naciones. De modo que parece, que no puede ser cosa mas acertada para el Estado de V. Magestad que es con esta forma traer a su servicio, como haria personas excelentes por su nobleza, y valor, y porque las cosas de Italia son de tanto momento a la grandeza de V. Magestad, quanto mas sus fuerças se acreciessen en ella tanto mayor comodo, y util seria para seguir dello a Su Real Corona; la qual podria despues tambien dar Encomiendas en lugar de entretenimientos, que a ora los da de sus proprias rentas en Italia a tantas personas nobles, y benemeritas; lo que seria de alguna consideracion. Con que queda bastantemente provado, que la tal institucion seria servicio de Estado.

Que aspira a la gloria de V. Magestad

Que la dicha Institucion aspira a la gloria de V. Magestad esta muy claro, pues que son estas las actiones, y empresas, que honrran los años, y las vidas de los Reyes, y Principes; al nombre de los quales se atribuie todo el bien, que en qual quier tiempo ressultare; y quanto es mayor el bien, como se puede esperar grandissimo deste nuevo Instituto, assi sera mayor la fama, como en nuestros tiempos ha sido de gran loa a Cosme de Medicis, el haver instituydo la Orden de Sant Estevan a honra de Dios, y beneficio de su Dominio, y a gloria perpetua de su clarissimo nombre, por usar las mismas palabras de un autor que trata desta institucion, la qual tambien fue una de las causas, que movieron a Pio Quinto a que le concediesse el Titulo de gran Duque; y por el mucho provecho, que puede seguir a la Christiandad de la Institucion que se propone a V. Magestad, y en particular en ayuda de tantas almas oprimidas de la miserable servidumbre de infieles; y assi no se puede dudar, que esto no aya de engrandecer mucho la fama de V. Magestad, y hazerla mas celebre en todos tiempos: siendo estas actiones que duran, y perpetuan, quanto pueden perpetuar las obras umanas, como se vee de otras Ordenes instituydas en tiempos passados de grandes Reyes, y Principes, las quales son Encomendadas de los Historiadores a la eternidad, a que se añade que los Reynos, y Estados de V. Magestad en Italia recibirian mucha honrra y resplandor, no haviendo en ellos ninguna de dichas Ordenes, las quales se hallan en otros Estados ynferiores a los de V. Magestad; que haviendo por su grandeza, y generosidad entre los de mas Reyes, y Principes nacido a hazer cosas excelsas, y grandes por honra, y gloria de Dios, y util de la Christiandad, seria esta una ocasion de poderlo executar. Y si a todos ha sido dada una mente ynmortal, y divina para que aspirando a la ynmortalidad nos hagamos mas semejantes a Dios, toca esto mayormente a los Principes, que son Dioses Terrenos; no haviendo otra cosa, con la qual nos lleguemos mas a Dios, que con el aprovechar a otros, y hazer obras de iusticia; y con ellas adquiriendose no solo una breve gloria del Mundo, mas la eterna del Cielo; a la qual se vee, que endereçan los pensamientos, y actiones de V. Magestad. Con que queda satisfecho a este cavo.

Que se pueda efectuar con facilidad

La facilidad de efectuar la dicha Propuesta se muestra de solo considerar, que la Orden de Sant Estevan ha sido, instituida, dotada, y proveyda modernamente, y cada dia reciba mayor acrecentamiento de los Gran Duques de Toscana; Principes tan ynferiores a V. Magestad, que no ay comparacion; lo que mucho mas facilmente podria seguir a V. Magestad en el caso de que se trata. Acerca del qual pues que la mayor dificultad es proveer para el mantenimiento de dichos Cavalleros, y de Encomiendas parece que se pudiesse para este efecto hazer lo que sigue. Que V. Magestad por no acrecentar mas gasto señalasse el numero de Galeras de la escuadra de Sicilia a la dicha Orden, que la pareciesse combenir con darles lo que a ora gasta para el mantenimiento dellas. Que V. Mag. procurasse alcançar de Su Santidad de poder instituir en Encomiendas Hospitales que suelen ser regidos, governados, y administrados de laycos en sus Reynos, y Estados, en los casos que concedio Sisto Quinto a Francisco Gran Duque de Toscana, y donde el servicio de Dios lo requisiesse. Que V. Magestad, el qual tiene muchos beneficios simples, que son sus yuspatronatus, alcançasse de Su Santidad de poder combertir algunos en Encomiendas, y poderse gozar con tal habito, como lo concedio Pio Quarto a la Religion de San Lazaro Hierosolomitano. Que V. Magestad procurasse, que Su Santidad concediesse algunas rentas Ecclesiasticas para hazer Encomiendas en caso que, no se tratasse de daño a la Iglesia de Dios, y de otros, como las concedio en grandissima suma Gregorio Decimo Tercio a Henrique Tercio Rey de Francia el año de 1578 para la Orden de Sant Espiritu fundada por dicho Rey con la autoridad del dicho Sumo Pontifice. Que V. Magestad dispensasse algun defecto en este principio a quein quisiese hazer Encomiendas, como se entiende, que han hecho los dichos Gran Duques. Que V. Magestad concediesse, que quien fundasse Encomiendas tuviesse en ellas razon de yuspatronato a semejanza de lo que han hecho los Gran Duques. Que V. Magestad procurasse de alcançar de Su Santidad, que con tal habito pudiessen tener pensiones personas casadas, como lo concedio Pio Quarto a la dicha Orden de San Lazaro hasta la suma de quinientos escudos de oro, en oro. Que V. Mag. por el tiempo que le pareciesse señalasse todo aquello, o parte, que por delictos, y confiscaciones huviesse de entrar en Camara en sus Reynos, y Estados en Italia, y Sicilia para hazer Encomiendas. Los dichos modos, y algun otro, que se representaria siendo menester, no serian de gasto a V. Mag. fuera del ultimo. Y si V. Magestad tan liberalmente provee, y da del suyo a todos lo que acuden por ayuda, donde se trata del servicio, y gloria de Dios; lo mismo se ha de tener por sinduda, que sea para hazer en este caso, quando V. Magestad aprueve lo que propongo. Con que quedando satisfecho a lo contenido en la Propuesta, me queda por dezir, que en el formar las Ordenes de una tal nueva institucion, se podria tener alguna consideracion a las de la dicha Religion de Sant Estevan, viendose que con ellas a ydo, y va cada dia haziendo mayor progresso. No callare por ultimo que la residencia de los tales nuevos Cavalleros pareze que havria de ser en Sicilia, en lugar, que se juzgasse mas oportuno; y esto por poder de parte mas cerca con continuas salidas molestar la costa de Africa, y de Asia, y hazer cada dia presas de hombres, y mercadurias, como suelen hazer los Cavalleros Hierosolomitanos, la residencia de los quales es distante de cavo Paxaro (uno de los tres cavos de Sicilia) sessenta millas, y por estar mas comodos, y cerca a la empresas contra el Turco, y por mas provecho contra los Cossarios el daño de los quales es uno de los mayores que reciba la Christiandad, a que se añade la abundancia, y riqueza del pays, tales que se lee, que Dionisio el viejo Tirano que fue se Siracusa, y de una parte de la dicha Isla, sustentava en guardia della diez mill Infantes, y otros tantos Cavallos, y quatrocientas Galeras armadas. Pero en esto, y en lo de mas que e dicho arriba, me remito a la suma prudencia de V. Magestad, a la qual humilmente supplico, que perdone la temeridad, y atrevimiento mio en el caso, con atribuyrlo a la devocion, fidelidad, y veneracion mia grande a V. Magestad.

El dotor Francisco Guasco Alexandrino
Humilissimo Subdito, y Criado di V.M.

II

Istruzioni consegnate agli *informantes*

AHN, OM, Exp. 4232, c. n.n.

Interrogatorio al tenor de cuyas preguntas se han de examinar los testigos que de oficio se recibieren para las pruevas, e informaciones de [...] para el abito de la Orden de Santiago que pretende

Antes todas cosas el Cavallero, o Religioso que fueren nombrados por Informantes, recibiràn juramento en forma de derecho de cada uno de los testigos que examinaren, de que dira verdad, de lo que supieren, entendieren, o huvieren oydo dezir, y que guardaran secreto de lo que se les preguntare, y no diran fuero testigos hasta estar dado el Abito, certificandoles no ha de aver registro de sus dichos, por averse de escrivir de mano de uno de los dichos Informantes, y no de Escrivano, ni otra persona alguna, y averse de traer originalmente al Consejo, sin poderse saber fuera del cosa alguna de la informacion, informandose antes de tomar ningun testigo, si es confesso, o de raza de Iudio, o Moro, y si lo fuere lo assentaràn en la cabeça de su deposicion sin dezirselo, y aviendo otros de quien poderse informar no tomaràn el que tuviere alguno destos defetos.

☞ Y hecho el dicho apercibimiento, y recibido el dicho juramento haràn a cada testigo las preguntas siguientes.

1. Primeramente, si conocen al dicho [...] pretendiente, y que edad tiene, de donde es natural, y cuyo hijo es, y si conocen, o conocieron a su padre, y a su madre, y como se llamavan, y llamaron, y de donde son vezinos, y naturales: y si conocen, o conocieron al padre, y a la madre de su padre del dicho pretendiente, y al padre, y a la madre de la dicha su madre, y como se llamavan, y llamaron, y de donde son, o fueron vezinos, y naturales, y respondiendo, que los conocen, o conocieron, declaren como y de que manera saben que fueron su padre, y madre, y abuelos, nombrando particularmente a cada uno de ellos.
2. Iten, sean preguntados, si son parientes del dicho pretendiente, y si dixeren los testigos que lo son, declaren en que grado, y si son cuñados, amigos, o enemigos del susodicho, o sus criados, o allegados, si les ha hablado, o amenaçado, o sobornado, dado, o prometido, porque digan al contrario de la verdad.
3. Iten, si saben que el dicho pretendiente, y su padre, y madre, y abuelos han sido, y son legitimos, y de legitimo matrimonio nacidos, y procreados, o naturales hijos de soltero, y soltera, y si alguno dellos es, o ha sido bastardo, si los testigos dixeren que lo ha sido, y es, declaren particularmente quien, es, o fue, y el genero de la tal bastardia, y como, y de que manera lo saben, y a quien, y quando lo oyeron dezir.
4. Iten, si saben, creen, vieron, y oyeron dezir, que el padre, y la madre del dicho pretendiente, y el padre del dicho su padre, y asimismo el padre de la dicha su madre, nombrandolos a cada uno por si, ayan sido, y son avidos, e tenidos, y comunemente reputados por personas Hijosdalgo, segun costumbre, y fuero de España, y que no les toca mezcla de Iudio, ni Moro, ni converso en ningun grado, por remoto, y apartado que sea. Declaren como, y porque, lo saben, y si lo creen, como, y porque lo creen, y si lo vieron, o oyeron dezir, declaren a

quien, y como, y que tanto tiempo ha. Y asimismo digan, y declaren en que opinion, es, y ha sido, tenido el pretendiente, y en la que han sido, y son avidos, y tenidos los dichos sus padres, y abuelos, y de la fama, y limpieza que ay en sus personas, y linage.

5. Iten, si saben, que las abuelas del dicho pretendiente, assi de parte de su padre, como de su madre, son y fueron Christianas viejas, y que no les toca, raza de Iudio, ni Moro, ni converso en ningun grado, como dicho es. Digan lo que desto saben, y como, y porque lo saben.
6. Iten, si saben, que el dicho pretendiente, y su padre han sido, y son mercaderes, o cambiadores, o ayan tenido algun oficio vil, e mecanico, y que oficio, y de que suerte, y calidad. Digan, y declaren particularmente lo que cerca desto saben, o han oydo dezir.
7. Iten, si saben, que el dicho pretendiente sabe, y puede andar a cavallo, y lo tiene, y como, y de que manera lo saben.
8. Iten, si saben, que el dicho pretendiente ha sido retado, y si los testigos dixeren que lo ha sido, declaren, si saben como, y de que manera se salvò del reto, y como, y de que manera lo saben.
9. Iten, si saben que el dicho pretendiente està infamado de caso grave, y feo, de tal manera, que su opinion està cargada entre los hombres Hijosdalgo. Declaren los casos en que, y como fueron, muy particularmente.
10. Iten, si saben que el dicho [...] pretendiente, o los dichos su padre, y madre, y abuelos, y abuelas, y los demas de sus ascendientes hasta el quarto grado inclusive, y qualquier dellos, assi por linea recta de varon, como por linea femenina, nacidos despues, o antes del delito, ayan sido, o fueron condenados por el Santo Oficio de la Inquisicion, por hereges, o por qualquier especie de heregia que sea, aora sean relaxados al braço seglar, ora sean reconciliados, ora sean por sospechosos en la Fè, penitenciados publicamente en cadahalso, o Iglesia, o qualquier otro lugar. Y digan, y declaren, quien, y qual de los susodichos, y como, y quando, y donde fueron condenados, o penitenciados en la manera que dicho es, o en otra qualquiera: y si lo oyeron dezir, a que personas, y como, y quanto tiempo ha.

***

Instruccion que se ha de poner siempre en los despachos que se embiaren fuera destos Reynos, donde se hazen informaciones para Cavalleros, y Religiosos que no tienen tanta noticia de la forma, modo, y requisitos con que se deven hazer, y se acostumbra en España.

Primeramente, el Cavallero que recibiere los despachos, se ha de juntar con el Cavallero, o Religioso que le tocare por compañero, porque uno solo no puede, ni deve hazer nada, y juntos, vean, y lean a la letra la comision que se les dà, interrogatorio, y genealogia del pretendiente, y esta instruccion, para enterarse de todo; y visto, adviertan bien lo que deven hazer, para que la informacion, y diligencias que hizieren no vengan defectuosas, por el daño que de esto se seguiria a la parte.

Y aviendo visto los despachos, antes de començar la informacion, se han de tomar juramento en forma el uno al otro, de que bien, y fielmente haràn la dicha informacion, y que no son parientes, ni sus mugeres del dicho pretendiente, ni de la suya, si la tuviere, y de que guardaràn secreto: y este juramento le han de escrivir en las espaldas de la comission, de letra, y mano de uno dellos, y lo firmaran entrambos de sus nombres.

Iràn precisamente a la Ciudad, Villa, o lugar donde tuviere su naturaleça el pretendiente, y sus padres, y abuelos paternos, y maternos, y en cada uno de los Lugares de donde fueren naturales, y en qualquiera de los dichos Lugares examinaràn veinte testigos, sino es que le parezca examinar mas, segun la calidad, y circunstancias del negocio, procurando sean hombres de edad, virtud, y buenas conciencias, y no sospechosos de amistad, enemistad, o obligaciones con el pretendiente, y que sean de todos estados, Eclesiasticos, Nobles, y Plebeyos, y noticiosos de las cosas de aquel Reyno.

Y a cada testigo de por si le han de tomar juramento por Dios, y sobre la Cruz, de que dirà verdad de lo que supiere, entendiere, o huviere oido dezir, y le fuere preguntado, y hecho, le haràn las preguntas del interrogatorio, cada una de por si, y el testigo ha de responder a lo que cada una contiene, dandole a entender lo que se le pregunta en la lengua que el dicho testigo mejor entendiere, desuerte que se satisfagan de que lo han entendido, y le haràn todas preguntas, y respuestas, en orden a que declare lo que sabe, entiende, o ha oido dezir, en razon de lo que contienen las preguntas del interrogatorio: preguntandole las razones, y fundamentos que tiene para comprobacion de su dicho, y lo que contiene cada qual de las preguntas del interrogatorio, y lo que respondiere a ellas el testigo, lo escriviràn a la letra en su presencia.

Y para que venga provada la Nobleza del pretendiente, y la de sus padres, y abuelos paternos, y maternos, no solo con la comun reputacion de los testigos, sino con otros adminiculos (que para provarla son necessarios) les preguntaràn: que actos distintivos, por donde se distingan los Nobles de los que no lo son, ay en la Ciudad, Villa, o Lugar de donde son vezinos, y naturales, y viven, o han vivido, y tenido hazienda el pretendiente, sus padres, y abuelos paternos, y maternos, y dando noticia los testigos ay elecciones de oficios de la Republica, o otros actos de distincion, que solo se comunican a los Hijosdalgo, Nobles, no a los demas Ciudadanos, y vezinos, requeriran a la Ciudad, Villa, o Lugar, Archiveros, Escrivanos, y demas personas, en cuyo poder pararen los libros de Elecciones de Oficios de la Republica, y de los demas actos distintivos, se los dexen ver, y reconoceràn en ellos si estan assentados por Nobles, y eligidos en los Oficios que se acostumbran dar a los que lo son, el pretendiente, y sus padres, y abuelos paternos, y maternos; y si en dichos libros hallaren assentadas personas de los appelidos, que tocan al pretendiente, recibiràn informacion en razon, si son sus parientes y por que linea, y en que grado, deforma que venga provado el parentesco con toda claridad, y distincion, y sacaràn testimonio de las elecciones de oficios, y demas partidas, que tocaren al pretendiente, legaliçado de tres Escrivanos, que den fee del conocimiento, y legalidad del Escrivano que diere dicho testimonio, y en el ha de dar fee, de que dichas partidas, y assientos, estàn libres de toda sospecha de suposicion, y enmienda; y los informantes por su auto de reconocimiento de dichas partidas, daran la misma fee.

Y hallando que tocan al pretendiente elecciones de Oficios de Nobles, o otros actos distintivos, haràn especial pregunta a los testigos, en orden a averiguar si el pretendiente, sus padres, y abuelos paternos, y maternos, o alguno, o algunos de sus ascendientes, con manna, industria, o otra razon particular, no siendo Nobles, se han introducido en los Oficios de aquella Republica, que se acostumbran dar a los que son tenidos por tales; y les haràn todas repreguntas, en orden a que declaren, si ha intervenido alguna cosa de lo que contiene esta pregunta.

Y si los testigos, para comprobar la Nobleza del pretendiente, y la de sus padres, y abuelos paternos, y maternos, dieren decendencia de casa, o casas, o familias ilustres de aquel Reyno, la ajustaràn por instrumentos, hasta entroncar al pretendiente en dichas casas: de forma, que demàs de la deposicion de los testigos, a quienes preguntaran por la descendencia con toda especialidad de personas, sa ha de ajustar con papeles, y instrumentos, que traven, y enlacen la filiacion, origen, y decendecia de dichas casas, y familias, y los que conducen para este efecto; y han de remitir con las pruevas los Caballeros informantes, son fees de Bautismo, Desposorios, Velaciones, testamentos, y particiones de los ascendientes del pretendiente; y de los referidos instrumentos sacarà traslado autorizado, legalizado de tres Escrivanos, y los Cavalleros informantes, por su auto de reconocimiento de dichos instrumentos, daràn fee, de que estàn libres de toda sospecha de suposicion, enmienda, y falsedad.

Y si dixeren los testigos que tocan al pretendiente Abitos de las tres Ordenes Militares de Santiago, Calatrava, y Alcántara, de San Juan de justicia, o otros actos positivos de Inquisicion, les preguntaran por que linea, y apellido, y en que grado de parentesco; y en orden a que lo declaren con toda distincion, haràn las preguntas convenientes, y requeriràn al pretendiente, si se halla en aquel Reyno, o a la persona que solicitare el Abito, les entregue los titulos, o testimonios de los Abitos de San Iuan de justicia, y demas actos positivos de Inquisicion, que tocan al pretendiente, y en el informe, con particular cuidado, haràn relacion de los Abitos de las tres Ordenes Militares que tocaren al pretendiente, diziendo, por que linea, y en que grado, por si pareciere conveniente sacar testimonios dellos en esta Corte.

Y en la pregunta del interrogatorio, que trata de los oficios, han de tener particular cuydado, en traer averiguado, que oficios, y ocupaciones han tenido el pretendiente, y sus padres, y abuelos paternos, y maternos; sean los oficios, y ocupaciones de los comprehendidos en los Establecimientos, y Difiniciones, y que obstan al pretendiente, o no lo sean: porque en un caso, y otro, los han de traer averiguados, y en que consisten, y que estimacion tienen en aquel Reyno, los que estàn empleados en semejantes exercicios, deforma que venga averiguado lo que toca a esta pregunta, con toda claridad, y distincion, y en orden a ello haràn todas repreguntas a los testigos, y las demas diligencias quel es pareciere convenientes.

Ylos dichos de los testigos se han de escrivir a la letra, de mano propia de uno de los Cavalleros informantes, sin que otra persona ninguna lo vea, ni entienda; y si no supieren bien escrivir en Español, lo escrivan en Latin, o Italiano, o en la lengua vulgar que mejor supieren, sin traduzirlo, ni poner otra persona mano en ello; sino originalmente venga al Consejo, como se escriviere.

Y aviendo escrito a la letra todas las preguntas, que conforme al interrogatorio se hizieren a cada testigo, y lo que huvieren respondido a ellas, se lo han de bolver a leer al dicho testigo, y darselo a entender, para que se satisfaga de lo que ha dicho, y se ha de ratificar en ello, y luego lo han de firmar de sus nombre entrambos Cavalleros informantes, y el mismo testigo, sabiendo firmar; y no sabiendo, se diga al fin del dicho, que no supa firmar. Y esto se ha de hazer al fin de cada deposicion de los testigos.

Y despues de aver ido, como queda dicho, a todas las naturaleças del pretendiente, y de sus padres, y abuelos paternos, y maternos, y aviendo tomado los dichos de los testigos referidos, y firmadolos, assi los testigos, como los Cavalleros informantes, pondran un auto de letra de uno dellos, refiriendo el numero de los testigos que huvieren depuesto en las informaciones; y el dia, y lugar en que acaban dichas informaciones, y los dias que se huvieren ocupado en ellas, y haràn informe de todo lo actuado: y si alguna cosa les ocurriere, para mas buena inteligencia de las informaciones de que dar quenta al Consejo, lo advertiràn en el informe, y lo firmaràn de sus nombres. Y aviendo acabado, coseràn la comission, interrogatorio, genealogia, esta instruccion, y las declaraciones de los testigos, y los demas papeles que tocaren a las informaciones, haziendo de todo un processo, y cerrado, y sellado, y sobreescrito, lo embiaràn al Consejo, en manos del Secretario de Camara que refrendare los despachos, y en todo procederàn, segun Dios, y orden.

III

Data de habito del cavaliere di Santiago Giuseppe Mariconda
Bruxelles, 30 novembre 1634

AHN, *Expedientillos*, n. 16190

En el nombre de la SS.ma Trinidad Padre Hijo y Espiritu Santo, tres personas y un solo Dios verdadero que vive y reyna para siempre sin fin, y de la gloriosa siempre virgen nuestra Señora Santa Maria, y del bien aventurado y gloriosissimo Apostol Santiago luz y espejo de las Españas, y de todos los demas santos y santas de la corte celestial. A todos sea manifiesto y notorio, como en la yglesia de Caubergas[1] delante el altar de nuestra Señora, oy jueves dia de san Andres a ultimo deste presente mes de Novembre de mill y seiscientos y treynta y quatro años, ante el Ex.mo Señor Don Diego Messia Marques de Leganes Comendador mayor de Leon Cavallero de la Orden de Santiago trece della, Gentilhombre de la Camara de Su Magestad del su Consejo de Estado y Presidente en este de Flandes, y presentò una carta de provision y juntamente con ella una çedula de dispensacion del Rey nuesto Señor administrador perpetuo de la Orden y Cavalleria de Santiago, ambas dos escritas en papel, y firmadas de su real nombre, y la dicha carta de provision sellada con su real sello y refrendada de Don Francisco de Calataur su secretario, con ciertas firmas, rubricas, y señales en sus espaldas, y la dicha cedula de dispensacion refrendada del dicho secretario Don Francisco de Calataur con unas rubricas al pie della, y otras quatro a las espaldas, su tenor de las quales cartas de provision y cedula de dispensacion, uno empos de otro es el que se sigue.

Don Phelipe por la gracia de Dios Rey de Castilla de Leon de Aragon de las Dos Sicilias de Hierusalem de Portugal de Navarra de Granada de Toledo de Valencia de Galicia de Mallorcas de Sevilla de Cerdeña de Cordova de Corcega de Murcia de Jaen de los Algarves de Algeira de Gibraltar de las islas de Canaria, de las Indias orientales y occidentales, yslas y tierras firme del mar Oceano, Archiduque de Austria Duque de Borgoña de Bravante y Milan Conde de Abspurg de Flandes y de Tirol y Barcelona, señor de Vizcaia y de Molina ettc.a Administrador perpetuo de la Orden y Cavalleria de Santiago por autoridad Apostolica a vos Don Diego Messia marques de Leganes Comendador mayor de Leon que es de la dicha orden trece della gentilhombre de mi camara de mi Consejo de estado y Presidente en el de Flandes, y por vuestro defecto o impedimento a otro qualquier, Cavallero professo de la dicha Orden, saved que Don Jusepe Mariconda me hizo relacion que el dessea entrar en la dicha Orden, y vivir en la observancia, regla y disciplina della por devocion que tiene al bien aventurado Apostol señor Santiago, supplicandome le mandasse admitir y dar el havito e ynsignia de la dicha Orden. Yo acatando su devocion, y los servicios que a hecho a mi y a ella y espero que hara de aqui adelante, ya que por una mi cedula fecha en Madrid a veinte y seis de Septiembre del año passado de mill y seis cientos y treinta y tres hice merced al susodicho del havito de la dicha Orden, concurriendo en su persona las calidades que se requieren para tenerle.

1. Saint Jacques-sur-Coudenberg.

Obbligandose primero por no ser natural destos mis Reynos de España a que stara subgeto y obediente en todo y por todo a los establecimientos de la dicha Orden y Cavalleria de Santiago y a mi como Administrador perpetuo della, y en mi nombre al Presidente governador y los de mi Consejo de las Ordenes, jurando guardar y cumplir en todo y por todo segun y como en los dichos establecimientos se contiene, y no lo haciendo assi quedase subgeto a la pena que me pareciesse ponerle como de la dicha cedula consta que es del tenor siguiente.

[...]

Por quanto por parte de Don Jusepe Mariconda a quien hice merced de habito de la Orden de Santiago cuia Administracion perpetua yo tengo por autoridad Apostolica, me a sido hecha relacion que en el titulo que del le mande despachar cometi a un Religioso de la dicha Orden se le diesse, y porque en los estados de Alemania y Flandes donde me iba sirviendo cerca de la persona del Ser.mo Cardenal Infante mi hermano de Commissario general de la Cavalleria Napolitana que le asiste no le havia, me supplico dispensase con el para que en su lugar se le pudiese dar el prior, subprior, o Rector de qualquier Combento o Collegio de la Orden de San Augustin, y no le haviendo el Abad, guardian o ministro que ubiese en los dichos estados. Y como la mi merced fuese visto en el mi Consejo de las Ordenes y con migo consultado, lo he tenido y tengo por vien y por esta mi cedula mando, doy poder y facultad al prior, subprior o Rector de qualquier Combento o Collegio de la dicha Orden de San Augustin y por su defecto al Abad Guardian de las de San Benito, San Bernardo y otras que ubiere en qualquier parte donde se hallare en los dichos estados de Alemania o Flandes para que despues de armado Cavallero de la dicha Orden de Santiago le pueda dar el dicho habito con las bendiciones segun y como su regla y establecimientos lo disponen, no embargante que conforme a ellos, y el titulo del dicho habito se le havia de dar un religioso de la dicha Orden, con lo qual dispenso por esta vez quedando en su fuerça para los demas de adelante, y deste despacho no se deve el derecho de la media anata, fecho en Madrid a seys de septiembre de mill y seiscientos y treinta y quatro años firmado yo el Rey por mandado del Rey nuestro señor, secretario don Francisco de Calatruin assentada consultada corregida y rubricada de dos rubricas y de otras quatro en las espaldas.

Y assi presentada la dicha carta de provision real de su Magestad y leyda y pubblicada el dicho Señor don Jusepe Mariconda pidio y requerio al dicho Ex.mo Marques de Leganes obedesca y cumpla con la dicha carta y provision real, en todo y por todo segun y como en ella se contiene, y le pidio por testimonio, y luego el dicho señor marques de Leganes tomo en la mano la dicha carta y provision real de Su Magestad y la beso y puso sobre su caveza y dixo que la obedescia, y obedescio con el mayor acatamiento y reverencia que podia y devia como carta y mandado de su Rey y señor natural, y administrador perpetuo de la dicha su orden (a quien Dios nuestro señor por muchos y largos tiempos dexe vivir y reynar con acrescentamiento de muchos y mas reynos y señorios) y que estava presto de la cumplir en todo y por todo segun y como en ella se contiene. Y cumpliendola luego e yncontinente estando delante el dicho Altar de nuestra señora, y a todo ello presentes los Ex.mos y Ill.mos señores el duque de Havre, el baron de Grobendonque, el baron de Balançon, Gaspar de Baldez castellano del Castillo de Gante, el Capitan don Luys de Baldez su hijo, el baron de Tramelay, don Juan de Benavides, don Martìn de Axpe, don Estevan de Gamarra, don Fernando de Texada, don Alberto Coloma, don Pedro de Brizuela, don Emanuel de Guzman, el maestre de Campo don Francisco Çapata, don Lope Çapata, el Comiss de finanças Juan Bautista Maes, don Juan de Urquina, don Antonio de Menesses, don Pedro de Açevedo, el Capitan don Juan de Sorribas todos cavalleros de la dicha Orden de Santiago, y siendo padrino del dicho don Jusepe Mariconda el dicho Emanuel de Guzman, el dicho señor Marques de Leganes armo Cavallero el dicho don Jusepe Mariconda en esta manera: que el dicho don Emanuel le presento y acompaño y los dichos don Juan de Benavides y don Martìn de Axpe le calçaron un par de espuelas, y el dicho señor Marques de Leganes ciño al dicho don Jusepe Mariconda una espada, y assi ceñida la dicha espada el dicho señor Marques de Leganes la sacò de la vayna, y teniendola en la mano derecha desnuda, dizo tres vezes al dicho don Jusepe Mariconda, quereys ser Cavallero, que le respondio, otras tantas vezes y a cadauna de por si, si quiero, y a cadauna de las dichas tres respuestas, el dicho señor Marques de Leganes dixo al dicho don Jusepe Mariconda, Dios os haga buen Cavallero y el Apostol Santiago, y dichas estas palabras, el dicho señor Marques de Leganes toco con la dicha espada en la caveça y hombros del dicho don Jusepe Mariconda, y la torno a poner en la vayna que tenia en la cinta el dicho don Jusepe Mariconda. A todo lo qual el dicho señor Marques de Leganes y los Padrinos cadauno por lo que le tocava y juntamente con ellos todos los demas cavalleros atras declarados, y a cadauno de ellos estuvieron vestidos con sus mantos blancos con sus cruzes de la dicha Orden de Santiago y el dicho don Jusepe Mariconda dixo que pedia y pedio a mi el dicho Notario y Escrivano publico le diesse todo lo suso dicho por testimonio para que constasse en todo tiempo de como havia sido y era armado Cavallero por mano del dicho señor Marques de Leganes en nombre de Su Magestad y por virtud de su real provision atras incorporada, y assi armado Cavallero el dicho don Jusepe Mariconda hizo venia al Reverendo Padre fray Pedro Vaguemaequer prior del Monasterio de San Augustin en esta dicha villa de Brusselas, y le pedio y requerio que en conformidad de la cedula de dispensacion de su Magestad assimismo atras inçerta y publicada, cumpla y execute lo en ella contenido, a lo qual dixo que estava presto, y lo hizo con el acatamiento y reverencia que podia y devia y le dio al dicho don Jusepe Mariconda el habito e ynsignia de la dicha orden, como su dicha Magestad por la dicha su real cedula lo manda, y estando como estava delante del dicho altar de nuestra señora en la dicha yglesia de Colergas juntamente con el dicho señor Marques de Leganes y de los demas Cavalleros en su presencia y en la de mi el dicho Secretario y Escrivano publico y de los testigos suso escritos por un libro que tenia de la dicha orden leyo al dicho don Jusepe Mariconda ciertas preguntas y le vistio de un manto blanco con un habito e ynsignia de la dicha orden de Santiago con ciertas benediciones, y le besaron en el carillo al dicho don Jusepe Mariconda, el dicho señor Marques de Leganes y el dicho Padre Prior y los dichos Cavalleros sus Padrinos y otros en señal de amor y hermandad. De todo lo qual segun passo de pedimiento del dicho don Jusepe Mariconda y para enguarda de su derecho, yo el dicho Notario y Escrivano publico di el presente testimonio que fue fecho y otorgado en esta dicha villa de Brusselas que es en el Ducado de Brabante en los estados de Flandes, dicho dia, mes, y año arriba dichos, y a todo lo que dicho es, y a quanto atras se contiene fueron presentes por testigos, los Ex.mos y Ill.mos señores el marques de Fuerites Cavallero del habito de Calatrava y governador de Cambray, el marques de Orani Cavallero de la Orden de Alcántara sumillier de corps de su Alteza Serenissima el Infante Cardenal, el conde de Grimberghes Mayordomo de su dicha Alteza, el conde de Santamour con su hermano, y otros muchos Cavalleros y personas de titulo y calidad estantes y residientes en esta corte, y en fee de ello lo firme de mi nombre, y fize aqui mi signo notarial acostumbrado a tal.

Bibliografia

Aglietti M., *Caballería y nobleza entre Toscana y España: Los procesos de admisión en la Orden Militar de Santo Stefano*, in *Nobleza hispana, nobleza cristiana. La Orden de San Juan*, a cura di M. Rivero Rodríguez, 2 voll., Madrid, Polifemo, 2009, II, pp. 1179-1216

Aglietti M., *Cavalieri mancati, strategie interrotte: i reprobati iberici nella Toscana del primo Seicento*, in *Identità nobiliare tra monarchia ispanica e Italia. Lignaggi, potere e istituzioni (secoli XVI-XVIII)*, a cura di C. Sanz Ayán, S. Martínez Hernández, M. Aglietti, D. Edigati, Roma, Edizioni di Storia e Letteratura, 2019, pp. 185-202

Ago R., *Carriere e clientele nella Roma barocca*, Bari, Laterza, 1990

Ajello R., *Una società anomala. Il programma e la sconfitta della nobiltà napoletana in due memoriali cinquecenteschi*, Napoli, Jovene, 1996

Aldea Vaquero Q., *Diego de Saavedra Fajardo*, in DBe, *ad vocem*

Alvarado Planas J., *La ceremonia de armar caballero y otros estudios*, Madrid, Sanz y Torres, 2021

Álvarez de Araujo y Cuéllar A., *Ceremonial de las órdenes militares de Calatrava, Alcántara, Montesa*, Madrid, Luis Aguado, 1893, pp. 92-105

Álvarez-Coca González M.J., *La concesiòn de habitos de caballeros de las Ordenes Militares. Procedimiento y reflejo documental (s. XVI-XIX)*, in «Cuadernos de Historia Moderna», 14 (1993), pp. 277-297

Álvarez-Coca González M.J., *Los fondos de las ordenes militares del Archivo Historico Nacional. Aportaciones a la historia de los archivos*, in «Boletín ANABAD», 1 (1996), pp. 95-118

Álvarez-Ossorio Alvariño A., *La república de las parentelas. El Estado de Milán en la monarquía de Carlos II*, Mantova, Gianluigi Arcari Editore, 2002

Angiolini F., *I cavalieri e il principe. L'Ordine di Santo Stefano e la società toscana in età moderna*, Firenze, Edifir, 1996

Angiolini F., *Diplomazia e politica dell'Italia non spagnola nell'età di Filippo II*, in «Rivista Storica Italiana», XCII (1980), pp. 432-469

Angiolini F., *La nobiltà «imperfetta». Cavalieri e commende di S. Stefano nella Toscana moderna*, in «Quaderni Storici», 78/3 (1991), pp. 875-899

Angiolini F., *Nobiltà, Ordini cavallereschi e mobilità sociale nell'Italia moderna*, in «Storica», 12 (1998), pp. 37-56

Angiolini F., *Norme per i cavalieri di Santo Stefano e norme per i cavalieri di Malta: analogie e differenze*, in *Nobleza hispana, nobleza cristiana. La Orden de San Juan*, a cura di M. Rivero Rodríguez, 2 voll., Madrid, Polifemo, 2009, II, pp. 1159-1178

Antinori A., *Bernini, Borromini, il cantiere di San Pietro e l'altare Filomarino di Napoli: una fonte ignorata e un riesame della questione della rottura tra i due artisti*, in «Quaderni dell'Istituto di Storia dell'Architettura», 71 (2019), pp. 51-66

Arese F., *Nobiltà e patriziato nello Stato di Milano, in Dallo Stato di Milano alla Lombardia contemporanea*, Milano Cisalpino-goliardica, 1980, pp. 71-96

Arlotta G., *Santiago e la Sicilia: Pellegrini, Cavalieri, Confrati*, in *Santiago e l'Italia*, a cura di P. Caucci von Saucken, Perugia, Edizioni Compostellane, 2005, pp. 41-99

Baldasseroni E., *Un toscano alla corte di Filippo III: Orso Pannocchieschi d'Elci*, in *Istituzioni, potere e società. Le relazioni tra Spagna e Toscana per una storia mediterranea dell'Ordine dei Cavalieri di Santo Stefano*, a cura di M. Aglietti, Pisa, ETS, 2007, pp. 173-203

Balestra D., *«Questo desubidiente per me è peggio che morto». L'affaire Capece nella Napoli di inizio Seicento*, in *Famiglie divise. Storie di conflitti e trasgressioni (Italia e Spagna, secc. XVI-XVIII)*, a cura di Id., E. Novi Chavarria, Napoli, FedOA, 2024, pp. 41-62

Balestra D., *Servizi al sovrano e abiti militari dentro e fuori l'Italia spagnola. Un censimento dei cavalieri italiani di Santiago, Calatrava e Alcantara (1556-1700)*, in *Le élites italiane e la monarchia ispanica (secoli XVI-XVII): servizio, mobilità e poteri*, a cura di A. Cogné, B. Maréchaux, Roma, École française de Rome, di prossima pubblicazione

Balestra D., Cogné A., *Les Italiens dans les ordres militaires espagnols à l'époque des Habsbourg: une forme de «núblese impériale»?*, in «Cahiers de la Méditerranée», 104 (2022), pp. 177-191

Barbagallo S., *La guerra di Messina, 1674-1678. «Chi protegge li ribelli d'altri principi, invita i propri a' ribellarsi»*, Napoli, Guida, 2017

Bazzano N., *Palermo fastosissima. Cerimonie cittadine in età spagnola*, Palermo, Palermo University Press, 2016

Bazzano N., *Squarcialupo, Gianluca*, in DBI, vol. 93 (2018), *ad vocem*

Bellomo E., *The Spanish Military Orders in Italy: Initial Remarks on Patronage and Properties (XII-XIV Centuries)*, in *The Military Orders. V. Politics and Power*, a cura di P.W. Edbury, Farnham-Burlington, Ashgate, 2012, pp. 251-262

Belloso Martín C., *El "barrio español" de Nápoles en el siglo XVI (I Quartieri Spagnoli)*, in *Guerra y sociedad en la monarquía hispánica: política, estrategia y cultura en la Europa moderna (1500-1700)*, 2 voll., a cura di E. García Hernán, D. Maffi, Madrid, Laberinto, 2006, II, pp. 179-223

Ben Yessef Garfia Y.R., *La Monarchia spagnola in una prospettiva policentrica: reti, conflitti, negoziazioni tra scala locale e spazi imperiali (secoli XVI-XVII)*, Napoli, FedOA, 2023

Benigno F., *Aristocrazia e Stato in Sicilia nell'epoca di Filippo III*, in *Signori, patrizi, cavalieri in Italia centro-meridionale nell'età moderna*, a cura di M.A. Visceglia, Roma-Bari, Laterza, 1992, pp. 76-93

Benigno F., *Favoriti e ribelli. Stili della politica barocca*, Roma, Bulzoni, 2011

Benigno F., *Identità*, in Id., *Parole nel tempo. Un lessico per pensare la storia*, Roma, Viella, 2013, pp. 31-56
Benigno F., *Il mistero di Masaniello*, in Id., *Specchi della rivoluzione. Conflitto e identità politica nell'Europa moderna*, Roma, Donzelli, 1999, pp. 199-285
Benigno F., *Nobleza en conflicto en el siglo diecisiete: algunas reflexiones de método*, in *Las resistencias nobiliarias al poder real en el siglo XVII ¿noblezas rebeldes?*, a cura di E. Martí Fraga, Valencia, Albatros, 2023, pp. 17-28
Benigno F., *L'ombra del re. Ministri e lotta politica nella Spagna del Seicento*, Venezia, Marsilio, 1992, p. XVI
Benigno F., *I parlamenti nei regni italiani soggetti alla monarchia spagnola: nuove prospettive di ricerca*, in *Centros de poder italianos en la monarquía hispánica (siglos XV-XVIII)*, a cura di J. Martínez Millán, M. Rivero Rodríguez, 3 voll., Madrid, Polifemo, 2010, I, pp. 57-76
Benigno F., *Una casa, una terra. Ricerche su Paceco, paese nuovo nella Sicilia del Sei e Settecento*, Catania, Cooperativa Universitaria Editrice Catanese di Magistero, 1985
Benzoni G., *Caracciolo, Tommaso*, in DBI, vol. 19 (1976), *ad vocem*
Berengo M., *Città italiana e città europea: ricerche storiche*, Roma, Viella, 2017
Bigazzi F., *Pannocchieschi d'Elci, Orso Niccolò*, in DBI, vol. 80 (2014), *ad vocem*
Bitossi C., *L'antico regime genovese. 1576-1797*, in *Storia di Genova. Mediterraneo, Europa, Atlantico*, a cura di D. Puncuh, Genova, Società Ligure di Storia Patria, 2003, pp. 391-508
Blanco Núñez J.M., *La Recuperación del Salvador de Bahía de Todos los Santos (1625)*, in *Guerra y sociedad en la monarquía hispánica: política, estrategia y cultura en la Europa moderna (1500-1700)*, a cura di E. García Hernán, D. Maffi, 2 voll., 2006, I, pp. 981-1006
Borello B., *Trame sovrapposte. La socialità aristocratica e le reti di relazioni femminili a Roma (XVII-XVIII secolo)*, Napoli, Edizioni Scientifiche Italiane, 2003
Borromeo A., *Gregorio XIV*, in *Enciclopedia dei papi*, Roma, Istituto della Enciclopedia Italiana, 2002, III, pp. 230-240
Boschetti A., *La nozione di campo. Genesi, funzioni, usi, abusi, prospettive*, in *Bourdieu dopo Bourdieu*, a cura di G. Paolucci, Torino, UTET, 2010, pp. 108-144
Bourdieu dopo Bourdieu, a cura di G. Paolucci, Torino, UTET, 2010
Bourdieu P., *Capitale simbolico e classi sociali*, in «Polis», 3 (2012), pp. 401-415
Bourdieu P., *Sullo Stato. Corso al Collège de France. Volume II (1990-1992)*, Milano, Feltrinelli, 2021
Brändli R., *Virgilio Malvezzi: politico e moralista*, Basel, Tipografia dell'USC, 1964
Brogini A., *Ordres Militaires, frontières et territoires en Méditerranée*, in «Cahiers de la Méditerranée», 103 (2021), pp. 69-82
Brunelli G., *Avamposti: i cavalieri mauriziani dello Stato della Chiesa*, in *Casa Savoia e Curia romana dal Cinquecento al Risorgimento*, a cura di J.-F. Chauvard, A. Merlotti, M.A. Visceglia, Roma, École française de Rome, 2015, pp. 93-111
Brunelli G., *Circolazione geografica e mobilità sociale. Ripensare la partecipazione degli italiani alle guerre d'Ungheria*, in *Mobilità sociale e circolazione delle élites fra Italia e Stati dell'Europa (secoli XVI-XVIII)*, a cura di P. Volpini, in «Mélanges de l'École française de Rome. Italie et Méditerranée modernes et contemporaines», 133/1 (2021), pp. 77-86

Brunelli G., *Le commende dell'Ordine dei Santi Lazzaro e Maurizio nello Stato della Chiesa in età moderna*, in «Rivista storica italiana», 3 (2014), pp. 860-912
Brunelli G., *"Con insonnij diversi, et visioni stravaganti di guerre": l'esordio di Pietro Caetani nelle Fiandre*, in *Militari italiani dell'esercito di Alessandro Farnese nelle Fiandre*, a cura di G. Bertini, Fidenza, Mattioli, 2013, pp. 75-106
Brunelli G., *Gallio, Tolomeo*, in DBI, vol. 51 (1998), *ad vocem*
Brunelli G., *La guerra in età moderna*, Roma-Bari, Laterza, 2021
Brunelli G., *"Prima maestro, che scolare". Nobiltà romana e carriere militari nel Cinque e Seicento*, in *La nobiltà romana in età moderna. Profili istituzionali e pratiche sociali*, a cura di M.A. Visceglia, Roma, Carocci, 2001, pp. 89-132
Brunelli G., *Sfondrati, Ercole*, in DBI, vol. 92 (2018), *ad vocem*
Brunelli G., *«Soldati della scuola vecchia di Fiandra». Nobiltà ed esercizio delle armi nello Stato della Chiesa fra Cinque e Seicento*, in *I Farnese. Corti, guerre e nobiltà in antico regime*, a cura di A. Bilotto, P. Del Negro, C. Mozzarelli, Roma, Bulzoni, 1997, pp. 421-444
Brunelli G., *Soldati del papa. Politica militare e nobiltà nello Stato della Chiesa (1560-1644)*, Roma, Carocci, 2003
Burke P., *Testimoni oculari. Il significato storico delle immagini*, Roma, Carocci, 2002

Campanile F., *L'armi, overo insegne de' Nobili*, Napoli, Tarquinio Longo, 1610
Cancila R., *Congiure e rivolte nella Sicilia del Cinquecento*, in «Mediterranea-Ricerche Storiche», 1 (2007), pp. 47-62
Cancila R., *Las noblezas del reino de Sicilia (1556-1720)*, in *Las noblezas de la monarquía de España (1556-1725)*, a cura di A. Álvarez-Ossorio Alvariño, R. Quirós Rosado, C. Bravo Lozano, Madrid, Marcial Pons, 2024, pp. 237-266
Candida Gonzaga B., *Memorie delle famiglie nobili delle province meridionali d'Italia*, 6 voll., Napoli, Gennaro De Angelis e figlio, 1875
Canepari E., *La Construction du pouvoir local. Élites municipales, liens sociaux et transactions économiques dans l'espace urbain. Rome, 1550-1650*, Roma, École française de Rome, 2022
Cárceles de Gea B., *La Junta de la Media Annata: presión fiscal y honor en el siglo XVII castellano*, in «Cuadernos de investigación histórica», 15 (1994), pp. 177-192
Carignani G., *Le truppe napoletane durante la guerra dei Trent'anni*, in «Rassegna Nazionale», X (1888), pp. 153-179
Carminati C., *Malvezzi, Virgilio*, in DBI, vol. 68 (2007), *ad vocem*
Carrino A., *Città, patriziati, fazioni. La politica locale nel Mezzogiorno spagnolo: tre studi di caso*, in «Società e Storia», 113 (2006), pp. 559-598
Carrió-Invernizzi D., *El gobierno de las imágenes. Ceremonial y mecenazgo en la Italia española de la segunda mitad del siglo XVII*, Madrid, Iberoamericana Vervuert, 2008
Casanova C., *Le donne come "risorsa". Le politiche matrimoniali della famiglia Spada (secc. XVI-XVIII)*, in «Memoria. Rivista di storia delle donne», 21 (1987), pp. 56-78
Castano L., *Gregorio XIV. Niccolò Sfondrati, 1535-1591*, Torino, SEI, 1957
Castelli C., *Tolomeo Gallio, cardinale di Como*, in «Periodico della Società storica comense», L (1983), pp. 9-85

Cerimoniale del viceregno spagnolo di Napoli, 1503-1622, a cura di A. Antonelli, Napoli, Arte'm, 2015

Cerimoniale del viceregno spagnolo di Napoli, 1535-1637, a cura di A. Antonelli, Napoli, Arte'm, 2019

Cerimoniale del viceregno spagnolo e austriaco, 1650-1717, a cura di A. Antonelli, Soveria Mannelli, Rubbettino, 2013

Cirillo G., *La integración de las «élites periféricas» en el «sistema habsbúrgico» del siglo XVII: estado de la cuestión y perspectivas de análisis en torno al reino de Nápoles*, in *Las noblezas de la monarquía de España (1556-1725)*, a cura di A. Álvarez-Ossorio Alvariño, R. Quirós Rosado, C. Bravo Lozano, Madrid, Marcial Pons, 2024, pp. 655-684

Cirillo G., *Virtù cavalleresca e antichità di lignaggio. La Real Camera di S. Chiara e le nobiltà del Regno di Napoli nell'età moderna*, Roma, Ministero per i beni e le attività culturali, 2012

Cocozza V., *Trivento e gli Austrias. Carriere episcopali, spazi sacri e territorio in una diocesi di regio patronato*, Palermo, Associazione Mediterranea, 2017

Cogliano A., *Carlo Gesualdo, omicida fra storia e mito*, Napoli, Edizioni scientifiche italiane, 2006

Cogné A., *Les propriétés urbaines du patriciat (Milan, XVIIe-XVIIIe siècle)*, Roma, École française de Rome, 2017

Cogné A., *I togati dei domini italiani della Monarchia ispanica (1556-1700)*, in *Le élites italiane e la monarchia ispanica (secoli XVI-XVII): servizio, mobilità e poteri*, a cura di Ead., B. Maréchaux, Roma, École française de Rome, di prossima pubblicazione

Comprendere le monarchie iberiche. Risorse materiali e rappresentazioni del potere, a cura di G. Sabatini, Roma, Viella, 2010

Confuorto D., *Giornali di Napoli. Volume I: 1679-1691*, a cura di N. Nicolini, Napoli, Società Napoletana di Storia Patria, 1930

Cozzo P., *La Chiesa e gli ordini cavallereschi. Dimensione religiosa e risvolti istituzionali fra età moderna e contemporanea*, in *Cavalieri. Dai Templari a Napoleone*, a cura di A. Barbero, A. Merlotti, Milano, Electa, 2009, pp. 163-173

Cozzo P., *«Quest'abito è di onore e di religione». La dimensione religiosa degli Ordini Cavallereschi Sabaudi nella prima Età Moderna*, in *Il principe, la spada e l'altare*, a cura di G. Greco, Pisa, ETS, 2014, pp. 195-213

Cozzo P., *Il valore dell'onore. Accezioni del concetto di valore negli ordini cavallereschi di età moderna*, in *Valeurs et systèmes de valeurs (Moyen Âge et Temps modernes). Le pouvoir symbolique en Occident (1300-1640)*, a cura di P. Boucheron, L. Gaffuri, J.P. Genet, Paris, Éditions de la Sorbonne, 2016, pp. 253-263

Crasso L., *Elogii di capitani illustri*, Venezia, Combi, e Là Noù, 1683

Cremonini C., *Las élites lombardas y el sistema español*, in *Las noblezas de la monarquía de España (1556-1725)*, a cura di A. Álvarez-Ossorio Alvariño, R. Quirós Rosado, C. Bravo Lozano, Madrid, Marcial Pons, 2024, pp. 293-312

Cremonini C., *Il «Gran Teatro» della nobiltà. L'aristocrazia milanese tra Cinque e Settecento*, in *Teatro genealogico delle famiglie nobili milanesi. Manoscritti 11500 e 11501 della Biblioteca Nacional de Madrid*, 2 voll., a cura di Ead., Mantova, Arcari, 2003, I, pp. 11-48

D'Agostino G., *Parlamento e società nel Regno di Napoli. Secoli XV-XVII*, Napoli, Guida, 1979

D'Alessio S., *Masaniello. La sua vita e il mito in Europa*, Roma, Salerno, 2007

D'Amelia M., *Nepotismo al femminile. Il caso di Olimpia Maidalchini Pamphili*, in *La nobiltà romana in età moderna. Profili istituzionali e pratiche sociali*, a cura di M.A. Visceglia, Roma, Carocci, 2001, pp. 353-399

Dandelet T.J., *Spanish Rome, 1500-1700*, New Haven, Yale University Press, 2001

D'Andrea F., *Avvertimenti ai nipoti*, a cura di I. Ascione, Napoli, Jovene, 1990

D'Avenia F., *From Spain to Sicily after the Expulsion: Conversos between Economic Networks and the Aristocratic Elite*, in «Journal of Early Modern History», 22 (2018), pp. 421-445

D'Avenia F., *Giannettino Doria. Cardinale della Corona spagnola (1573-1642)*, Roma, Viella, 2021

D'Avenia F., *Nobiltà allo specchio. Ordine di Malta e mobilità sociale nella Sicilia moderna*, Palermo, Associazione Mediterranea, 2009

D'Avenia F., *Gli ordini militari nella Monarchia spagnola: una lunga latitanza storiografica*, in *Il Seicento allo specchio. Le forme del potere nell'Italia spagnola: uomini, libri, strutture*, a cura di C. Cremonini, E. Riva, Roma, Bulzoni, 2011, pp. 79-93

D'Avenia F., *I processi di nobiltà degli Ordini Militari. Modelli aristocratici e mobilità sociale*, in *Nobleza hispana, nobleza cristiana. La Orden de San Juan*, a cura di M. Rivero Rodríguez, 2 voll., Madrid, Polifemo, 2009, II, pp. 1087-1126

D'Avenia F., *La Religion triomphante, militante et martyre Piété et valeurs guerrières dans les représentations de l'ordre de Malte*, in *Nobles et chevaliers en Europe et en Méditerranée*, a cura di A. Brogini, G. Butaud, M. Ghazali, J.-P. Pantalacci, numero monografico di «Cahiers de la Méditerranée», 97/2 (2018), pp. 313-325

D'Avenia F., *«Tiene per altro il cappellano nella sua galera sempre dinanzi un campo grande di messe». L'assistenza religiosa nell'Ordine di Malta in un'istruzione di fine Seicento*, in «Dimensioni e problemi della ricerca storica», 1 (2018), pp. 141-167

Dattero A., *Trotti Bentivoglio, Gian Galeazzo*, in DBI, vol. 97 (2020), *ad vocem*

De Ayala Martínez C., *La corona de Castilla y la incorporación de los maestrazgos*, in «Militarum Ordinum Analecta», 1 (1997), pp. 257-290

De Ayala Martínez C., *La investigación en órdenes militares en España (1989-2019)*, in *Ordens militares, identidade e mudança*, a cura di I.C. Ferreira Fernandes, 2 voll., Palmela, Câmara Municipal de Palmela-GEsOS, 2021, I, pp. 85-99

De Ayala Martínez C., *Las órdenes militares hispánicas en la Edad Media (siglos XII-XV)*, Madrid, Marcial Pons Historia-La Torre Literaria, 2003

De Blasiis G., *Frammento di un diario inedito napoletano*, in ASPN, XIII (1888), pp. 788-829; XIV (1889), pp. 34-68, 265-352

De Cesare G.B., *Eroici napoletani a Pernambuco (1625-41) e nel "genio" apologetico del Filamondo*, in *Le caravelle portoghesi sulla via delle Indie*, a cura di P. Ceccucci, Roma, Bulzoni, 1993, pp. 57-63

De Dominicis C., *Membri del senato della Roma pontificia. Senatori, Conservatori, Caporioni e loro Priori e Lista d'oro delle famiglie dirigenti (secc. X-XIX)*, Roma, Fondazione Marco Besso, 2009

De' giornali di Gio. Vincenzo Imperiale dalla partenza dalla patria. Anno primo. Al sig. Agabito Centurione, a cura di A.G. Barrili, in «Atti della Società Ligure di Storia Patria», 29 (1989), pp. 281-739

De Lellis C., *Discorsi delle famiglie nobili del Regno di Napoli*, 3 voll., Napoli, Honofrio Savio, 1654

De Zulueta Sanchiz A., *Ceremonial de cruzamiento y toma de hábito en la Orden de Santiago*, in *Rito, ceremonia y protocolo. Espacios de sociabilidad, legitimación y transcendencia*, a cura di F. Barrios Pintado, J. Alvarado Planas, Madrid, Dykinson, 2020, pp. 459-476

Demurger A., *I cavalieri di Cristo. Gli ordini religioso-militari del Medioevo XI-XVI secolo*, Milano, Garzanti, 2007

Diari della città di Palermo dal secolo XVI al XIX, I, in *Biblioteca Storica e Letteraria di Sicilia*, I, a cura di G. di Marzo, Palermo, Luigi Pedone Lauriel, 1869

Di Cristoforo G., *Istoria genealogica della famiglia del Pezzo*, Napoli, Antonio Abri, 1721

Di Giovanni V., *Palermo restaurato*, a cura di M. Giorgianni, A. Santamaura, Palermo, Sellerio, 1989

Di Pace V., *Napoletani in Brasile nella guerra di liberazione dall'invasione olandese, 1625-1640*, Napoli, Fiorentino, 1991

Di Rocco K., *"Zevallos para vencellos": le dispute ducali nella storia del monastero di San Pietro in Ostuni*, in *La Città e il Monastero*, a cura di E. Novi Chavarria, Napoli, Edizioni Scientifiche Italiane, 2005

Domenichelli M., *Cavaliere e gentiluomo. Saggio sulla cultura aristocratica in Europa (1513-1915)*, Roma, Bulzoni, 2002

Domínguez Ortiz A., *La sociedad española en el siglo XVII. I. El estamento nobiliario*, Madrid, Instituto Balmes de Sociologia, 1963

Domínguez Ortiz A., *Valoración social de los hábitos de las Órdenes Militares*, in *Las órdenes militares en la Península Ibérica. II. Edad moderna*, a cura di J. López-Salazar Pérez, Cuenca, Ediciones de la Universidad de Castilla-La Mancha, 2000, pp. 1157-1175

Donati C., *L'idea di nobiltà in Italia. Secoli XIV-XVII*, Roma-Bari, Laterza, 1988

Donati C., *Il patriziato e le sue istituzioni*, in *Storia illustrata di Milano*, IV, *Milano moderna*, a cura di F. Della Peruta, Milano, E. Sellino, 1993, pp. 1041-1060

Donézar J., *De las naciones-patrias a la "nación-patria". Del Antiguo al Nuevo Régimen*, in *La Monarquía de las naciones. Patria, nación y naturaleza en la Monarquía de España*, a cura di A. Álvarez-Ossorio Alvariño, B.J. García García, Madrid, Fundación Carlos De Amberes, 2004, pp. 93-120

Doria G., *I soldati napoletani nelle guerre del Brasile contro gli Olandesi (1625-1641)*, in ASPN, LVII (1932), pp. 224-250

El Piamonte en guerra (1613-1659). La frontera olvidada, a cura di D. Maffi, B.J. García García, Madrid, Fundación Carlos de Amberes, 2020

Élites euroatlantiche: reti, interessi, funzioni, strategie, a cura di G. Cirillo, C. Cremonini, M.A. Noto, sezione monografica di «Tiempos Modernos», 44 (2022)

Élites e reti di potere: strategie d'integrazione nell'Europa di età moderna, a cura di M. Aglietti, A. Franganillo Álvarez, J.A. López Anguita, Pisa, Pisa University Press, 2016

Le élites italiane e la monarchia ispanica (secoli XVI-XVII): servizio, mobilità e poteri, a cura di A. Cogné, B. Maréchaux, a cura di A. Cogné, B. Maréchaux, Roma, École française de Rome, di prossima pubblicazione

Elliott J.H., *Il miraggio dell'impero. Olivares e la Spagna dall'apogeo alla decadenza*, Roma, Salerno editrice, 1991

Elliott J.H., *La Spagna imperiale. 1469-1716*, Bologna, il Mulino, 2006
Emanuele e Gaetani F.M., *Della Sicilia nobile*, Palermo, Pietro Bentivenga, 1754
Emanuele e Gaetani F.M., *Il Palermo d'oggigiorno*, in *Biblioteca Storica e Letteraria di Sicilia*, XIII, a cura di G. di Marzo, Palermo, Luigi Pedone Lauriel, 1873, p. 349
Espino López A., *Las tropas italianas en la defensa de Cataluña. 1665-1698*, in «Investigaciones Históricas», 18 (1998), pp. 51-74
Estrategias culturales y circulación de la nueva nobleza en Europa (1570-1707), a cura di G. Muto, A. Terrasa Lozano, Madrid, Doce Calles, 2015

Fabbricatore E., *Ferrante Brancia*, in DBe, *ad vocem*
Familias, élites y redes de poder cosmopolitas de la Monarquía Hispánica en la edad moderna (siglos XVI-XVIII), a cura di F. Sánchez-Montes González, J.J. Lozano Navarro, A. Jiménez Estrella, Granada, Comares, 2017
Fasano Guarini E., *Italia non spagnola e Spagna nel tempo di Filippo II*, in *Filippo II e il Mediterraneo*, a cura di L. Lotti, R. Villari, Roma-Bari, Laterza, 2003, pp. 5-24
Favarò V., *Biografie politiche e carriere transnazionali. Mobilità e stanzialità nella Monarchia Spagnola nella prospettiva della storiografia italiana*, in «Prohistoria», 39 (2023), pp. 1-18
Fernández Izquierdo F., *La Orden Militar de Calatrava en el siglo XVI*, Madrid, Consejo Superior de Investigaciones Cientifícas, 1992
Fernández Izquierdo F., *Los caballeros "cruzados" en el ejército de la Monarquía Hispánica durante los siglos XVI y XVII ¿anhelo o realidad?*, in *Ejércitos en la Edad Moderna*, a cura di M.A. Martínez Rodríguez, E. Giménez López, numero monografico di «Revista de Historia Moderna», 22 (2004), pp. 11-60
Fernández Izquierdo F., *Nobleza y Monarquía en el siglo XVII. La concesión de encomiendas de Órdenes Militares*, in *España y Suecia en la época del Barroco (1600-1660)*, a cura di E. Martínez Ruiz, M. de Pazzis Pi Corrales, Madrid, Fundación Berndt Wistedt, 1998, pp. 521-569
Fernández Izquierdo F., *Poderosos, ricos y cruzados: los caballeros de las órdenes militares españolas en la monarquía de los Austrias (ss. XVI-XVII)*, in *Honra e sociedade no mundo ibérico e ultramarino. Inquisição e Ordens Militares (séculos XVI-XIX)*, a cura di A.I. López-Salazar, F. Olival, J. Figueirôa-Rêgo, Casal de Cambra, Caleidoscópio, 2013, pp. 247-272
Fernández Izquierdo F., *¿Qué era ser caballero de una Orden Militar en los siglos XVI y XVII?*, in «Torre de los Lujanes», 49 (2003), pp. 141-164
Fernández Terricabras I., *Francisco González de Heredia*, in DBe, *ad vocem*
Fernández Terricabras I., *Religión y milicia en el siglo XVI. La polémica entre Felipe II y Pío V por la revitalización de la Orden Militar de San Lázaro (1567-1572)*, in *Nobleza hispana, nobleza cristiana. La Orden de San Juan*, a cura di M. Rivero Rodríguez, 2 voll., Madrid, Polifemo, 2009, II, pp. 1243-1274
Fiesta y ceremonia en la corte virreinal de Nápoles (siglos XVI y XVII), a cura di G. Galasso, J.V. Quirante, J.L. Colomer, Madrid, Centro de Estudios de Europa Hispánica, 2013
Filamondo R.M., *Il genio bellicoso di Napoli. Memorie istoriche d'alcuni capitani celebri napolitani, c'han militato per la fede, per lo re, per la patria nel secolo corrente*, 2 voll., Napoli, Domenico Antonio Parrino e Michele Luigi Mutii, 1694

Fiorelli V., *'... non cala la testa di niuna maniera...'. Il soggiorno napoletano di Maria Anna d'Austria nel 1630*, in *Fiesta y ceremonia en la corte virreinal de Nápoles (siglos XVI y XVII)*, a cura di G. Galasso, J.V. Quirante, J.L. Colomer, Madrid, Centro de Estudios de Europa Hispánica, 2013, pp. 333-354

Floristán J.M., *El estamento nobiliario bizantino y su incorporación a la sociedad del Antiguo Régimen: los casos de las familias Sebasto y Meliseno-Comneno*, in «Erytheia. Revista de estudios bizantinos y neogriegos», 39 (2018), pp. 143-179

Franciosini L., *Vocabulario español e italiano*, Venezia, Por el Barezzi, 1640, *ad vocem*

Franganillo Álvarez A., Álvarez García F.J., *Movilidad e integración de las élites italianas en el espacio áulico madrileño (ca. 1598-1665)*, in *Le élites italiane e la monarchia ispanica (secoli XVI-XVII): servizio, mobilità e poteri*, a cura di A. Cogné, B. Maréchaux, Roma, École française de Rome, di prossima pubblicazione

Fuidoro I., *Giornali di Napoli. Volume II: 1666-1671*, a cura di A. Padula, Napoli, Deputazione Napoletana di Storia Patria, 1938

Fuidoro I., *Giornali di Napoli. Volume III: 1672-1675*, a cura di V. Omodeo, Napoli, Società Napoletana di Storia Patria, 1939

Galante G.A., *Guida sacra della città di Napoli*, Napoli, Stamperia del Fibreno, 1842

Galasso G., *Alla periferia dell'Impero. Il Regno di Napoli nel periodo spagnolo (secoli XVI-XVII)*, Torino, Einaudi, 1994

Galasso G., *L'Italia come problema storiografico*, Torino, UTET, 1981

Galasso G., *Napoli nel viceregno spagnolo dal 1648 al 1696*, in *Storia di Napoli*, Napoli, Società Editoriale Storia di Napoli, 1976

Galasso G., *Napoli spagnola dopo Masaniello: politica, cultura, società*, Firenze, Sansoni, 1982

Galasso G., *Roma papale e Monarchia Cattolica nei secoli XVI-XVII*, in *Roma y España. Un crisol de la cultura europea en la Edad Moderna*, 2 voll., a cura di C.J. Hernando Sánchez, Madrid, Sociedad estatal para la acción cultural exterior, 2007, pp. 45-48

Galasso G., *Storia del Regno di Napoli*, III, *Il Mezzogiorno spagnolo e austriaco, 1622-1734*, Torino, UTET, 2006

Génova y la Monarquía Hispánica (1528-1713), a cura di M. Herrero Sánchez, Y.R. Ben Yessef Garfia, C. Bitossi, D. Puncuh, Genova, Società Ligure di Storia Patria, 2011

Giardina C., *Il Supremo Consiglio d'Italia*, in «Atti della Real Accademia di scienze, lettere e arti di Palermo», XIX (1934), pp. 1-190

Giménez Carrillo D.M., *La venta de hábitos de las Órdenes Militares en el siglo XVII. Entre la ocultación y el delito de simonía*, in *El poder del dinero: ventas de cargos y honores en el Antiguo Régimen*, a cura di F. Andújar Castillo, M. Felices de la Fuente, Madrid, Biblioteca Nueva, 2011, pp. 301-313

Giménez Carrillo D.M., *Los caballeros de las órdenes militares castellanas. Entre Austrias y Borbones*, Almería, Editorial Universidad de Almería, 2016

Gisolfi O., *Il governo del duca di Alcalà vicere di Napoli (1629-1631)*, Caserta, Stabilimento tipografico dell'Unione, 1916

Giuffrida A., *La Sicilia e l'Ordine di Malta (1529-1550). La centralità della periferia mediterranea*, Palermo, Associazione Mediterranea, 2006

Giuliani M., *Il barone Paolo Sfondrati tra Milano, Torino e Madrid. Diplomazia e affari di famiglia*, in *Lombardia ed Europa. Incroci di storia e cultura*, a cura di D. Zardin, Milano, Vita e Pensiero, 2014, pp. 169-187

Gómez Rivero R., *Juan de Chaves y Mendoza*, in DBe, *ad vocem*

Gualdo Priorato G., *Vite, et azzioni di personaggi militari, e politici*, Vienna, Michele Thurnmayer, 1674

Guasco di Bisio F., *Dizionario feudale degli antichi Stati Sardi e della Lombardia*, 5 voll., Pinerolo, Tipografia già Chiantore-Mascarelli, 1911

Guerre horrende de Italia. Tutte le guerre de Italia. Comenzando dala venuta di Re Carlo del mille quatrocento novantaquatro fin al giorno presente. Novamente in ottava rima stampate, Venezia, s.e., 1534

Guicciardini F., *Storia d'Italia*, a cura di S. Seidel Menchi, 3 voll., Torino, Einaudi, 1971

Guillén Berrendero J.A., *La edad de la nobleza. Identidad nobiliaria en Castilla y Portugal (1556-1621)*, Madrid, Polifemo, 2012

Guillén Berrendero J.A., *Nobleza, genealogía y opinión en la monarquía de España*, in *Las noblezas de la monarquía de España (1556-1725)*, a cura di A. Álvarez-Ossorio Alvariño, R. Quirós Rosado, C. Bravo Lozano, Madrid, Marcial Pons, 2024, pp. 685-708

Guillén Berrendero J.A., *Otros territorios, mismos discursos. La formación de una idea de nobleza transnacional en los territorios italianos de la Monarquía española: tres ejemplos*, in *Centros de poder italianos en la Monarquía Hispánica (siglos XV-XVIII)*, 3 voll., a cura di J. Martínez Millán, M. Rivero Rodríguez, Madrid, Ediciones Polifemo, 2010, II, pp. 1311-1336

Gutiérrez Núñez F.J., *Juan Tellez-Girón y Enríquez de Ribera*, in DBe, *ad vocem*

Hernández Franco J., *Cultura y limpieza de sangre en la España Moderna. Puritate sanguinis*, Murcia, Universidad de Murcia, 1996

Hernández Franco J., *Sangre limpia, sangre española: el estatuto de los debates de limpieza (siglos XV-XVII)*, Madrid, Cátedra, 2011

Hernando Sánchez C.J., *Corte y ciudad en Nápoles durante el siglo XVI: la construcción de una capital virreinal*, in *Las cortes virreinales de la Monarquía española: América e Italia*, a cura di F. Cantú, Roma, Viella, 2008, pp. 337-423

Hernando Sánchez C.J., *Dominar y obedecer: la nobleza italiana en el gobierno de la Monarquía de España*, in *Uomini di governo italiani al servizio della monarchia spagnola (secoli XVI e XVII)*, a cura di Id., G. Signorotto, in «Cheiron», 53-54 (2010), pp. 15-70

Hernando Sánchez C.J., *Españoles e Italianos. Nación y lealtad en Reino de Nápoles durante las Guerras de Italia*, in *La Monarquía de las naciones. Patria, nación y naturaleza en la Monarquía de España*, a cura di A. Álvarez-Ossorio Alvariño, B.J. García García, Madrid, Fundación Carlos De Amberes, 2004, pp. 423-482

Hernando Sánchez C.J., *Teatro del honor y ceremonial de la ausencia. La corte virreinal de Nápoles en el siglo XVII*, in *Calderón de la Barca y la España del Barroco*, a cura di J. Alcalá-Zamora y Queipo de Llano, E. Belenguer Cebrià, 2 voll., Madrid, Centros de Estudios Politicos y Constitucionales, 2001, I, pp. 591-674

Herrero Sánchez M., *Génova y el sistema imperial hispánico*, in *La Monarquía de las naciones. Patria, nación y naturaleza en la Monarquía de España*, pp. 528-562

Herzog T., *Defining Nations. Immigrants and Citizens in Early Modern Spain and Spanish America*, New Haven-London, Yale University Press, 2003

Identità nobiliare tra monarchia ispanica e Italia. Lignaggi, potere e istituzioni (secoli XVI-XVIII), a cura di C. Sanz Ayán, S. Martínez Hernández, M. Aglietti, D. Edigati, Roma, Edizioni di Storia e Letteratura, 2019

L'infanta Caterina d'Austria, duchessa di Savoia (1567-1597), a cura di B.A. Raviola, F. Ravallo, Roma, Carocci, 2013

Intorcia G., *Magistrature del Regno di Napoli. Analisi prosopografica (secoli XVI-XVII)*, Napoli, Jovene, 1987

L'Italia degli Austrias. Monarchia cattolica e domini italiani nei secoli XVI e XVII, a cura di G. Signorotto, in «Cheiron», 17-18 (1992)

Italia non spagnola e monarchia spagnola tra '500 e '600. Politica, cultura e letteratura, a cura di G. Di Stefano, E. Fasano Guarini, A. Martinengo, Firenze, Olschki, 2009

L'Italia spagnola, la Spagna italiana. Reciprocità, conflitti e relazioni diplomatiche, a cura di M. Tosti, F.M. Troiani, numero monografico di «Mo.do. Rivista di Storia, Scienze umane e Cultural Heritage», 5-6 (2022)

Italiani al servizio straniero in età moderna, a cura di P. Bianchi, D. Maffi, E. Stumpo, Milano, FrancoAngeli, 2008

Jiménez Moreno A., *Honores a cambio de soldados. La concesión de hábitos de las Ordenes Militares en una coyuntura crítica: la Junta de Hábitos (1635-1642)*, in *Las élites en la época moderna. La monarquía española*, 4 voll., a cura di E. Soria Mesa, J.J. Bravo Caro, J.M. Delgado Barrado, Cordoba, Universidad de Cordoba, 2009, III, pp. 155-172

Jiménez Moreno A., *Las Órdenes Militares y el Conde Duque de Olivares. La convocatoria de los caballeros de hábito (1621-1641)*, Madrid, OMM, 2014

Kagan R.L., *Nación y patria en la historiografia de la época austriaca*, in *Le sentiment national dans l'Europe méridionale aux XVIe et XVIIe siècles*, a cura di A. Tallon, Madrid, Casa de Velázquez, 2007, pp. 205-225

Kamen H., *Imperio. La forja de España como potencia mundial*, Madrid, Aguilar, 2003

Koenigsberger H.G., *La práctica del imperio*, Madrid, Alianza, 1969

Koenigsberger H.G., *The government of Sicily under Philip II of Spain*, London, Staples Press, 1951

La Cava A., *Il sacco di Manfredonia*, in ASPN, XXVI (1940), pp. 66-104

Lambert-Gorges M., *Le bréviaire du bon enquêteur, ou trois siècles d'information sur les candidats à l'habit des ordres militaires*, in «Mélanges de la Casa de Velázquez», 1 (1982), pp. 165-198

Lambert-Gorges M., *Santiago et la défense de la Méditerraneée (notes sur le XVI siècle)*, in *Las órdenes militares en el Mediterraneo occidental. Siglos XIII-XVIII*, Madrid, Casa De Velásquez, 1989, pp. 213-248

Ligresti D., *Le armi dei Siciliani. Cavalleria, guerra e moneta nella Sicilia spagnola (secoli XV-XVII)*, Palermo, Associazione Mediterranea, 2013

Ligresti D., *Cavaliere giostrante e cavaliere combattente. L'armi della nobiltà nella Sicilia degli Austrias*, in *Nobleza hispana, nobleza cristiana. La Orden de San Juan*, a cura di M. Rivero Rodríguez, 2 voll., Madrid, Polifemo, 2009, I, pp. 53-110

Ligresti D., *Feudatari e patrizi nella Sicilia moderna (Secoli XVI-XVII)*, Catania, C.U.E.C.M., 1992

Ligresti D., *L'organizzazione militare del Regno di Sicilia (1575-1635)*, in «Rivista Storica Italiana», 3 (1993), pp. 647-678

Ligresti D., *Sicilia aperta (secoli XVI-XVII). Mobilità di uomini e idee*, Palermo, Associazione Mediterranea, 2006

Linares Gonzáles H., *Las encomiendas de las órdenes militares castellanas (ss. XVI-XVII). Santiago, Calatrava y Alcántara: Una aproximación bibliográfica (1975-2017)*, in «Tiempos Modernos», 34 (2017), pp. 1-25

Linares González H., *Female Spaces in the Military Orders: Women's Agency and 'Encomiendas' in Seventeenth-Century Spain*, in *Ordens militares, identidade e mudança*, a cura di I.C. Ferreira Fernandes, 2 voll., Palmela, Câmara Municipal de Palmela-GEsOS, 2021, II, pp. 1177-1196

López de Zuazo y Algar J.M., *El Real Consejo de la Ordenes Militares y sus archivos*, Madrid, Silex, 2023

López de Zuazo y Algar J.M., *La incorporación de los maestrazgos de las órdenes militares a la Corona Real, con especial aplicación a la Orden de Alcántara*, in «Revista de las Ordenes Militares», 9 (2017), pp. 77-128

López Vela R., *Antijudaísmo, pruebas de limpieza y la pragmática de actos positivos de 1623*, in *Nobleza hispana, nobleza cristiana. La Orden de San Juan*, a cura di M. Rivero Rodríguez, 2 voll., Madrid, Polifemo, 2009, I, pp. 795-830

Lorizzo L., *Il cardinale Ascanio Filomarino. Collezionismo e committenza tra Roma e Napoli nel Seicento*, Napoli, Electa, 2007

Macrì G., *La "nobiltà" senatoria a Palermo tra Cinque e Seicento*, in «Mediterranea-Ricerche Storiche», 1 (2005), pp. 75-98

Macrì G., *Logiche del lignaggio e pratiche familiari. Una famiglia feudale siciliana fra '500 e '600*, in «Mediterranea-Ricerche Storiche», 1 (2004), pp. 9-30

Maffi D., *Al servicio del rey católico. Breves reflexiones sobre la presencia italiana en los ejércitos de la Monarquía Hispana (siglos XVI - XVII)*, in *En tierra de confluencias. Italia y la Monarquía de España. Siglos XVI-XVIII*, a cura di C. Bravo Lozano, R. Quirós Rosado, Valencia, Albatros, 2013, pp. 249-255

Maffi D., *Il baluardo della corona. Guerra, esercito, finanze e società nella Lombardia seicentesca (1630-1660)*, Firenze, Le Monnier, 2007

Maffi D., *Blandire e premiare. Cavalieri milanesi di Santiago (1560-1700)*, in «Società e Storia», 127 (2010), pp. 1-27

Maffi D., *Cacciatori di Gloria. La presenza degli italiani nell'esercito di Fiandre (1621-1700)*, in *Italiani al servizio straniero in età moderna*, a cura di P. Bianchi, D. Maffi, E. Stumpo, Milano, FrancoAngeli, 2008, pp. 73-104

Maffi D., *La cittadella in armi. Esercito, società e finanza nella Lombardia di Carlo II (1660-1700)*, Milano, FrancoAngeli, 2010

Maffi D., *Honor y servicio. Militares italianos en las órdenes militares castellanas en el siglo XVII*, in *Las noblezas de la monarquía de España (1556-1725)*, a cura di A. Álvarez-Ossorio Alvariño, R. Quirós Rosado, C. Bravo Lozano, Madrid, Marcial Pons, 2024, pp. 565-590

Maffi D., *Soldatino dell'impero. Biografia di un aristocratico lombardo del Seicento: Sigismondo Sfondrati marchese di Montafia*, in «Società e Storia», 116 (2007), pp. 255-271

Magaudda A., Costantini D., *Un periodico a stampa di antico regime: la «Gazzetta di Milano» (sec. XVII-XVIII). Spoglio delle notizie musicali per gli anni 1642-1680*, in «Fonti Musicali Italiane», 3 (1998), pp. 65-129

Magdaleno R., *Títulos y privilegios de Nápoles: siglos XVI-XVIII*, I, *Onomástico*, Valladolid, Martin, 1980

Manconi F., *Cerdeña: Un reino de la Corona de Aragón bajo los Austria*, Valencia, Universitat de Valencia, 2010

Manno A., *I principi di Savoia amatori d'arte*, in «Atti della Società di Archeologia e Belle Arti per la provincia di Torino», II (1878-1879), 1879, pp. 197-225

Maravall J.A., *Poder, honor y élites en el siglo XVII*, Madrid, Siglo XXI, 1979

Martínez Hernández S., *Bernardino Fernández de Velasco y Tovar*, in DBe, *ad vocem*

Martínez Hernández S., *Pedro Portocarrero Fernández de Córdoba y Aragón*, in DBe, *ad vocem*

Martínez Llorente F., *La emblemática de las órdenes militares hispanas*, in «Boletín del Instituto de Estudios Giennenses», 220 (2019), pp. 293-328

Martínez Millán J., *La articulación de la Monarquía española a través de la Corte. Consejos territoriales y Cortes virreinales en los reinados de Felipe II y Felipe III*, in *Las cortes virreinales de la Monarquía española. América e Italia*, a cura di F. Cantù, Roma, Viella, 2008, pp. 39-63

Martínez Millán J., *La Casa y los servidores de la infanta Catalina Micaela en Turín*, in *L'infanta Caterina d'Austria, duchessa di Savoia (1567-1597)*, a cura di B.A. Raviola, F. Ravallo, Roma, Carocci, 2013, pp. 391-480

Martínez Millán J., *Nobleza hispana, nobleza cristiana. Los estatutos de limpieza de sangre*, in *Nobleza hispana, nobleza cristiana: la Orden de San Juan*, a cura di M. Rivero Rodríguez, 2 voll., Madrid, Polifemo, 2009, II, pp. 677-758

Mauro A., *I cavalieri del Real Ordine di San Gennaro: da Carlo III a Ferdinando IV. Società, vicende e documenti*, Napoli, Giannini, 2006

Mauro I., *«Mirando le difficoltà di ristorare le rovine del nostro honore». La nobiltà napoletana e le ambasciate della città di Napoli a Madrid*, in «Dimensioni e problemi della ricerca storica», 1 (2014), pp. 25-50

Mauro I., *Spazio urbano e rappresentazione del potere. Le cerimonie della città di Napoli dopo la rivolta di Masaniello (1648-1672)*, Napoli, FedOA Press, 2020

Mauro I., *Un'élite "cattolica"? Mobilità di vescovi regi del Regno di Napoli (1554-1707)*, in «Dimensioni e problemi della ricerca storica», 2 (2015), pp. 25-44

Mele V., *Capitale simbolico e stile della vita in Pierre Bourdieu*, in «Sociologia e ricerca sociale», 84 (2007), pp. 133-155

Mendo A., *De las Ordenes Militares: de sus principios, govierno, privilegios, obligaciones*, Madrid, Iuan Garcia Infançon, 1681

Menniti Ippolito A., *Il tramonto della Curia nepotista. Papi, nipoti e burocrazia curiale tra XVI e XVII secolo*, Roma, Viella, 1999

Merlotti A., *Le ambizioni del duca di Savoia. La dimensione europea degli ordini cavallereschi sabaudi fra Cinque e Seicento*, in *Guerra y Sociedad en la Monarquía*

Hispanica. Politica, estrategia y cultura en la Europa moderna (1500-1700), 2 voll, Madrid, 2006, II, pp. 661-690

Merlotti A., *Gli ordini monarchici nell'Europa delle dinastie (secoli XIV-XVIII)*, in *Cavalieri. Dai Templari a Napoleone*, a cura di A. Barbero e A. Merlotti, Milano, Electa, 2009, pp. 175-194

Merlotti A., *Un sistema degli onori europeo per Casa Savoia? I primi anni dell'Ordine dei santi Maurizio e Lazzaro (1573-1604)*, in «Rivista storica italiana», 2 (2002), pp. 477-514

Merluzzi M., *Impero o monarchia universale? Il caso della Castiglia tra XVI e XVII secolo*, in *Comprendere le monarchie iberiche. Risorse materiali e rappresentazioni del potere*, a cura di G. Sabatini, Roma, Viella, 2010, pp. 73-106

The Military Orders. I. Fighting for the Faith and Caring for the Sick, a cura di M. Barber, Aldershot, Variorum, 1994

Mobilità sociale e circolazione delle élites fra Italia e Stati dell'Europa (secoli XVI-XVIII), a cura di P. Volpini, sezione monografica di «Mélanges de l'École française de Rome. Italie et Méditerranée modernes et contemporaines», 133/1 (2021)

La Monarquía de las naciones. Patria, nación y naturaleza en la Monarquía de España, a cura di A. Álvarez-Ossorio Alvariño, B.J. García García, Madrid, Fundación Carlos De Amberes, 2004

Mongeri G., *L'arte in Milano. Note per servire di guida nella città*, Milano, Società Cooperativa fra Tipografi, 1872

Morigia P., *Historia dell'antichità di Milano*, Venezia, Appresso i Guerra, 1592

Morton N., *Gli ordini religiosi militari*, Bologna, il Mulino, 2014

Mozzarelli C., *Antico regime e modernità*, Roma, Bulzoni, 2008

Mrozek Eliszezynski G., *Nobili inquieti. La lotta politica nel regno di Napoli al tempo dei ministri favoriti (1598-1665)*, Roma, Viella, 2023

Muñoz Martín S., *La "pragmática de los actos positivos". Exhortaciones, consultas y debates del Consejo de Castilla para cumplir la ley*, in *De la nobleza y la caballería. Privilegio, poder y servicio en la articulación de la sociedad moderna, ss. XVI-XVII*, a cura di E.M. García Guerra, H. Linares González, M. Perruca Gracia, Palermo, New Digital Press, 2019, pp. 469-485

Musi A., *La catena di comando. Re e viceré nel sistema imperiale spagnolo*, Roma, Società editrice Dante Alighieri, 2017

Musi A., *Corsi e ricorsi della forma impero*, in «Atti dell'Accademia Pontaniana», LXXII (2023), pp. 115-124

Musi A., *L'impero dei viceré*, Bologna, il Mulino, 2013

Musi A., *L'Italia dei viceré. Integrazione e resistenza nel sistema imperiale spagnolo*, Cava de' Tirreni, Avagliano Editore, 2000

Musi A., *La rivolta del 1647-48*, in *Il Regno di Napoli nell'età di Filippo IV (1621-1665)*, a cura di G. Brancaccio, A. Musi, Milano, Guerini, 2014, pp. 177-229

Musi A., *La rivolta di Masaniello nella scena politica barocca*, Napoli, Guida, 1989

Musi A., *Sistema imperiale spagnolo e sottosistemi: alcune verifiche da studi recenti*, in «L'Acropoli», 4 (2005), pp. 406-422

Muto G., *Gestione politica e controllo sociale nella Napoli spagnola*, in *Le città capitali*, a cura di C. De Seta, Bari, Laterza, 1985, pp. 68-94

Muto G., *Napoli capitale e corte. Linguaggi e pratiche dei poteri nell'Italia spagnola*, Roma, Viella, 2023

Muto G., *Pouvoirs et territoire dans l'Italie espagnole*, in «Revue d'histoire moderne et contemporaine», 45/1 (1998), pp. 42-65

Muto G., *I "segni d'Honore". Rappresentazioni delle dinamiche nobiliari a Napoli in Età moderna*, in *Signori, patrizi, cavalieri in Italia centro-meridionale nell'età moderna*, a cura di M.A. Visceglia, Roma-Bari, Laterza, 1992, pp. 171-192

Muto G., *Spazio urbano e identità sociale: le feste del popolo napoletano nella prima età moderna*, in *Le regole dei mestieri e delle professioni. Secoli XV-XIX*, a cura di M. Meriggi, A. Pastore, Milano, FrancoAngeli, 2000, pp. 305-325

Nel sistema imperiale. L'Italia spagnola, a cura di A. Musi, Napoli, Edizioni Scientifiche Italiane, 1994

Nicholson H., *The Military Orders and their Relations with Women*, in *The Crusades and the Military Orders. Expanding the Frontiers of Medieval Latin Christianity*, a cura di Z. Hunyadi, J. Laszlovsky, Budapest, Central European University Press, 2001, pp. 407-414

Nobildonne, monache e cavaliere dell'Ordine di Santo Stefano. Modelli e strategie femminili nella vita pubblica della Toscana granducale, a cura di M. Aglietti, Firenze, ETS, 2010

Nobilitas. *Estudios sobre la nobleza y lo nobiliario en la Europa moderna*, a cura di J. Hernández Franco, J.A. Guillén Berrendero, S. Martínez Hernández, Madrid, Doce Calles, 2012

Noblesses et Ordres militaires. Réseaux, familles, pouvoirs, a cura di A. Brogini, G. Butaud, numero monografico di «Cahiers de la Méditerranée», 104 (2022)

Nocella P.L., *Tradición, familias y poder en Sicilia (siglos XVIII-XX)*, Tesi di Dottorato, Universidad de Alcalà de Henares, 2006

Noto M.A., *Élites della Spagna imperiale: famiglie e networks transnazionali tra Napoli, Praga e Madrid*, in *Élites euroatlantiche: reti, interessi, funzioni, strategie*, a cura di G. Cirillo, C. Cremonini, M.A. Noto, sezione monografica di «Tiempos Modernos», 44 (2022), pp. 324-335

Noto M.A., *Élites transnazionali. Gli Acquaviva di Caserta nell'Europa asburgica (secoli XVI-XVII)*, Milano, FrancoAngeli, 2018

Novi Chavarria E., *Accogliere e curare. Ospedali e culture delle nazioni nella Monarchia ispanica (secc. XVI-XVII)*, Roma, Viella, 2020

Novi Chavarria E., *Dentro e fuori di Palazzo. Cerimonie e pratiche religiose degli spagnoli a Napoli, secc. XVI-XVII*, in *Napoli vicereale e le altre corti spagnole in Italia*, a cura di A. Antonelli, F. Chiantore, E. Mazzola, Napoli, FedOA, 2023, pp. 167-180

Novi Chavarria E., *I limiti della nazione. I confini della appartenenza identitaria spagnola nelle istituzioni della* Monarquía *(secc. XVI-XVII)*, in *Fra le mura della modernità. Le rappresentazioni del limite dal Cinquecento ad oggi*, a cura di L. Scalisi, C.J. Hernando Sánchez, Roma, Viella, 2019, pp. 31-47

Novi Chavarria E., *Nazione,* nationes*, transnazionalità. Temi e fonti per la storia della Monarchia ispanica (secc. XVI-XVII)*, in *La storia. Una conversazione infinita. Studi in onore di Giovanni Brancaccio*, Milano, Biblion, 2022, pp. 53-66

Novi Chavarria E., *Potere trasversale. Ecclesiastici a corte e nei feudi (secoli XVI-XVIII)*, Palermo, Associazione Mediterranea, 2023

Novi Chavarria E., *Storia di genere e storia delle donne. Gli orientamenti della ricerca negli ultimi anni*, in «Polygraphia», 4 (2022), pp. 207-221
Novi Chavarria E., *Suoni, odori ed emozioni. Esperienze sensoriali e spazi urbani*, in *Sensibilità moderne. Storie di affetti, passioni e sensi (secoli XV-XVIII)*, a cura di A. Arcangeli, T. Plebani, Roma, Carocci, 2023, pp. 23-36

O'Malley G., *The Historiography of the Military Orders in Britain, 1989-2019*, in *Ordens militares, identidade e mudança*, a cura di I.C. Ferreira Fernandes, 2 voll., Palmela, Câmara Municipal de Palmela-GEsOS, 2021, I, pp. 117-131
Olival F., *As Ordens Militares e o Estado Moderno: honra, mercê e venalidade em Portugal (1641-1789)*, Lisboa, Estar, 2001
Olival F., *Gli ordini militari e la società iberica (secoli XV-XVIII)*, in *Cavalieri. Dai Templari a Napoleone*, a cura di A. Barbero, A. Merlotti, Milano, Electa, 2009, 143-153
Las órdenes militares en el Mediterraneo occidental. Siglos XIII-XVIII, Madrid, Casa De Velásquez, 1989
Las órdenes militares en la Península Ibérica. II. Edad moderna, a cura di J. López-Salazar Pérez, Cuenca, Ediciones de la Universidad de Castilla-La Mancha, 2000
Órdenes militares y construcción de la sociedad occidental, a cura di F. Ruiz Gómez, R. Torres Jiménez, Madrid, Silex, 2017

Padgen A., *Signori del mondo. Ideologie dell'impero in Spagna, Gran Bretagna e Francia. 1500-1800*, Bologna, il Mulino, 2005, pp. 65-114
Papagna E., *Avversari, nemici, ... anzi parenti. I rapporti tra famiglie della nobiltà napoletana nella prima età moderna*, in «Società e Storia», 116 (2007), pp. 273-291
Papagna E., *Tuttavilla, Francesco*, in DBI, vol. 97 (2020), *ad vocem*
Parker G., *The Grand Strategy of Philip II*, New Haven-London, Yale University Press, 1998
Pinel y Monroy F., *Retrato del buen Vasallo*, Madrid, Ioseph Fernandez de Buendia, 1677
Postigo Castellanos E., *Caballeros del Rey Católico: diseño de una nobleza confesional*, in «Hispania. Revista española de historia», 55 (1995), pp. 169-204
Postigo Castellanos E., "*Dum intra nostrae mentis*". *Carlos I de Castilla, Adriano VI y las Órdenes Militares Castellanos*, in *As Ordens militares e as Ordens de cavalaria entre o Ocidente e o Oriente*, a cura di I.C. Ferreira Fernandes, Palmela, Câmara Municipal de Palmela-GEsOS, 2009, pp. 847-887
Postigo Castellanos E., *"Flores en el jardín de los reinos": las Órdenes de Caballería de "tercera generación" (1520-1660)*, in *Nobleza hispana, nobleza cristiana. La Orden de San Juan*, a cura di M. Rivero Rodríguez, 2 voll., Madrid, Polifemo, 2009, II, pp. 1275-1320
Postigo Castellanos E., *Honor y privilegio en la corona de Castilla. El Consejo de las Ordenes y los Caballeros de Hábito en el siglo XVII*, Almazan, Junta de Castilla y León, 1988
Postigo Castellanos E., *Notas para un fracaso. La convocatoria de las Órdenes Militares 1640-45*, in *Las Órdenes Militares en el Mediterráneo Occidental (siglos XII-XVIII)*, Madrid, Casa de Velázquez, 1989, pp. 397-414
Postigo Castellanos E., *Las Ordenes Militares de la Monarquía Hispana. Modelos discursivos de los siglos XVI-XVIII*, in *Las órdenes militares en la Península Ibérica. II. Edad*

moderna, a cura di J. López-Salazar Pérez, Cuenca, Ediciones de la Universidad de Castilla-La Mancha, 2000, pp. 1585-1636

Postigo Castellanos E., *...Y «los maestres se hicieron reyes, y los reyes maestres». Algunas consideraciones sobre las Órdenes de Caballería de tercera generación*, in «Militarium Ordinum Analecta», 2 (1998), pp. 291-320

Power and Ceremony in European History: Rituals, Practices and Representative Bodies since the Late Middle Ages, a cura di A. Kalinowska, J. Spangler, London, Bloomsbury, 2021

Privilegj e Capitoli con altre grazie Concedute alla Fedelissima Città e Regno di Napoli, 2 tomi, Milano, 1719

Propuesta del Señor Francisco Guasco a la S.C.R.M. del rey Don Phelippe III Nuestro Señor para la Institucion de una nueva Milicia de Nobles Cavalleros en Italia, Alessandria, Por Dionisio Motti, 1612

I rapporti tra Roma e Madrid nei secoli XVI e XVII: arte, diplomazia e politica, a cura di A. Anselmi, Roma, Gangemi, 2015

Ribot García L.A., *Milano, piazza d'armi della monarchia spagnola*, in *Eserciti e carriere militari nell'Italia moderna*, a cura di C. Donati, Milano, Unicopli, 1998, pp. 41-61

Ribot García L.A., *La monarquía de España y la guerra de Mesina (1674-1678)*, Madrid, Actas, 2002

Ribot García L.A., *La revuelta antiespañola de Mesina. Causas y antecedentes (1591-1674)*, Valladolid, Universidad de Valladolid, 1982

Ribot García L.A., *Las provincias italianas y la defensa de la Monarquía*, in *Nel sistema imperiale. L'Italia spagnola*, a cura di A. Musi, Napoli, Edizioni Scientifiche Italiane, 1994, pp. 67-92

Rigotti F., *L'onore degli onesti*, Milano, Feltrinelli, 1998

Riitano G., *L'archivio della famiglia Sfondrati: analisi, riordinamento, descrizione e studio dell'intero complesso archivistico della famiglia*, Tesi di Dottorato, Università degli Studi di Milano, 2006

Rito, ceremonia y protocolo. Espacios de sociabilidad, legitimación y transcendencia, a cura di F. Barrios Pintado, J. Alvarado Planas, Madrid, Dykinson, 2020

Rituals of Royalty. Power and Ceremonial in Traditional Societies, a cura di D. Cannadine, S. Price, Cambridge, Cambridge University Press, 1987

Riva E., *Appunti sulla formazione dell'identità urbana e politica. I ceti dirigenti comaschi nell'età di Filippo II*, in «Mélanges de l'École française de Rome. Italie et Méditerranée», 2 (2006), pp. 357-378

Rivero Rodríguez M., *Antonio de Quintana Dueñas*, in DBe, *ad vocem*

Rivero Rodríguez M., *Bernardino de Cárdenas*, in DBe, *ad vocem*

Rivero Rodríguez M., *Felipe II y el gobierno de Italia*, Madrid, Sociedad Estatal para la Conmemoración de los Centenarios de Felipe II y Carlos V, 1998

Rivero Rodríguez M., *Felipe II y los potentados de Italia*, in «Bulletin de l'Institut Historique Belge de Rome», LXIII (1993), pp. 337-370

Rivero Rodríguez M., *Nobleza, Cristiandad y Monarquía. La construcción de una idea y un arquetipo social*, in *Nobleza hispana, nobleza cristiana. La Orden de San Juan*, a cura di M. Rivero Rodríguez, 2 voll., Madrid, Polifemo, 2009, I, pp. 9-52

Rizzini M., *Note sul collezionismo seicentesco: la famiglia Gallio di Como*, in «Arte Lombarda», 3-4 (1991), pp. 151-154

Rizzo M., *«Ottima gente da guerra». Cremonesi al servizio della strategia imperiale*, in *Storia di Cremona. L'età degli Asburgo di Spagna (1535-1707)*, a cura di G. Politi, Cremona, Banca Cremonese, 2006, pp. 126-145

Rizzo M., *Porte, chiavi e bastioni. Milano, la geopolitica italiana e la strategia asburgica nella seconda metà del XVI secolo*, in *Mediterraneo in armi (secc. XV-XVIII)*, a cura di R. Cancila, 2 voll., Palermo, Associazione Mediterranea, 2006, II, pp. 467-511

Rizzo M., *Sticks, Carrots and All the Rest: Lombardy and the Spanish Strategy in Northern Italy between Europe and the Mediterranean (1550-1600)*, in «Cahiers de la Méditerranée», 71 (2005), pp. 145-184

Rocca G., *Gli ordini militari in età moderna (secoli XVI-XVIII)*, in «Studi Melitensi», 24 (2016), pp. 7-87

Rodríguez García J.M., *Las órdenes militares de origen hispánico. La guerra juramentada contra el infiel*, Madrid, Editorial Dilema, 2021

Rodríguez Hernández A.J., *Al servicio del rey. Reclutamiento y transporte de soldados italianos a España para luchar en la Guerra contra Portugal (1640-1668)*, in *Tra Marte e Astrea. Giustizia e giurisdizione militare nell'Europa della prima età moderna (secc. XVI-XVIII)*, a cura di D. Maffi, Milano, FrancoAngeli, 2012, pp. 229-275

Roma y España. Un crisol de la cultura europea en la Edad Moderna, 2 voll., a cura di C.J. Hernando Sánchez, Madrid, Sociedad estatal para la acción cultural exterior, 2007

Rovito P.L., *Il viceregno spagnolo di Napoli. Ordinamento, istituzioni, culture di governo*, Napoli, Arte tipografica, 2003

Ruíz Rodríguez J.I., *Las Órdenes Militares castellanas en la Edad Moderna*, Madrid, Arco Libros, 2001

Russo C., *Capece Galeota, Fabio*, in DBI, vol. 18 (1975), *ad vocem*

Saavedra Fajardo D., *L'idea di un prencipe politico christiano*, Venezia, Per Marco Garzoni, 1648

Sabatini G., *La spesa militare nel contesto della finanza pubblica napoletana del XVII secolo*, in *Mediterraneo in armi (secc. XV-XVIII)*, a cura di R. Cancila, 2 voll., Palermo, Associazione Mediterranea, 2007, II, pp. 593-636

San Martino de Spucches F., *La storia dei feudi e dei titoli nobiliari di Sicilia*, 10 voll., Palermo, Scuola Tip. «Boccone del Povero», 1927

Sanabre J., *La acción de Francia en Cataluña en la pugna por la hegemonía de Europa (1640-1659)*, Barcelona, Distribuidor Libreria J. Sala Badal, 1956

Sánchez M.S., *"She Grows Careless": The Infanta Catalina Micaela and Spanish Etiquette at the Court of Savoy*, in *Early Modern Dynastic Marriages and Cultural Transfer*, a cura di J.L. Palos, M.S. Sánchez, Aldershot, Ashgate, 2016, pp. 21-43

Sánchez Martín J.L., *Dionisio Guzmán y González*, in DBe, *ad vocem*

Santa María de Montesa. La orden militar del Reino de Valencia (ss. XIV-XIX), a cura di E. Guinot, F. Andrés, J. Cerdà, J.F. Pardo, Valencia, Universitat de Valencia, 2019

Santoro M., *«Con Marx, senza Marx». Sul capitale di Bourdieu*, in *Bourdieu dopo Bourdieu*, a cura di G. Paolucci, Torino, UTET, 2010, pp. 144-172

Sanz Ayán C., *Diego Messía Felípez de Guzmán*, in DBe, *ad vocem*

Sanz Ayán C., *El canón a la nobleza en la Monarquía Hispánica: la media annata de mercedes*, in *Hacer historia desde Simancas. Homenaje a José Luis Rodríguez de Diego*, a cura di A. Marcos Martín, Valladolid, Junta de Castilla y León, 2011, pp. 705-726

Sapiro G., *Una libertà vincolata. La formazione della teoria dell'*habitus, in *Bourdieu dopo Bourdieu*, a cura di G. Paolucci, Torino, UTET, 2010, pp. 84-108

Scalisi L., *Della grandezza di Spagna. L'Italia spagnola alla ricerca di titoli, conferme, potere*, in «Magallánica. Revista de Historia Moderna», 7/14 (2021), pp. 93-114

Scalisi L., *"Dietro à tal Colombo". Ser noble entre Sicilia y España: historias de conflictos y nobleza*, in Nobilitas. *Estudios sobre la nobleza y lo nobiliario en la Europa moderna*, a cura di J. Hernández Franco, J.A. Guillén Berrendero, S. Martínez Hernández, Madrid, Doce Calles, 2012, pp. 113-135

Scalisi L., *Tutti gli uomini del re. Lignaggi e reti di potere transnazionali tra Sicilia, Napoli e Madrid*, in *Élites euroatlantiche: reti, interessi, funzioni, strategie*, a cura di G. Cirillo, C. Cremonini, M.A. Noto, sezione monografica di «Tiempos Modernos», 44 (2022), pp. 336-346

Schalk E., *From Valor to Pedigree. Ideas of Nobility in France in the Sixteenth and Seventeenth Centuries*, Princeton, Princeton University Press, 2014

Schaub J.-F., *Le sentiment national est-il une catégorie pertinente pour comprendre les adhésions et les conflits sous l'Ancien Regime?*, in *Le sentiment national dans l'Europe méridionale aux XVIe et XVIIe siècles*, a cura di A. Tallon, Madrid, Casa de Velázquez, 2007, pp. 155-167

Sella D., Capra C., *Il Ducato di Milano dal 1535 al 1796*, Torino, UTET, 1999

Serricchio C., *Il sacco di Manfredonia tra storia e storiografia*, in *Storia di Manfredonia*, vol. II, *L'età moderna*, a cura di S. Russo, Bari, Edipuglia, 2009, pp. 199-214

Signorotto G., *Interessi, "identità" e sentimento nazionale nell'Italia di antico regime*, in *Studi in onore di Cesare Mozzarelli*, 2 voll., Milano, Vita e Pensiero, 2008, I, pp. 399-420

Signorotto G., *Milano spagnola. Guerra, istituzioni, uomini di governo (1635-1660)*, Milano, Sansoni, 2001

Sodano G., *Las aristocracias del reino de Nápoles en la edad española*, in *Las noblezas de la monarquía de España (1556-1725)*, a cura di A. Álvarez-Ossorio Alvariño, R. Quirós Rosado, C. Bravo Lozano, Madrid, Marcial Pons, 2024, pp. 267-292

Sodano G., *Le aristocrazie napoletane*, in *Il Regno di Napoli nell'età di Filippo IV (1621-1665)*, a cura di G. Brancaccio, A. Musi, Milano, Guerini, 2014, pp. 131-176

Sodano G., *Il governo della città: Napoli nell'età spagnola*, in *Capitali senza re nella Monarchia spagnola. Identità, relazioni, immagini (secc. XVI-XVIII)*, a cura di R. Cancila, 2 voll., Palermo, Associazione Mediterranea, 2020, I, pp. 79-102

Spagnoletti A., *Cerimoniali napoletani di investitura dei cavalieri degli ordini militari-cavallereschi*, in *Fiesta y ceremonia en la corte virreinal de Nápoles (siglos XVI y XVII)*, a cura di G. Galasso, J.V. Quirante, J.L. Colomer, Madrid, Centro de Estudios de Europa Hispánica, 2013, pp. 263-286

Spagnoletti A., *La componente religiosa ed ecclesiastica negli uomini e nei beni della Sacra Religione Gerosolimitana*, in *Il principe, la spada e l'altare*, a cura di G. Greco, Pisa, ETS, 2014, pp. 161-180

Spagnoletti A., *El concepto de naturaleza, nación y patria en Italia y el Reino de Nápoles con respecto a la Monarquía de los Austrias*, in *La Monarquía de las naciones. Patria, nación y naturaleza en la Monarquía de España*, a cura di A. Álvarez-Ossorio Alvariño, B.J. García García, Madrid, Fundación Carlos De Amberes, 2004, pp. 483-504

Spagnoletti A., *Le dinastie italiane e la guerra nelle Fiandre*, in «Società e Storia», 125 (2009), pp. 423-443

Spagnoletti A., *Le dinastie italiane nella prima età moderna*, Bologna, il Mulino, 2003

Spagnoletti A., *Elementi per una storia dell'Ordine di Malta nell'Italia moderna*, in «Mélanges de l'École française de Rome. Moyen Age-Temps Modernes», 2 (1984), pp. 1021-1049

Spagnoletti A., *Italiani in Spagna, spagnoli in Italia: movimenti di popolazione e influenze socio-culturali e politiche*, in *Spagna e Italia in età moderna: storiografie a confronto*, a cura di F. Chacón, M.A. Visceglia, G. Murgia, G. Tore, Roma, Viella, 2009, pp. 17-35

Spagnoletti A., *Milizia e carità nella storia dei Cavalieri di Malta*, in «Studi Melitensi», XXVI (2018), pp. 45-68

Spagnoletti A., *Onore e spirito nazionale nei soldati italiani al servizio della monarchia spagnola*, in *Militari e società civile nell'Europa dell'età moderna (secoli XVI-XVIII)*, a cura di C. Donati, B.R. Kroener, Bologna, il Mulino, 2007, pp. 211-253

Spagnoletti A., *L'ordine di Malta e la Sicilia*, in *La Sicilia dei cavalieri. Le istituzioni dell'Ordine di Malta in età moderna (1530-1826)*, a cura di L. Buono, G. Pace Gravina, Roma, Fondazione Donna Maria Marullo di Condojanni, 2003, pp. 9-30

Spagnoletti A., *Principi italiani e Spagna nell'età barocca*, Milano, Bruno Mondadori, 1996

Spagnoletti A., *Stato, aristocrazie e Ordine di Malta nell'Italia moderna*, Roma, Ecole française de Rome, 1988

Spagnoletti A., *Un mare stretto e amaro. L'Adriatico, la Puglia e l'Albania (secc. XV-XVII)*, Roma, Viella, 2014

Spedicato M., *Il mercato della mitra. Episcopato regio e privilegio dell'alternativa nel regno di Napoli in età spagnola (1529-1714)*, Bari, Cacucci, 1996

Stone L., *La crisi dell'aristocrazia. L'Inghilterra da Elisabetta a Cromwell*, Torino, Einaudi, 1972

Tabacchi S., *Olimpia Maidalchini*, in DBI, vol. 67 (2006), *ad vocem*

Tasca C., *L'Ordine Militare di Santiago de la Spata e la Sardegna: fonti documentarie e iconografiche*, in «Ammentu», 1 (2011), pp. 159-178

Terreni A., *Prime riflessioni su* letrados *e cittadinanza nella Milano degli* Austrias *(secoli XVI-XVII)*, in *La cittadinanza e gli intellettuali (XIV-XV secc.). Con una sessione multidisciplinare (XVI-XX secc.)*, a cura di B. del Bo, Milano, FrancoAngeli, 2017, pp. 169-184

Tonelli G., *Affari e lussuosa sobrietà: traffici e stili di vita dei negozianti milanesi nel XVII secolo (1600-1659)*, Milano, FrancoAngeli, 2012

Toppi N., *Biblioteca napoletana, et apparato a gli huomini illustri in lettere di Napoli, e del Regno. Delle famiglie, terre, città, e religioni che sono nello stesso regno. Dalle loro origini, per tutto l'anno 1678*, Napoli, Antonio Bulifon, 1678

Vázquez de Prada V., *Felipe II y Francia (1559-1598): política, religión y razón de estado*, Pamplona, Eunsa, 2004, pp. 70-76

Vázquez de Prada V., *Pedro Fajardo de Requeséns-Zúñiga y Pimentel*, in DBe, *ad vocem*

Ventura P., *La capitale dei privilegi. Governo spagnolo, burocrazia e cittadinanza a Napoli nel Cinquecento*, Napoli, FedOA, 2018

La Vergine contesa. Roma, l'Immacolata Concezione e l'universalismo della Monarchia Cattolica (secc. XVII- XIX), a cura di M. Merluzzi, G. Sabatini, F. Tudini, Roma, Viella, 2022

Vignau V., Uhagón F.R., *Índice de pruebas de los caballeros que han vestido el hábito de Calatrava, Alcántara y Montesa desde el siglo XVI hasta la fecha*, Madrid, s.e., 1903

Vignau V., Uhagón F.R., *Indice de pruebas de los caballeros que han vestido el hábito de Santiago desde el año 1501 hasta la fecha*, Madrid, s.e., 1901

Villari R., *Un sogno di libertà. Napoli nel declino di un impero. 1585-1648*, Milano, Mondadori, 2012

Visceglia M.A., *La città rituale. Roma e le sue cerimonie in età moderna*, Roma, Viella, 2002

Visceglia M.A., *Convergencias y conflictos. La Monarquía Católica y la Santa Sede (siglos XV-XVIII)*, in «Studia Historica-Historia Moderna», 26 (2004), pp. 155-190

Visceglia M.A., *Le donne dei papi in età moderna. Un altro sguardo sul nepotismo (1492-1655)*, Roma, Viella, 2023

Visceglia M.A., *Identità sociali. La nobiltà napoletana nella prima età moderna*, Milano, Unicopli, 1998

Visceglia M.A., *La nobiltà romana in età moderna. Profili istituzionali e pratiche sociali*, Roma, Carocci, 2001

Visceglia M.A., *Roma e la Monarchia Cattolica nell'età dell'egemonia spagnola in Italia: un bilancio storiografico*, in *Roma y España. Un crisol de la cultura europea en la Edad Moderna*, 2 voll., a cura di C.J. Hernando Sánchez, Madrid, Sociedad estatal para la acción cultural exterior, 2007, pp. 49-78

Visceglia M.A., *Roma papale e Spagna. Diplomatici, nobili e religiosi tra due corti*, Roma, Bulzoni, 2010

Visconti K., *Il commercio dell'onore. Un'indagine prosopografica della feudalità nel Milanese di età moderna*, Milano, Cuem, 2008

Visconti P.E., *Città e famiglie nobili e celebri dello Stato Pontificio*, 4 voll., Roma, Tipografia delle Scienze, 1847

Volpini P., *Il silenzio dei negozi e il rumore delle voci. Il sistema informativo di Ferdinando I de' Medici in Spagna*, in *Sulla diplomazia in età moderna. Politica, economia, religione*, a cura di R. Sabbatini, P. Volpini, Milano, FrancoAngeli, 2011, pp. 165-192

Volpini P., *Spagna e Toscana nel Seicento. Rapporti interstatali e crisi della Monarchia cattolica*, in «Römische Historische Mitteilungen», 56 (2014), pp. 247-274

Wright L.P., *The Military Orders in sixteenth and seventeenth century spanish society. The institutional embodiment of a historical tradition*, in «Past & Present», 43 (1969), pp. 34-70

Indice dei nomi

Finito di stampare
nel mese di giugno 2024
da The Factory s.r.l.
Roma